劳动和社会保障文丛

中国特色和谐劳动关系：演进路径与机制构建

宋晓梧　万海远 ◎ 主编

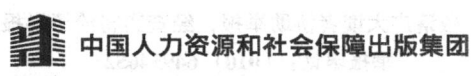

图书在版编目（CIP）数据

中国特色和谐劳动关系：演进路径与机制构建/宋晓梧，万海远主编. -- 北京：中国人事出版社：中国劳动社会保障出版社，2023
ISBN 978-7-5129-1941-9

Ⅰ.①中… Ⅱ.①宋…②万… Ⅲ.①劳动关系-研究-中国 Ⅳ.①F249.26

中国国家版本馆 CIP 数据核字（2023）第 107764 号

中 国 人 事 出 版 社
中国劳动社会保障出版社 出版发行

（北京市惠新东街1号 邮政编码：100029）

*

北京市艺辉印刷有限公司印刷装订　　新华书店经销
787 毫米×1092 毫米　16 开本　16 印张　246 千字
2023 年 7 月第 1 版　　2023 年 7 月第 1 次印刷
定价：68.00 元

营销中心电话：400-606-6496
出版社网址：http://www.class.com.cn

版权专有　　侵权必究

如有印装差错，请与本社联系调换：（010）81211666
我社将与版权执法机关配合，大力打击盗印、销售和使用盗版图书活动，敬请广大读者协助举报，经查实将给予举报者奖励。
举报电话：（010）64954652

前言

构建和谐劳动关系是我国经济增长和社会稳定的前提条件之一，也是保障和改善民生的重要内容，更是增强党的执政基础、巩固党的执政地位的必然要求。当今世界正经历百年未有之大变局，党中央提出要加快构建以国内大循环为主体、国内国际双循环相互促进的新发展格局，这意味着要统筹考虑国内国际两个市场、两种资源，既要考虑国内劳动关系和谐发展所面临的各种问题，又要解决企业走出去面对的新问题。

受新冠肺炎疫情和各种外部环境的冲击影响，2020年后居民就业和收入增长存在一定困难，由此形成的劳动关系问题显著增加，社会稳定形势面临新的更大挑战。为更好地推进2035年社会主义现代化远景目标的实现，一个突出问题是如何进一步改善劳动关系，其核心在于如何保障中低收入者的劳动权益，解决经济发展过程中新出现的平台经济劳动关系问题和"一带一路"倡议背景下中国企业向外"走出去"过程中面对的劳动关系问题，这对于我国经济社会发展具有重大意义。

本书从当前劳动关系的现实问题着手，侧重梳理近年来我国劳动关系出现的新情况和新问题，分析劳动关系面临的新机遇和新挑战，并提出相应的政策建议。本书聚焦新时代和谐劳动关系的演进路径和机制构建问题，结合中国特色劳动关系的形成、发展和新定位，研究新时期党领导下的和谐劳动关系协调机制问题，讨论当前较为突出的农民工和谐劳动关系情况，分析近年来出现的平台经济和新就业形态对劳动关系的影响，回应我国企业向海外"走出去"过程中面临的劳动关系问题。总的来看，本书以现实劳动关系问题为导向，重点讨论我国劳动关系领域的新形势、新问题和新对策。本书的特点突出表现在几个"新"字上。

一是研究新的问题。本书着重关注劳动关系领域出现的新问题，如"一带一路"倡议提出后中国企业走出去的情况明显增加，其中就伴随因国情不同、制度差异等带来的"海外企业劳动关系问题"，同时包含国内"互联网+"领域各种新经济和新就业形态所带来的不同形式劳动关系问题。另外，伴随着新型城镇化的持续推进，近3亿农民工的劳动关系问题成为新时代和谐劳动关系建设的重点内容之一。

二是形成新的判断。第一，本书认为，我国劳动力市场长期供大于求，劳动者总体处于弱势地位，政府应对劳动者有一个阶段性的倾斜。第二，中国特色和谐劳动关系的特点是党委领导、政府负责，这与西方有很大差异，构建中国特色和谐劳动关系的思路就是要党委领导、政府负责、社会协同、企业和职工参与。第三，新经济不能太急于用劳动关系来规制，要给予它一定的宽容期。第四，近年来劳动关系变化与市场供求有较大关系，并不完全是政府力量所决定，因此也要突出劳动关系变化过程中的市场化因素。

三是得出新的观点。第一，我国劳动关系的一个特点是大企业本身有明显的引领带动作用，很多时候在三方协商方面的作用甚至比雇主协会还要大，因此要发挥大企业在区域性或行业性集体谈判中的作用。第二，近年来社会组织在参与协调劳动关系方面做了很多探索，需要重点总结并推广这方面的经验。第三，就是农民工组织力的问题，农民工在劳动关系中主要是个体行为，因此拖欠农民工工资的问题长期难以得到根本性解决，下一步要依据法律来规范农民工组织问题，积极扩大农民工的工会会员规模。

结合劳动关系领域出现的变和不变的情况，本书也概括了我国劳动关系领域长期存在的几个问题，当然也是进一步解决中国特色劳动关系的重大方向性问题。

其一，党领导下的三方关系协调问题。新形势下我国全面加强党在一切工作中的领导力，如何协调党的领导与三方关系的问题，这是一个长期存在但在新时期又有新表现的问题。我们认为，本质上还是要坚持中国共产党领导下的政府负责制，这是解决劳动关系矛盾的重要优势。坚持党的领导，坚持依法治国，这是人民享有当家作主权利的根本保证，政府坚持以人民为中心，劳动关系双方开展集体协商，决定了我国在构建和谐劳动关系方面具有的突出制度优势，也是中国特色所在。关键的问题是，新形势下要找准党和政府在三方机制中的作用边界，尤其是党的职责应限定在对原则和方向的把控上，推动劳动关系双方在劳动立法框架下通过协商合理解决问题，而非直接干预。

其二，劳动者仍然处于弱势地位，但企业负担却在加重的问题。虽然近几年来企业成本负担加重，部分制造业企业甚至出现经营困难现象，部分行业出现人工成本上涨过快现象，但我们仍然认为，当前劳动力市场总体上供大于求的事实没有根本性扭转，这容易导致劳动关系格局失衡，使劳动者总体处于弱势地位。在教育水平和劳动生产率快速上升的背景下，当前并不存在劳动力成本上涨过快、人工成本占比过高问题。过去在"强资本、弱劳动"的格局下，劳动者在利益分配中相对缺少话语权，在权益保障方面处于被动地位。所以在调节资本与劳动关系时，仍然要适当向劳动者倾斜，以保护劳动者的底线利益和基本诉求。

其三，劳动关系出现新形态而本质没有发生变化的问题。大量就业岗位离开固定工作场所，劳动力市场的用工模式出现多层次、多类型并存的状态，工作场所不固定、工作时间更灵活、非正规就业比例高，劳动者不局限于与用人单位建立正规劳动关系，自雇、众包、众扶、众创等多种方式越来越普遍。不过总的来看，劳动关系形态本质上没有发生变化。虽然劳动雇佣关系和商业合作关系界限变得模糊，但现实中要么是商业合作关系，要么是劳动雇佣关系。而且只要是雇佣关系，那么关于雇佣关系的一切规制程序都仍然适用，本质上没有发生任何变化。

其四，要在发展中解决劳动关系问题。在劳动关系矛盾进入凸显期和多发期的背景下，近年来经济增速放缓加大了就业困难，经济结构转型升级，淘汰落后产能带来结构性失业，劳动纠纷明显增多。再加上劳动者的维权意识逐步增强，关注法定权益实现、要求增加工资和改善劳动条件、共享发展成果的愿望也更加强烈。不过我国劳动关系的经济利益本质仍然没有发生变化，中国传统文化主张和合两利、共同发展的基础没有发生变化。当前劳动关系争议数量保持高位，但基本上都是经济利益分配多少的争议，是劳动关系双方共同利益增长前提下的利益分配问题。这可以在经济增长和收入提高过程中逐步解决，并在经济社会发展中逐步构建和谐劳动关系。

宋晓梧　万海远

2022 年 6 月 16 日

目录

绪论 ··· 001
 一、构建和谐劳动关系面临的形势和基本判断 ·············· 002
 二、我国劳动关系领域面临的主要问题 ······················ 005
 三、构建和谐劳动关系的政策建议 ···························· 008

第一章　中国特色劳动关系的形成与发展 ················· 015
 一、我国劳动关系的历史演进 ·································· 015
 二、我国劳动关系的主要问题 ·································· 027
 三、当前我国劳动关系的新挑战 ······························· 034
 四、我国劳动关系的理论内涵、基本特征和基本框架 ···· 044
 五、构建我国新型劳动关系的战略方向 ····················· 052

第二章　和谐劳动关系的协调机制建设 ····················· 057
 一、多元化和复杂化给劳动关系带来的影响 ··············· 057
 二、劳动关系协调机制的主要力量：党和政府、工会 ···· 069

三、劳动关系协调机制建设：集体谈判和三方机制 …………… 082
四、劳动关系协调机制建设：雇主协会 …………………………… 092
五、构建和谐劳动关系协调机制的政策建议 …………………… 098

第三章　新时期加快构建农民工和谐劳动关系 …………… 105

一、农民工劳动关系概述 …………………………………………… 105
二、农民工劳动关系发展的历史阶段 …………………………… 111
三、农民工劳动关系中的事实描述 ……………………………… 114
四、农民工劳动关系中的根本问题 ……………………………… 118
五、构建农民工和谐劳动关系的政策建议 ……………………… 122

第四章　新经济形态对和谐劳动关系的影响 ………………… 129

一、新经济形态的一般性分析 …………………………………… 129
二、新经济形态对劳动关系影响的机制和主要特征 ………… 131
三、新经济形态下劳动关系的现状和主要问题 ……………… 138
四、构建新经济形态和谐劳动关系的政策建议 ……………… 150

第五章　中国海外投资企业的劳动关系问题 ………………… 158

一、中国企业海外投资发展简况 ………………………………… 159
二、中国海外投资企业及劳动用工基本情况 ………………… 166
三、中国企业海外投资过程中的劳动关系问题 ……………… 171
四、"一带一路"沿线国家投资企业的劳动关系问题 ………… 178
五、海外劳务派遣用工中的劳动关系问题 …………………… 184
六、企业社会责任与中国海外投资企业和谐劳动关系构建 … 188
七、构建中国海外投资企业和谐劳动关系的政策建议 ……… 191

第六章 中国海外投资企业构建和谐劳动关系的实施策略
——以东非为例 ………………………………… 196

一、投资东非过程中的和谐劳动关系构建 ………………… 196
二、东非劳动关系特点及雇主组织介绍 …………………… 198
三、构建东非投资企业和谐劳动关系的主要问题与对策建议 …… 203

附录一 国际劳工标准 ……………………………………… 212

附录二 国际劳工组织的八项核心公约 …………………… 214

附录三 可持续发展国际准则 ……………………………… 216

附录四 东非共同体劳动关系的案例做法 ………………… 218

参考文献 …………………………………………………… 220

后记 ………………………………………………………… 242

绪论

劳动关系是现代社会最重要的社会经济关系之一，事关广大职工和企业的切身利益，影响经济社会的健康发展与和谐稳定。随着社会主义市场经济逐步完善，我国的劳动关系既表现出一般市场经济国家的共同特征，又呈现出社会主义市场经济的特殊性。如何构建中国特色和谐劳动关系理论和治理体系，是党和政府在社会主义市场经济条件下面临的重大理论和现实课题。

在新的历史条件下，构建中国特色和谐劳动关系是我国经济增长和社会稳定的前提条件之一，也是保障和改善民生的重要内容，更是增强党的执政基础、巩固党的执政地位的必然要求。当今世界正经历百年未有之大变局，党中央提出要加快构建以国内大循环为主体、国内国际双循环相互促进的新发展格局，这意味着要统筹考虑国内国际两个市场、两种资源，既要考虑国内劳动关系和谐发展所要面临的各种问题，又要解决企业走出去面对的劳动关系新问题。

受新冠肺炎疫情影响，2020年我国主要经济指标明显下滑，虽然2021年我国宏观经济快速恢复，但当前居民就业和收入增长仍存在较大困难，由此带来的劳动关系问题显著增加，社会稳定面临新挑战。要推进2050年基本实现共同富裕的目标，一个突出问题是如何进一步改善劳动关系并优化收入分配格局，核心在于如何保障中低收入者的劳动权益、提高劳动报酬在国民收入中的占比，同时还要重点解决经济发展过程中新出现的平台经济劳动关系问题和企业"走出去"面对的劳动关系问题。

本书从当前中国劳动关系的现实问题着手，侧重梳理近年来我国劳动关系出现的新情况和新问题，分析劳动关系面临的新机遇和新挑战，并提出相应政策建议。本书分为六章。第一章回顾中国特色劳动关系的形成和发展。第二章分析新形势下劳动关系三方协调机制的新情况和新问题。第三章分析农民工劳动关系问题。第四章分析近年来出现的平台经济和新就业形态下的劳动关系问题。第五章分析我国企业"走出去"过程中面临的劳动关系问题。第六章是在非洲投资企业的海外劳动关系报告。

一、构建和谐劳动关系面临的形势和基本判断

目前我国劳动关系已经从计划经济体制下的上下级行政关系变为社会主义市场经济体制下的劳动契约关系，劳动者、企业与政府的三方关系框架基本建立，劳动力在市场上可以自由流动，劳动力资源得到优化配置与合理利用。通过市场化改革，企业和职工成为劳动关系的主体，法律制度成为调整劳动关系的主要形式，契约用工成为实现劳动关系的主要形式。应该说，社会主义市场经济体制为劳动力要素市场化配置创造了条件，大大提高了劳动力资源使用效率，同时，劳动关系的契约化又促进了整体市场经济体制的建设。在充分肯定我国劳动关系市场化进程的同时，也应看到当前中国特色劳动关系仍然面临诸多亟须解决的问题。

（一）劳动者处于相对弱势地位

1. 劳动报酬占比长期偏低。由于我国劳动力市场供求关系长期失衡，再加上改革过程中政策层面的原因，国有企业改革中对劳动者的重视程度不够，以及非公有制经济发展中对劳动者权益的忽视，致使宏观上劳动报酬占国民收入比重总体偏低。虽然在2010年至2016年期间这一比例有所增长，但最近几年又明显下降，2018年劳动报酬占比仅为52%，低于19世纪80年代中期的60%左右。

2. 劳动者地位相对弱势。总体来看，我国劳动力市场供大于求的基本特征没有改变，这是劳动关系格局失衡、劳动者处于相对弱势地位的重要原因。劳动报酬增长率总体低于劳动生产率，劳动者报酬赶不上劳动者贡献。在"强资本、弱劳动"的总体分配格局下，劳动者在利益分配中的话语权相对较弱，在权益保障方面往往处于被动地位。

（二）劳动关系领域出现新的特点

劳动关系形态多元化。在全球范围内，工作和生产形态都转向以个体化和顾客为导向，而非传统工业社会的集体行为，不确定性成为雇佣关系

的重要特点。相对来看，工作保障不足、工资水平偏低、养老或医疗保险覆盖率不高等，这使劳动者经常缺乏权益保护。而且劳动关系的空间格局发生明显变化，大量就业岗位离开固定工作场所，由此增加了劳动纠纷或冲突的可能性。所有制变革、新技术等因素催生了多元化的劳动关系形态，劳动用工模式出现了多层次、多类型并存的状态。中小微企业在提供大量就业岗位的同时，也呈现出工作场所不固定、工作时间更灵活、服务对象多元化、非正规就业比例高等特点，劳动者不局限于与用人单位建立正规劳动关系，自雇、众包、众扶、众创等方式越来越普遍。劳动者甚至不直接领取薪酬，而是通过合伙创业的形式参与用人单位的业务，劳动雇佣关系和商业合作关系的界限变得模糊。

劳动关系调节复杂化。近年来，劳动者的维权意识逐步增强，更加关注法定权益的实现，要求增加工资和改善劳动条件、共享发展成果的愿望也更加强烈。劳动者权益范围不仅涉及企业内部的劳动政策，而且关联到很多社会政策，劳动关系主体及其利益诉求也越来越多元化。新就业形态减少了对固定劳动要素和规范化劳动程序的依赖，劳动者转向虚拟平台作为劳动价值交换媒介，使劳动场所非固定化，异地就业比例大幅提高，这对劳动行为认定和经济权益保护提出了更高要求。由于互联网技术对传统工业的冲击，带来生产过程、企业规模、工人结构、就业模式的变革，导致传统集体谈判方式有时难以奏效。与制造业职工以停工为主要形式的抗争相比，互联网行业员工的抗争采用了新的形式，如2019年互联网员工通过网络抗议"996"工作时间制。

（三）劳动关系矛盾进入凸显期和多发期

近年来我国劳动关系争议数量持续保持高位。2018年，各地劳动争议调解和仲裁机构共受理劳动争议案件超过89万件，创下了历史新高，涉及劳动者超过110万人，其中农民工劳动争议案件的比例持续增加。应特别注意的是，传统劳动法规难以规制的新型非标准用工矛盾已进入多发期，由其引发的劳动争议特别是集体劳动争议熔点低、暴发快、影响广。

经济社会新形势带来新的劳动关系矛盾。近年来经济增速放缓加大了就业困难，经济结构转型升级、淘汰落后产能带来结构性失业。目前我国初级劳动力市场仍供大于求，劳动者权益更容易受到侵害。中小微企业成为解决就业的主体后，就业不稳定现象增加，劳动纠纷调解难度加大。再加上大量新生代农民工进入劳动力市场,思想观念、利益诉求、价值追求和维权方式等和上一代农民工存在显著差异。

转型期劳动关系矛盾凸显多发。我国正处于经济社会转型时期,劳动关系的主体及其利益诉求越来越多元化,劳动关系矛盾已进入凸显期和多发期,劳动争议案件居高不下。有的地方拖欠农民工工资等损害劳动者利益的现象仍比较突出,集体停工和群体性事件时有发生,争议案件基数大且日趋复杂,当事人诉求多样且分化,审理难度不断加大,构建和谐劳动关系的任务艰巨繁重。

(四) 坚持在发展中逐渐解决劳动关系问题

我国的劳动争议本质上是经济利益分配的争议。中国传统文化主张和合两利、共同发展,因此,劳动关系双方的共享、协调发展具有一定优势。与欧美国家不同的是,中国社会主义经济体制下劳动方和资本方的总体利益是一致的,劳动争议主要是劳资利益共同增长前提下的经济利益分配问题。虽然我国劳动关系争议数量持续保持高位,但基本上都是经济利益分配多少的争议,表现为支付劳动报酬、解除劳动关系经济补偿以及社会保险补偿等方面的纠纷。

在经济社会发展中逐步构建和谐劳动关系。中国特色的劳资利益争议可以在经济增长和收入水平提高过程中逐渐解决,因此,当前劳动关系在本质上是不平衡不充分发展过程中产生的问题。我国目前正处于经济社会转型时期,劳动争议和劳动纠纷将在一个较长的历史时期存在,在一定时期和一定范围内还可能发生较为激烈的劳动争议和劳动纠纷,因此,必须坚持在经济社会发展中逐步构建和谐劳动关系。

中国特色社会主义为构建和谐劳动关系提供了基础平台。中国共产党领导下的政府负责制是缓和劳动关系矛盾的重要优势。坚持党的领导,坚持依法治国,这是人民享有当家作主权利的根本保证。政府坚持以人民为中心,群众享有民主权利,劳动关系双方开展集体协商,决定了我国在构建和谐劳动关系方面具有突出的制度优势,也是中国特色所在。

二、我国劳动关系领域面临的主要问题

(一) 党和政府在三方机制中的作用边界问题

需进一步明确党和政府在三方机制中的作用。我国三方机制依据国际劳工公约建立,在实际操作中体现了明显的中国特色,即党委领导、政府负责、社会协同、公众参与的社会治理体系。党和政府在劳动关系三方机制中起着非常重要的作用,不过党的职责应该限定在原则和方向的把控上,推动劳动关系双方在劳动立法的框架下通过协商合理解决问题,而非直接干预。在新形势下如何继续找准党和政府在三方机制中的作用边界非常重要,特别是需要进一步提升地方政府参与的积极性以保持有效的三方协商。

(二) 工会的作用有待进一步提升

工会职能与工会地位相对弱势。总的来说,目前工会在协调劳动关系方面的作用还有待得到实质性提升。如何发挥工会在协调劳动关系方面维护职工合法权益的作用,还需进一步落实。近年来基层工会数量的快速增加与工会实际发挥的作用并不相称,因此,需要继续探索中国特色的工会职能定位。另外,从维权到维权服务的过程中,工会如何实现民主化和扁平化管理、探索对非正规就业劳动者的维权和服务方式等非常紧迫,如何关注不同类型会员的利益诉求也很重要。目前,中华全国总工会(以下简称"全国总工会")的组织体制仍然以地方工会为主,产业工会的作用虽有所提升,但尚未得到充分的发展。

职工民主往往流于形式。在市场经济背景下,目前民主管理理论发展落后于企业的现代管理实践,在某种程度上导致民主管理制度流于形式,职工民主管理在相当长时间内没有得到很好解决。虽然建立职工代表大会制度的企事业单位数量巨大,覆盖职工人数众多,但这不意味着职工民主参与落到了实处。在新技术变革背景下,新型管理体制以及随之而来的组织结构和用工方式多样化,都给原本基础不是很好的职工民主管理带来了更多新的挑战。

(三) 中国特色集体合同制度面临的问题

行业性区域性集体协商还很不够。政府主导、自上而下推动是中国特

色集体合同制度的主要运作模式，目前仍存在不少问题。第一，行业性、区域性集体协商的经验还没有得到有效推广，行业工会和行业性雇主组织没有得到很好发展。第二，大多数集体合同主要在企业层面，并且几乎覆盖全体职工，如何让集体合同代表结构差异很大的职工权益也需要认真探讨。第三，小微企业几乎没有传统意义的工会组织，这需要工会在组织体制上进一步创新，需要以行业和地区性工会将小微企业的职工组织起来，并将他们纳入集体协商之中。

雇主组织缺乏权威性。目前，我国雇主组织处于发展初期，雇主组织普遍缺乏代表性、权威性。地方雇主组织普遍分散化，没有形成一个统一的协调机构，雇主组织尚未被广大企业所认同，自发成立的雇主组织还需要很长一段时间来建立权威。而由政府出面组建的雇主组织虽然有一定的"权威性"，但这种"权威性"有时不一定能真正代表雇主的利益。

（四）构建农民工和谐劳动关系面临的突出问题

规模庞大的农民工是我国劳动关系中的弱势群体。农民工是我国工业化、城镇化和现代化进程中出现的新型劳动大军，是中国产业工人的主要构成。由于其自身及群体结构特点，农民工在构建和谐劳动关系方面具有一定特殊性。一是规模庞大决定了农民工是我国劳动关系的主体成分，2019年农民工总量为2.9亿人，占第二、第三产业就业人口的50%以上。二是农民工劳动争议是我国劳动争议和纠纷案件的主体，其中劳动报酬低、基本权益缺失和合同解除终止是重点，由此引发的劳动争议案件数占总体案件数的82%。三是农民工劳动关系大多是无书面合同的雇佣关系，这给劳动维权带来很大挑战，拖欠农民工工资现象较为突出，集体停工和群体性事件时有发生，构建农民工和谐劳动关系任重道远。

权益保障缺失是农民工劳动关系的关键。权益保障缺失是农民工劳动关系的核心问题，涉及收入低、工时长、签订劳动合同率低、维权困难等。如劳务派遣中农民工面临同工不同酬、五险一金缴付执行不力、超时工作情况普遍等。另外，农民工维权机制不健全，表现为农民工拖欠工资情况仍未根除，长效讨薪机制尚未建立，工伤维权周期长、成本高。农民工的劳动关系协调机制不完善，三方协商机制效力不足，政府各部门间沟通不畅，农民工集体协商机制未能真正落实。

（五）新就业形态给传统劳动关系协调带来挑战

对劳动关系认定标准提出了挑战。在新就业形态下，如何认定平台企业与从业人员之间的关系，争论聚焦于平台企业的指挥控制权。如何定性服务接受者与平台企业、从业人员之间的关系，涉及消费者权益保障问题；而如何定性平台企业与从业人员之间的关系，涉及劳动者权益保障问题。目前，已经出现了很多类似劳动关系认定的法律纠纷，劳动关系是否存在将直接影响劳动者的社会保险权益。新就业形态下对劳动者权益保障和协调劳动关系的政策还处在探索过程中，对新就业形态劳动关系出现的新问题亟须开展理论研究并出台相关政策。

对部分劳动基准的适用性提出挑战。新就业形态下从业者提供劳动的时间可能分布在全天24小时，而非传统经济形态下相对集中的连续劳动时间段，且大多数从业者能够自主掌握和控制工作时间，而非传统经济形态下由用人单位决定。上述特征决定了现行工作时间基准适用的困难，特别是劳动基准、集体协商、企业民主管理、劳动保障监察等方面立法还存在层级低、效力弱等问题。同时，平台经济消除了时空障碍，使劳动提供在不同区域内可以同时发生。由于我国劳动基准的区域差异较大，同一平台或者同类平台上提供同质劳动的劳动者，在最低工资标准和工资支付基准上存在较大差异。

对劳动关系协调机制带来挑战。在传统就业形态下，劳动者有明确的用人单位，劳动者可以组建工会，并通过民主协商的方式与雇主就劳动条件等进行谈判并签订集体合同。但在平台经济下，劳动者都是分散的，没有固定的工作场所和工作时间，相互之间可能也没有协作关系，很难形成代表劳动者利益的组织。新就业形态往往不存在明确的用人单位，无法确定劳动关系主体，无法通过集体协商等机制来保障工资权益，"去单位化"导致灵活就业人员参加职工社会保险存在政策障碍。特别是新就业形态的劳动方式缺少明晰的法律界定，经济参与主体法律权益关系模糊，这可能使新就业形态活动难以被认定为正式劳动关系，传统劳动关系认定机制失灵。同时，对于政府而言，平台经济又明显增加了劳动监察难度，大量没有经过登记注册的非法人实体参与到经济活动中来，给政府监管带来挑战。而现行法律法规中对经济权益保障、劳动保护条件、劳动争议处理等规定难以适用平台经济。

(六) 中国海外投资企业面临的劳动关系问题

随着中国"一带一路"倡议的实施，我国走向海外的企业在经营过程中也面临各种劳动关系问题，特别是与停工、工会关系等有关的问题明显增多，不同类型的劳动关系冲突时常见诸国内外媒体。

劳动用工问题。一是中国企业在海外经营过程中，雇佣的临时工比例较高。大部分临时工在技术要求低、生产动作重复性高的操作性岗位工作，不能获得正式职工所享有的同等权益。二是中资企业支付给当地工人的工资较低，工人为维持基本生活而不得不长时间加班，这受到西方媒体的广泛诟病。三是在非洲的中资企业一般雇用当地员工从事基础性工作，而高层工作大多由中国员工负责。西方媒体因此指责中国企业只利用当地的廉价劳动力从事低端工作，不利于技术转移和非洲国家发展。四是少数中国企业雇用的非洲劳工经常在不安全环境下工作，缺乏适当的安全防护设备和工作安全培训，直接暴露于危险中。

国外工人的自由结社权问题。一是由于占据资本优势，中国企业在工资制定等问题上具有较高的话语权，不愿接受工人提出的集体协商要求。二是在自由结社与集体谈判方面，有的中资企业领导人甚至第一次知道工人还有罢工权的说法，有的中资企业以不准加入工会为招聘当地工人的前提条件，并抑制企业内部工会，或者对工会提出的要求不予理睬。在海外中资企业发生的停工事件中，大多数是由于工会权益不受尊重或无法满足工会要求所致。

三、构建和谐劳动关系的政策建议

构建我国新型劳动关系，要以习近平新时代中国特色社会主义思想为指导，坚持正确的政治方向，坚持问题导向，加快有关体制机制改革，打造共建共治共享的和谐劳动关系构建新格局，在更高起点上推进和谐劳动关系制度化，维护社会和谐稳定，确保国家长治久安、人民安居乐业。

(一) 长期制度设计

坚持党对劳动关系的领导。劳动关系理论体系和调节模式应基于我国基本制度和国情，不能简单照抄照搬西方经验。党和政府高度关注劳动问题，并成为构建和谐劳动关系的主导力量，由此形成了不同于一般市场经济国家的中国特色劳动关系。由于党和政府的高度统一，并在劳动关系三方协商中处于主导地位，如何以及在何种程度上进行劳动关系管理就非常重要。建议要坚持社会主义市场经济基本制度，加强党对劳动关系制度建设的领导，保证党有效领导政府部门和社会组织。劳动关系协调机制要在党领导制定的法律、法规框架下构建，党的作用体现在对劳动关系的总体把握上，而具体的劳动关系调节应在劳动立法的框架下由劳动关系双方协商解决。因此，党的职责应限定在对原则和方向的把控上，加强党领导下的工会、雇主组织的相对独立性，推动劳动关系双方通过协商合理解决问题，而非越俎代庖直接干预。

区分集体劳动争议与社会稳定风险案件。和谐劳动关系并不意味着否认劳动关系矛盾，而是通过有效机制尽可能减少、解决矛盾。如果单纯地以维稳为前提，很难从根本上解决劳动关系矛盾。集体劳动争议是劳动关系双方在法律规定范围内的博弈，不应该和社会稳定直接画等号。从已有案例看，劳动者的集体行动大多是因其权益无法得到保障，也没有足够的解决渠道才不得已而为之，即使是较大规模的集体劳动争议也限于工厂内部，并未造成"社会不稳定"。在社会主义市场经济条件下，劳动力供求双方的利益矛盾是客观存在的，即使建立了健全的协调劳动关系机制，一定数量的劳动争议也会发生，因此，劳动集体争议解决方式要从"维稳"方式真正转变到三方集体协商方式。

加强劳动关系法治体系建设。一是加快劳动立法，形成完善的劳动法律体系，营造和谐劳动关系的法律制度环境。加快推进劳动标准体系建设，吸收借鉴国际劳工标准中的合理成分，适时承认和批准一些基本公约，结合国情继续完善我国劳动标准体系。二是推动工会组织机制改革与维权能力建设，强化工会职能，提高工会话语权。加强基层工会建设，解决企业中工会组织不健全、工作方式不规范等问题。三是基于我国经济社会发展阶段和既有劳动保护程度等，"走出去"的中资企业应在劳工标准方面与国际接轨。四是充分认识国际司法"属地管辖优先"的趋势，进一步完善我国法律适用或者司法解释，加强对"走出去"的中资企业进行国际司法协助。

新经济下劳动关系认定标准不能急于下结论，建议还是以个案形式裁决相关劳动纠纷案例。传统劳动关系认定标准难以适应新就业形态发展用工需要，在部分行业引发劳动纠纷，是世界各国面临的共同问题。欧美发达国家也发生了大量有关新经济劳动关系方面的法律诉讼，大多没有明确定论，一些国家将这类劳动关系认定留给司法具体个案判断。我国在处理新就业形态对传统劳动关系认定标准冲击时，应多看到其繁荣经济和扩大就业的正面效应，以发展的眼光对待、支持和促进新就业形态，密切观察其用工特点、问题和发展趋势，不要急于下结论，建议目前主要由司法部门对有争议的个案进行裁决，等待条件成熟之后再进行相关立法。

（二）中期政策制定

坚持适当向劳动者倾斜的基本判断。近年来企业经营面临一定困难，人工成本和劳动报酬有一定增长，但总体看劳动者在劳动关系协调中仍处于弱势地位。在"强资本、弱劳动"格局没有根本改变的情况下，我国劳动关系仍需坚持保护劳动者权益的基本定位，更多关注劳动权益，着力提高劳动者的地位。在经济下行或困难时期，劳动关系定位应是在追求劳动关系双方合法利益的基础上，强调对劳动者合法权益的保护。

形成集体协商各方协调推进机制。要推动出台国家层面集体协商统一立法，对现有法律中有关工资集体协商的规定归纳整合，为开展工资集体协商提供更加统一的法律支持。完善现有工资集体协商行政法规、地方法规、政府规章、政策文件等规定，形成系统完备的法律制度体系。完善政府、工会、企业共同参与的协商协调机制，进一步明确与集体协商工作相关的政府、工会、企业三方职责，紧密结合自身职能分工，相互协调配合，有序推进工资集体协商工作。

加大职工民主实践创新。在党和政府推动下，集体合同制度、三方协商机制以及以厂务公开为代表的企业民主制度在近年来很快得到推广。要让这些机制进一步发挥作用，加强企业和职工的参与必不可少。首先，企业高层管理者不宜加入工会成为工会会员，更不宜担任工会主席，只有真正代表职工利益的成员加入工会，才能真正保证集体协商的劳动关系双方平等。其次，要充分发挥企业和职工的积极性，建立职工民主代表制度。长期以来，基层民主参与都依赖于工会来实现，由于很多小型企业没有工会组织，因此，除考虑上级工会的作用外，探索通过职工代表等方式来代表职工利益也很必要。

健全农民工劳动关系仲裁机制。一是强调集体谈判三方主体的代表性，增强劳动行政管理部门在劳动关系协商中的权威性，企业联合会要充分吸纳不同性质、规模的企业代表参与，工会组织要切实做到代表由包括农民工在内的全体职工选举。二是促进农民工集体协商制度真正落实，工会组织应主要承担维护职工合法权益的责任，而不应承担政府和仲裁机构的行政或司法职责，不应限制农民工的工会会员身份。三是建立农民工仲裁申诉绿色通道，对于涉及劳动报酬、工伤事故等案件要优先审理。四是加强劳动监管力度，重点关注农民工劳动合同的订立与履行。

规范新经济劳动关系协调办法。为保护新经济就业者权益，需要加强顶层设计和系统研究，探索具有中国特色、符合灵活就业要求的多元化用工关系，推进规范灵活用工发展体制机制和方法创新。制定符合灵活就业特征的劳动标准体系，建立多元化劳动标准法律制度，使其有别于正规就业。明确用工方和劳动者各自的权利义务，规定用工方对劳动者相关权益的保障机制，规范有关劳动争议的协调办法。

完善"走出去"企业的政府监管与服务。一是落实《对外劳务合作管理条例》。完善企业海外用工管理综合协调机制，改善对外劳务合作管理。二是建立由政府主导的对外劳务合作公共服务体系。在联席会议及其所属专门机构统筹下，加快推进对外劳务合作服务平台建设，使之成为集"服务、促进、保障、规范和管理"为一体的政府服务机构。三是与"一带一路"沿线国家签订海外劳工保护的双边条约，助力中国跨国公司在东道国当地的管理与运营。

倡导企业履行社会责任。一是营造企业落实社会责任的环境，促进企业主动承担更多的社会责任。拓宽劳动关系双方利益表达和社会参与的渠道，支持社会组织和新闻媒体参与，发挥社会监督作用。二是督促互联网平台企业履行社会责任，使其遵守现行相关劳动法律法规制度，履行雇主责任，对于平台上目前尚难以认定劳动关系的从业者，应配合政府和行业政策做好从业者基本权益保障。要充分发挥平台企业的监督作用，对于平台上运行的小微企业的劳动关系发挥监督作用，改善平台上小微企业的劳动管理和守法状况。三是引导企业在海外投资过程中履行社会责任，建构中国特色的企业社会责任行动方案。指导中资企业承担其社会责任，加强与所在国政府、非政府组织以及企业的交流互动，提升企业国际化水平和影响力，帮助企业加强品牌形象建设。

(三) 近期政策调整

进一步推进行业性集体协商。一是推广现有集体合同经验。建议以劳动密集型、中小企业集中的行业（区域）为重点，以一线职工、劳务派遣工、农民工为重点对象，在餐饮、环卫清洁、快递、外卖、网约车等行业就最低工资标准、主体工种指导价位、劳动定额、计件单价、福利待遇等进行协商，推动低收入群体及新就业形态劳动者收入合理增长。丰富拓展协商内容，将劳动分红、高技能人才待遇、技能创新奖励等纳入工资集体协商范围，积极探索劳动、技能要素参与分配的形式。二是开展困难企业集体协商工作。指导企业和职工围绕薪酬福利、工时制度、轮岗休假、待岗培训、转岗安排等涉及职工利益调整的重大事项进行协商，鼓励企业与职工同舟共济、共渡难关，尽量做到多转岗、少下岗，着力稳定职工就业岗位，确保劳动关系和谐稳定。

明确新就业形态下劳动关系认定和协调机制。一是规范引导工会和雇主组织适应新就业形态经济和劳动者结构变化，吸引并稳定非正规就业者。二是发挥社会组织优势，针对新就业形态下劳动者流动性大的特点，探索按行业或工种组织工会的方式，突破传统企业工会局限，让工会成为新经济劳动者的合法权益维护者。三是差别化处理新就业形态的劳动争议问题。近年来出现了一些原来立法中没有包括的内容，如劳动者不领取薪酬而是通过合伙创业形式参与用人单位业务，这就需要研究新经济劳动争议的特点，防止争议扩大化。四是及时调整劳动关系认定方式，将各类灵活就业方式视同劳动关系管理。在考虑企业承受能力、劳动者意愿基础上，把长期依托平台从事专项服务的餐饮递送、物流、家政等劳动者和以众包形式参与服务的劳动者，纳入视同劳动关系管理的范围内，将新就业平台作为劳动关系中用人单位责任方。五是扩大劳动关系协调机制适用范围，对依托互联网平台形成稳定劳务或雇佣关系的以及采用众包方式组织生产的，要求签订劳动合同，并作为劳动关系协调的法律依据。

加强灵活就业人员的短期基本保障。一是在现行法律调整无法一步到位、部分从业人员社会保障缺失的情况下，建议从底线思维出发，从多个层次优先解决灵活从业者职业伤害、基本医疗和养老保障等相关问题。通过行业规定，明确由互联网新就业形态平台企业为劳务提供者缴纳商业保险，解决其在提供服务过程中受到的职业伤害等问题。二是利用现有灵活就业、自主创业参保以及居民保险参保等多种政策，打破户籍身份、地区统筹等壁垒，允许以灵活就业人员等身份参保缴费，并通过订立契约条款、设置从业门槛等方式，由互联网平台企业监督劳务提供者办理缴费事宜，鼓励或确保其纳入基本社会保险范畴。

促进农民工市民化和基本公共服务均等化，加强农民工劳动关系规制。农民工劳动关系问题，最根本的是解决农民工进入城市后面临的权益缺失问题，根本路径是推进农民工市民化，促进基本公共服务均等化。一是以户籍制度改革为契机，完善基本公共服务供给，实现义务教育制度、社会保障制度、公共卫生制度、劳动就业制度的城乡一体化，切实保障农民工的劳动报酬、休息休假、劳动安全卫生保护、社会保险等各项基本权益。二是统筹企业发展和维护农民工权益的关系，推动企业和农民工协商共事、机制共建、效益共创、利益共享。三是规范口头劳动合同的法律效力，维护农民工群体的权益，明晰合同上的"劳动关系"而非"合作关系"，使劳动协议与劳动合同具备同等效力。

建立农民工工资支付保障长效机制，完善对农民工基本权益的保障。一是建立农民工工资保障金制度，严格落实属地监管职责，以解决工程建设领域尤其是政府投资工程项目欠薪为重点，从工程款中剥离农民工工资建立保障金，对保障金进行合理运转与管理。同时，实施司法联动打击恶意欠薪制度、建筑总承包企业负责解决分包企业欠薪责任制度。二是健全并落实最低工资制度，指导各地适时合理调整最低工资标准，加强对于一些企业不执行最低工资标准、工时过长、压低克扣职工工资等行为的监察。三是切实保障农民工取得劳动报酬的权利、获得劳动安全卫生保护的权利以及享受社会保险的权利，努力实现农民工与城镇就业人员同工同酬同待遇。

督促海外投资企业了解东道国劳动法律法规，有效利用国外工会职能。一是遵守东道国的劳动法律法规。海外投资企业应提高国际运营和劳动关系处理水平，遵守东道国的劳动法律法规，遵守国际准则，实施"本土化"管理，建立劳动者诉求表达机制和矛盾调处机制。二是有效利用雇主协会职能。加大与海外投资国雇主协会的沟通联系，尽快熟悉当地劳动法及相应的劳动关系条例等，加入当地雇主组织，减少不必要的劳动关系冲突。三是保持中资企业工会相对独立性。理顺中资企业工会与所在国当地工会的关系，努力保持中资企业工会的相对独立性，掌握工会工作的主动权。四是为中资企业建立和谐劳动关系提供服务。政府部门为中资企业在海外开展工会工作提供指引，向中资企业介绍外国工会的运行情况和特点，努力为中资企业构建和谐劳动关系提供服务。

第一章
中国特色劳动关系的形成与发展

劳动关系是社会关系的重要组成部分，是现代社会最重要的社会经济关系之一。劳动关系事关广大职工和企业的切身利益，直接影响企业运行与发展，也影响整个经济社会的健康发展与和谐稳定。随着社会主义市场经济体制改革的推进，我国的劳动关系既表现出一般市场经济国家劳动关系的共同特征，又呈现出其特殊性。在新的历史条件下，努力构建中国特色和谐劳动关系，是加强和创新社会管理、保障和改善民生的重要内容，是建设社会主义和谐社会的重要基础，是经济持续健康发展的重要保证，是增强党的执政基础、巩固党的执政地位的必然要求。如何进一步完善中国特色和谐劳动关系理论和治理体系、提高劳动关系治理效能，是党和政府在新形势下面临的一个重大理论和现实课题。本章从我国劳动关系的历史形成和现实情况着手，分析构建我国和谐劳动关系的理论、模式、挑战和任务，并提出相应的政策建议。

一、我国劳动关系的历史演进

劳动关系是指劳动者与劳动力使用者以及组织为实现劳动过程所构成的社会经济关系。劳动关系是与劳动过程相联系并在劳动过程中形成的，实现劳动过程是劳动关系的直接目的。劳动关系以劳动者与劳动力使用者为主体构成，但为实现劳动过程，相关的社会组织（如政府、工会组织、雇主组织）也不可或缺。劳动关系的基本性质是社会经济关系，是以经济关系作为基本构成的社会关系。① 社会主义市场经济条件下，我国劳动关系受制度环境、社会文化、用人单位性质及其社会责任等多方面影响，表现为复合型经济社会关系的特征。回顾我国劳动关系的演进过程，总结我国劳动关系的特点和规律，对明确当前阶段中国特色劳动关系的基本定位、构建和谐劳动关系理论和治理体系具有重要意义。

（一）新中国成立之前的劳动关系

1911年爆发的辛亥革命推翻了清王朝统治，成立了民国政府。在半封建、半殖民地和内外战乱的社会环境下，受封建主义、资本主义、帝国主义的剥削压迫，广大劳动者处于社会最底层。这一时期的劳工群体尚未摆脱农民的印记，带有小农习惯，具有人身和地缘依赖性，加上受教育程度低，劳动力需求很小，劳动者在劳资关系中处于明显弱势和被动地位。② 多数产业工人工资水平很低，而且工时长、劳动强度大、劳动条件恶劣、生活状况很差。最初，劳动者主要通过帮会组织，如老乡会、同乡会等提供互助，表达诉求。伴随新产业的出现，各种形式的劳动者工会等逐渐形成和发展起来。

国民政府成立后，为了减缓劳资冲突，实现"庶全民有合作之精神，劳资无纷争之隐患"的目标，先后颁布了《暂行工厂76通则》《工会条例》《矿工待遇规则》《工厂条例》《农工部监察工厂规则》等一系列法律文件，内容涉及工作时间、休息时间、工资给付、劳动条件、福利待遇、补习教育及童工女工的保护等方面，基本涵盖了劳动关系的各个领域。③ 此外，国民政府还设立了劳动行政机构，开始了全国性的工厂检查制度，任命了中国第一批工厂监察官。这些措施在中国历史上均属开创性工作，在一定程度上贯彻了孙中山先生的三民主义劳资协调理论，部分实现了劳资关系调解和常规化治理，对改善劳工状况起到了一定作用。一是立法给予工人团体法律地位，使工会具有缔结团体协约的资格、举行罢工的权利，工人可以通过工会组织来表达意见、维护利益、协调同资方的矛盾。二是

---

① 常凯. 劳动关系学 [M]. 北京：中国劳动社会保障出版社, 2005.
② 李宝元, 董青, 仇勇, 等. 百年中国劳动关系演化的基本路径及走势 [J]. 经济理论与经济管理, 2015 (6).
③ 陈光. 冲突到稳定——上海劳资关系研究（1925—1931）[D]. 华东师范大学博士论文, 2007.

制定劳动、工资、保护等方面的标准，如工厂法规定了工作时间、休假、最低工资、女工童工保护、工厂安全与卫生设备等。三是有关组织开建了部分劳工福利设施，如工人俱乐部、消费合作社、工人住宅等，劳动群众的状况一度有了较大改善。

进入民国中后期，社会呈现内忧外患、军阀割据、战争不断的动荡局面，劳资关系治理显得头绪比较混乱，劳方、资方、政府及相关群体间形成错综复杂的关系，劳工权益保障制度建设停滞不前。虽然1946—1948年间，国民党资源委员会就职工养老、医疗、工伤等保险福利作出一系列规定，但由于政策执行不力、资金保障不足，加之社会动荡不安，劳动者从中所获实际收益甚微。

中国共产党自成立起，就将劳动关系置于重要位置，进行了长期的探索，并随着革命形势变化不断进行灵活调整。早在1922年8月，中国劳动组合书记部拟定的《劳动法案大纲》第十一条提出，"对于需要体力之女子劳动者，产前产后均予以八星期之休假，其他女工，应予以五星期之休假；休假中照给工资"。1925年5月召开的第二次全国劳动大会通过了《经济斗争决议案》，其中提出"应实行社会保险制度，使工人于工作伤亡时，能得到赔偿；于疾病失业老年时能得到救济"。在中央苏区，工农民主政府成立后于1930年5月颁布了《劳动暂行法》，其中规定：长期工遇有疾病死伤者，其医药费、抚恤费由东家供给，标准由工会自定；女工产前产后，两个月内不做工，工资照给；事业工人由政府设法救济并分给田地及介绍工作。1931年11月，在瑞金召开了第一次全国工农代表大会，正式成立中华苏维埃共和国，建立了工农革命政府，颁布了《中华苏维埃共和国劳动法》，其中规定：劳动者工作时间不超过8小时，16~18岁青工不超过6小时，15~16岁童工不超过4小时，18岁以下男女童工及怀孕和哺乳期的女工禁止上夜班；所有雇佣工人均应享受社会保险，雇主支付工资总额10%~15%的保险金；职工和家属都实行免费医疗；工人生病或发生其他事情暂时丧失劳动能力时，雇主必须保留其工作和原有工资；年老、残废（包括因工和非因工）可领取残疾及老弱优恤金；职工和家属死亡发丧葬费；受雇超过6个月的工人死亡后，遗属可享受优恤金；工会会员工作满一年以上、非会员两年以上，失业后可享受失业津贴等。

抗日战争时期，考虑到敌后实际情况和斗争的需要，党对劳动关系政策作了灵活调整。1940年，陕甘宁边区制定了《陕甘宁边区劳动保护条例》，规定女工产假两个半月，工资照发；疾病医药费由厂方负责；根据病假天数，工资分别从全发到全部停发；职工死亡，厂方埋葬并酌情给予抚恤。晋冀鲁豫边区公布的《边区劳工保护条例》对于社会保险的规定更为具体一些。例如，职工病假全年在1个月以内的，由资方负责医药费，工资照发；病假超过1个月的，停止发给医药补助费，工资是否续发，按当地习惯处理，由劳资双方协议决定；职工因工负伤，由资方负责治疗，工资照发；因工伤残部分丧失劳动能力而尚能工作的，由资方发给1~3个月本人工资的抚养金，不能工作的，则按工作时间长短、技能高低、残废程度，发给3个月至1年本人工资的残废金；因工死亡，资方发给相当4市斗小米市价的埋葬费，并发给相当死者生前3~6个月工资的遗属抚恤费；女职工产前产后给假2个月，工资照发。其他边区也都有类似规定，但项目多少和待遇高低有所差异。

解放战争时期，党对劳动关系作了一些新的探索，并在部分解放区进行了较为系统的实践。这些探索和实践为新中国成立后建立劳动关系制度做了准备。1948年，第六次全国劳动大会提出工人劳动时间一般实行8小时至10小时制，工资必须保障最低生活水准；女工产前产后休息45天，小产在3月以内，休息15天，3个月以上，休息30天，工资照发；伤害、疾病、老残等医疗、抚恤，暂由工厂负责办理，或由工厂和工会共同负责办理，其颁发由政府规定货币标准。1948年，东北行政委员会批准哈尔滨市政府草拟的《战时劳动法》规定，工人工作时间为10小时；有害健康及其伴有危险性的企业为8~9小时；孕妇、乳母及14岁以下童工禁止加班；生育假为45天。1948年12月东北行政委员会颁布《东北公营企业战时暂行保险条例》，并决定从1949年4月1日起，在铁路、邮电、矿山、军工、军需、电气、纺织等7个行业中试行，同年7月1日起扩大到东部地区所有公营企业。

（二）国民经济恢复时期的劳动关系

新中国成立之初，党在劳动关系方面提出劳资两利的思想。毛泽东同志在党的七届二中全会上指出，中国由农业国转变为工业国，从新民主主义社会转变为社会主义社会，中国共产党由革命党转变为执政党，遵循客观规律去设计国家的结构和布局就成为党的基本任务，而首要的是处理好劳资关系。党和政府把调节劳资关系的重点放在建立"民主的、平等的、两利的、契约的、新民主主义的"劳资关系,确立了解决新民主主义社会劳资争议的"劳资两利"的基本原则。① 1950年12月,政务院颁布的《私营企业暂行条例》规定,企业盈余除缴纳所得税和弥补亏损外,在提存10%以上的公积金和分派不超过8%的股息后,股东红利及董事、监察人、经理、厂长等酬金一般不应少于60%②,改善卫生设备基金和职工福利及职工奖励基金各不少于15%。在此基础上,资方可以获得相应的合法利润。"劳资两利"原则得到了较好的贯彻执行,私营工商业迎来了繁荣发展。到1952年,全国私营企业数为15万户,职工人数为206万人。但当时一些政治运动和"左"的思想也对劳动关系造成不利影响,使劳资关系趋于紧张,"劳资两利"的原则不时遭到破坏。例如,根据"五反"运动后对武汉1万户私营工商业的调查,劳资关系正常的只占28.19%,比较稳定但存在问题的占44.40%,不正常的占27.41%。③ 资方所得呈现快速下降趋势。据天津恒源等10个中等厂的调查,1949年资方所得占盈余的63.7%,1951年为15.2%,而经过1952年的"五反"运动后,突降到0.4%。④

这一时期,国家在劳动关系的法律制度建设方面也有了新的进展,1951年2月,国家正式颁布《中华人民共和国劳动保险条例》,对其实施范围、保险水平和福利待遇等作出明确规定,使广大职工年老、疾病、伤残等有了法律保障,调动了广大职工的生产积极性。

总体来看,这一时期劳动关系调控与管理为恢复经济以及"一五"时期的稳定发展奠定了良好基础。一是在战争尚未完全结束的大环境下,能够按客观规律办事,执行了保障生产、繁荣经济、公私兼顾、劳资两利的政策方针,使劳资关系得到改善,劳动生产率快速提高,这3年劳动生产率平均增长11.8%。二是在百废待兴的情况下,政府从实际出发,开展劳动管理,为形成安定团结的社会经济环境创造了条件。

(三)计划体制时期的劳动关系

1952年后,我国进入了社会主义改造时期,大量的私营企业被改造成

---

① 李方祥. "五反"运动后国家对劳资关系调整的经济史分析 [J]. 当代中国史研究, 2008 (3).
② 刘颖. 中国国家资本主义问题研究 [D]. 东北师范大学博士论文, 2004.
③ 李青. 中国资本主义工商业的社会主义改造:湖北卷 [M]. 北京:中共党史出版社, 1993.
④ 中国社会科学院, 中央档案馆. 1949—1952中华人民共和国经济档案资料选编(工商体制卷)[M]. 北京:中国城市经济社会出版社, 1993.

公私合营或公有制企业。到 1956 年第一季度末，全国公私合营的企业已达到 99%，商业达到 85%。① 到第一个五年计划结束，私有制企业基本荡然无存，企业的全部生产资料由国家统一管理和调配，初步形成了以公有制为基础的国有经济制度。社会主义改造完成后，我国建立起单一的计划经济体制，企业的生产、经营、用工和分配都由国家计划决定。具体来说，在劳动用工上采用统分统配的方式，劳动者就业由国家统一配置；在工资分配上采取八级工资制，工资标准由国家统一规定，企业不能自行调整；在社会保障上，由企业按国家政策包揽各项劳动保险和社会福利。这一时期，我国劳动关系变化主要呈现出了以下几个特征。

一是国家成为劳动关系的主导。在计划经济体制下，企业是国家行政机构的附属，劳动者进入企业实际是把自身使用权让渡给了国家。劳动关系的双方不再是企业与劳动者。劳动者在成为企业主人翁的同时，必须服从国家对劳动者工作的安排，没有自由选择职业的权利。

二是国家统一安排劳动计划。国家对劳动指标实行统一的指令性计划，非经批准不得改变。国家成为规范劳动关系的唯一主体，劳动者与用人单位建立劳动关系，其实质是劳动者与国家建立劳动关系，这种劳动关系是通过行政安排建立的。在这种行政安排的劳动关系下，劳动者的工资、保险、福利等待遇都由国家统一规定，企业与劳动者都是统一规定的执行者，双方都没有协商的余地。劳动者就业服从国家安排，一般情况下都是"一配定终身"。用人单位只能按劳动行政部门的计划指标招收职工，也没有用人自主权。

三是劳动力不可自由流动。因为企业没有用人自主权、职工没有择业自主权，劳动力在市场上的自由流动受到限制，社会资源不能得到优化配置。由于国家计划的指令性安排，企业被动地接受不符合本企业需要的劳动力，劳动者也只能服从组织安排，待在无法发挥自身特长的岗位，劳动力资源得不到最优配置，造成资源的极大浪费。

从 1953 年正式制定和实施第一个五年计划开始到"文化大革命"时期，是我国计划经济发展的鼎盛时期。这种高度集中的体制很难适应经济变化与各地区实际，劳动管理亟须变革。到了"文化大革命"时期，劳动关系更是严重扭曲。一方面，劳动管理制度被说成是"管、卡、压"而受

---

① 俞可平. 中华人民共和国六十年政治发展的逻辑 [J]. 马克思主义与现实, 2010 (1).

到冲击；另一方面，从20世纪60年代开始直到"文化大革命"结束，职工的工资实际处于冻结状态，奖励停止执行，劳动者利益受到挤压，国民经济也从停滞逐渐走向崩溃的边缘。

（四）改革开放后的劳动关系

党的十一届三中全会开启了计划经济体制向市场经济体制转型的序幕。我国主要围绕扩大企业用工自主权、改革固定用工制度、建立劳动力市场等方面开展企业用工制度改革。

在扩大企业用工自主权方面，标志性的制度是1992年颁布的《全民所有制工业企业转换经营机制条例》。其中明确了企业是自主经营、自负盈亏、自我发展、自我约束的商品生产和经营单位，是独立享有民事权利和承担民事义务的法人；还明确企业享有生产经营决策权，包括产品、劳务定价权，产品销售权，物资采购权，进出口权，投资决策权，留用资金分配权，资产处置权，联营、兼并权，劳动用工权，人事管理权，工资、奖金分配权。在这一时期，我国先后出台了《国营企业实行劳动合同制暂行规定》《国营企业招用工人暂行规定》《国营企业辞退违纪职工暂行规定》和《国营企业职工待业保险暂行规定》，逐步推动企业成为自主经营、自负盈亏的法人。

在改革固定用工制度方面，我国推行了劳动合同制度，用法律的形式明确了劳动关系主体的法律地位。1994年，我国颁布了《中华人民共和国劳动法》（以下简称《劳动法》），到1997年年末，全国劳动合同制职工已达7 708.3万人，占全国职工总数的52.6%。其中，企业合同制职工达5 094.5万人，占企业职工总数的71.4%。[①] 劳动合同的推行为劳动关系双方建立对等的权利、实施法治化和契约化管理创造了条件。

在劳动力市场培育方面，我国加大各类人力资源服务市场和人力资源中介机构的建设，同时，大力完善公共就业服务体系，着力解决下岗职工就业问题。

在改革分配制度上，我国逐步扩大企业分配的自主权，确立了按劳分配为主体、多种分配方式并存的分配制度。1979年对国有企业实行利润留成制度，1985年实行工效挂钩制度，1990年提出了"国家宏观调控、分级

---

① 国家统计局. 就业规模不断扩大　结构逐步优化 [R]. 新中国50年系列分析报告，1999.

分类管理、企业自主分配"的工资分配目标模式，1992年提出"市场机制决定、企业自主分配、政府监督调控"的工资体制。1994年出台《劳动法》以及《工资支付暂行规定》，明确工资应由职工与企业进行劳动合同约定。2000年实行《工资集体协商试行办法》，确立了劳动关系双方集体协商参与工资确定的方式。2001年加入WTO以后，经济快速融入世界经济体系，国家将劳动立法工作摆在突出位置，相继出台了《最低工资规定》、《中华人民共和国劳动合同法》（以下简称《劳动合同法》）、《中华人民共和国就业促进法》（以下简称《就业促进法》）、《中华人民共和国劳动争议调解仲裁法》（以下简称《劳动争议调解仲裁法》）、《中华人民共和国社会保险法》（以下简称《社会保险法》）等一系列重要的劳动法律制度，促进了劳动关系调整的法制化。

在保险福利制度上，逐步剥离企业办社会的职能，对原来由企业承担职工保险和福利的制度进行改革，按照市场化原则，建立养老、失业、医疗、工伤、生育等保险制度。除此之外，通过建立最低工资制度、最低生活保障制度等，对社会起到"安全阀"作用，避免社会问题和社会矛盾激化。

这一时期的劳动关系呈现以下主要特点。

一是劳动关系形式多元化。随着社会主义市场经济制度的逐步建立，国有企业、集体企业、私有企业、合伙企业、外商投资企业以及股份制企业等多种所有制形式并存。我国企业的用工制度也由原来国家统一分配的固定用工模式，发展成为临时工、合同工、固定工以及非全日就业职工等多种用工制度并存。

二是劳动关系调整的法律制度逐步建立。党的十四大确定了建立社会主义市场经济体制的总体改革目标，并明确将建立与社会主义市场经济体制相适应的劳动制度作为目标。按照党的十四大的总体安排，我国先后出台了《劳动法》《劳动合同法》《社会保险法》等调整劳动关系的重要法律。这些法律制度明确了劳动者和用人单位是劳动关系的主体，双方在平等自愿的基础上签订劳动合同，并明确了双方的权利和义务关系。

三是劳动关系双方主体日趋明确。随着一系列劳动法律制度的颁布和实施，用人单位和劳动者成为相对独立的经济主体。一方面，劳动者有权利自由选择职业；另一方面，用人单位也可以根据自身的需要安排用工，从而实现了劳动力资源的市场化配置。

四是劳动关系逐步由个体劳动关系向集体劳动关系转变。虽然我国劳动关系的市场化转型取得了很大进展，但劳动关系运行尚不规范。仅仅依靠个体劳动关系形式难以在劳动力市场上有效维护自身权益，需要补充集体劳动关系这一重要调节手段。从现实来看，个体劳动关系和集体劳动关系长期并行，以劳动合同制度等为基础的个别劳动关系和以集体协商制度为主的集体劳动关系在协调劳动关系中同样发挥重要作用，但在不同阶段和不同情景下，两种机制发挥作用的大小有所差异。推动劳动关系协调机制转变的一个重要目的，就是要保证每个劳动者至少有一种机制能够保障其权益。

五是市场化的劳动关系成为主导。国有企业在改革用工制度过程中引入市场机制，调整优化劳动力资源在存量和增量中的组合配置。在快速发展的非公有制单位中，劳动者与用人单位直接建立劳动合同关系。市场化劳动关系已经逐渐占据主导地位。在新旧体制转型过程中，由于市场经济发展以及劳动力市场环境的变化，企业员工在竞争机制的作用下实现自由配置，劳动关系矛盾由隐性化逐渐转为显性化，加之一些地方政府在经济增长与政绩驱动的影响下，往往迁就资方、片面维稳，使这一时期劳动争议数量急剧上升。劳动法律法规的逐步出台则为规范劳动关系双方行为、依法维护劳动关系双方权益奠定了法律基础。

（五）党的十八大以来的劳动关系

党的十八大以来，以习近平同志为核心的党中央将构建和谐劳动关系摆在了重要位置，作出了重大部署。党的十八大提出构建和谐劳动关系，党的十八届三中、四中、五中全会均对构建和谐劳动关系提出了明确要求。党的十九大以来，再次将健全劳动关系协调机制作为重要内容。党的十九大报告提出"完善政府、工会、企业共同参与的协商协调机制，构建和谐劳动关系"，强调政府、工会和企业是劳动关系协商协调机制的共同参与方。《中共中央关于坚持和完善中国特色社会主义制度　推进国家治理体系和治理能力现代化若干重大问题的决定》将健全劳动关系协调机制作为提高治理体系和治理能力现代化的重要内容，将构建和谐劳动关系作为实现劳动者体面就业和全面发展的重要途径，提出"要健全劳动关系协调机制，构建和谐劳动关系，促进广大劳动者实现体面劳动、全面发展"。《中共中央关于制定国民经济和社会发展第十四个五年规划和二〇三五年远景目标的建议》也将保障劳动者待遇和维护劳动者权益作为重要内容，提出要坚持经济发展就业导向，扩大就业容量，提升就业质量，促进充分就业，保障劳动者待遇和权益。健全就业公共服务体系、劳动关系协调机制和终身职业技能培训制度。总的来看，党的十八大以来，我国在构建和谐劳动关系方面取得了积极成绩，主要体现在以下几个方面。

一是专门出台构建和谐劳动关系的纲领性文件，对构建和谐劳动关系作了系统性部署。2015年，中共中央、国务院出台《关于构建和谐劳动关系的意见》（以下简称《意见》），提出要建立规范有序、公正合理、互利共赢、和谐稳定的劳动关系。《意见》对构建和谐劳动关系的指导思想、工作原则和目标任务作了清晰论述，着重对依法保障职工基本权益、健全劳动关系协调机制、加强企业民主管理制度建设、健全劳动关系矛盾调处机制、营造构建和谐劳动关系的良好环境及加强组织领导和统筹协调等方面作出了全面部署。文件的出台，标志着"中国特色和谐劳动关系"治理模式基本形成，中国特色和谐劳动关系的理论内涵和制度实践愈加清晰。在宏观层面，创新劳动关系三方协调机制，"加强和创新三方机制组织建设，建立健全劳动关系三方委员会"，特别是提出"由同级政府领导担任委员会主任"，成为三方机制的一大创新。《意见》还明确，"依托协调劳动关系三方机制完善协调处理集体协商争议的办法，有效调处因签订集体合同发生的争议和集体停工事件"，这也是三方机制建设的重要进展。[①] 在中微观层面，加强区域和行业工资集体协商制度建设。《意见》明确提出："以非公有制企业为重点对象，依法推进工资集体协商，不断扩大覆盖面、增强实效性，形成反映人力资源市场供求关系和企业经济效益的工资决定机制和正常增长机制。"

二是劳动关系协调机制逐步健全。修订《劳动合同法》，规范劳务派遣机制，出台女职工劳动保护特别规定等规章制度，劳动关系法律体系进一步健全。实施集体合同制度攻坚计划，劳动合同签订率和履行质量不断提高。协调劳动关系的三方机制逐步健全，在县级以上区域普遍建立了三方协调机制。指导和督促用人单位依法落实女职工特殊劳动保护、禁止使用童工、职工带薪年休假和工作时间的规定，职工劳动条件逐步改善。

三是劳动争议调解仲裁机制不断完善。修订《劳动人事争议仲裁办案

---

① 乔健. 中央为何强调构建和谐劳动关系 [J]. 瞭望, 2015 (15).

规则》和《劳动人事争议仲裁组织规则》，完善仲裁办案制度。加大劳动争议调解力度，推进仲裁机构实体化建设。2012—2016年，全国共处理劳动人事争议案件805.8万件，涉及劳动者1 043.7万人，涉案金额1 698亿元，仲裁结案率保持在90%以上[①]，依法维护了当事人的合法权益。

四是劳动保障监察执法工作不断加强。深入贯彻落实全面治理拖欠农民工工资问题的意见，健全工资支付保障长效机制。劳动保障监察"两网化"管理基本实现了地级城市全覆盖，并逐步向基层延伸。建立拒不支付劳动报酬犯罪案件行政执法与刑事司法衔接制度。推进省级劳动保障监察举报投诉案件联动处理机制，推广随机抽查、规范事中事后监管的体制机制。2012—2016年，全国共主动检查用人单位990.8万户次，办结各类违法案件194.8万件，督促用人单位与2 236.5万名劳动者补签劳动合同，为劳动者追发工资等待遇1 586.7亿元，补缴社会保险费153.5亿元。

（六）从劳动收入占比来看劳动关系演变

劳动关系的历史演进深刻影响社会的收入分配格局，突出表现为劳动报酬和资本报酬在国民收入中的比例变化。下面从劳动报酬在国民经济中分配比例变化的角度，来分析我国劳资关系此消彼长的历史趋势。

1911年开始，辛亥革命促进了劳动阶层的政治觉醒，激发了劳动者对劳动收入的期盼，提高了劳动者的表达能力与社会地位。这一时期劳动者的分配比例显著高于清朝末期，劳动报酬占比从1911年的46.7%提升到1929年的54.2%。

到民国中后期，资本在各个领域迅速扩张，甚至获得政治权力和国家资本，由此引发劳动份额占比快速下降。到20世纪40年代末期，劳动报酬占比降至47.2%左右，如图1-1所示。

中华人民共和国成立以后，中国共产党领导全国人民开展国民经济恢复与建设。通过公私合营等方式，劳动报酬在国民收入中的份额不断提高。由于政治上、经济上对私人资本的集中处理，包括农村土地制度的改变，私有资本水平降到历史最低点，国有资本成为主体。这一时期虽然劳动报酬比重相对有所提高，但因实施重大项目、三线建设以及对外援助等，政

---

① 毛丽冰. 调解仲裁效能亟须提升——访人力资源和社会保障部调解仲裁管理司副司长李小虎[J]. 经济，2013（5）.

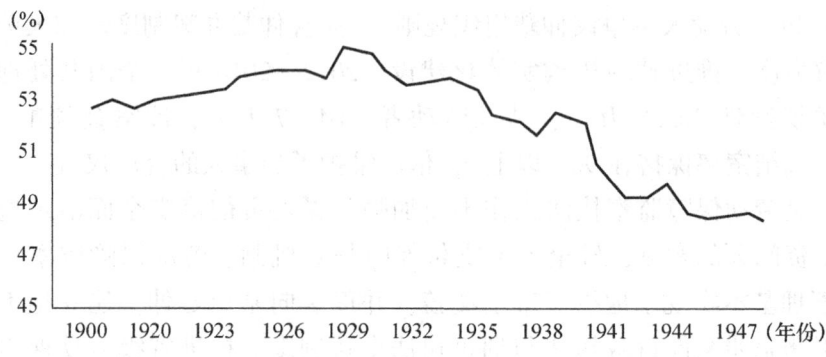

图 1-1 1900—1947 年劳动者报酬占比的变化

注：1900 年、1911—1949 年数据估算来自于：戴园晨，黎汉明. 工资侵蚀利润——中国经济体制改革中的潜在危险 [J]. 经济研究，1988（6）；李扬，殷剑峰. 中国高储蓄率问题探究——1992—2003 年中国资金流量表的分析 [J]. 经济研究，2007（6）。1929 年、1936 年数据参考河北省统计局. 1930—1957 年保定农村经济调查综合资料（未公开出版），1958；卜凯. 中国的土地利用：统计资料分册 [M]. 南京：金陵出版社，1937；张培刚. 清苑的农家经济 [M]. 北京：商务印书馆，1936；隋福民，韩锋. 保定 11 个村人均纯收入水平与结构的历史变化（1930—1998）：基于"无锡、保定农村调查"数据的分析. 中国经济史研究 [J]. 2012（4）。

府收入比重不断上升，突出表现为资本积累率高，挤占了居民消费。从 20 世纪 60 年代起，职工工资实际上处于冻结状态，广大职工生活水平难以提高，特别是"文化大革命"更使国民经济走向崩溃的边缘。

党的十一届三中全会后，劳动关系的相关制度得到了恢复。在收入分配制度上，通过逐步扩大企业分配的自主权，确立了按劳分配为主体、多种分配方式并存的分配制度。1979 年，对国有企业实行了利润留成制度；1985 年，实行工效挂钩制度，提高了劳动力资源的配置效率，劳动收入比重又开始提高；到 20 世纪 80 年代中期，劳动报酬比重一度达到 54% 左右。

在计划经济向市场经济体制转型过程中，市场在劳动力资源配置中逐渐起主导作用，资本的活力和创造力被释放出来，生产力快速发展，各种所有制经济在市场竞争中发挥各自优势，资本所得提高，劳动报酬在国民收入中的占比在降低，最低下降到 2008 年的 48% 左右。

2008 年全球金融危机引起全球经济衰退，我国依赖外需的发展模式受到冲击，外需明显放缓、内需尚待提振、生产资料价格走低，都对资本收益产生较大影响。我国一方面出台经济刺激政策，一方面加强民生保障。从 2009 年开始，劳动报酬占国民收入比重出现历史性反弹，到 2016 年，劳动报酬份额又再一次达到52%左右,接近历史上劳动报酬所占份额的均值,如图1-2所示。不过,这时期我国劳动报酬占比在历史上并非较高水平,距改革开放后的高点还有较大差距。未来仍要通过和谐共享的劳动关系,平衡收入分配关系,防止资本收益对劳动报酬的侵蚀。

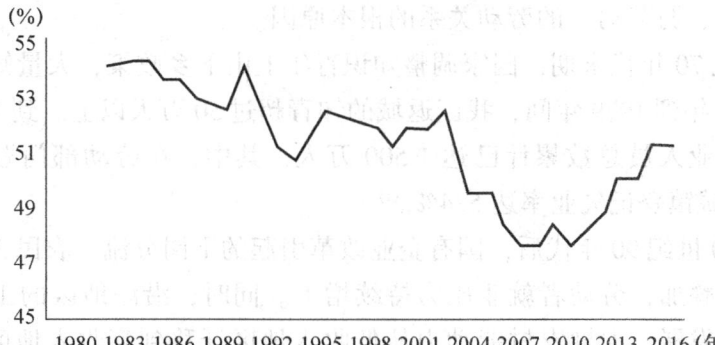

图1-2 20世纪80年代以来劳动者报酬的占比

注:1980—2000年初次分配数据来自于:张车伟,张士斌.中国初次收入分配格局的变动与问题——以劳动报酬占GDP份额为视角[J].中国人口科学,2010(5)。1993—2000年数据来源于:国家统计局国民经济核算司.中国国内生产总值核算历史资料1952—2004[M].北京:中国统计出版社,2007。2000—2016年数据来自于:国家统计局.全国居民收入分配总体状况[M]//国家发改委收入分配司,北师大收入分配研究院.中国居民收入分配年度报告.北京:社会科学文献出版社,2017。

二、我国劳动关系的主要问题

我国经济在改革开放后40多年间一直保持高速增长。在经济高速增长的同时,经济结构、社会结构以及政府管理模式等都发生了巨大改变。从现实来看,我国的基本国情没有变,劳动关系的主要问题也没有变,仍然需要适应形势变化,持续完善劳动关系制度。

(一)劳动者长期处于相对弱势地位

在我国劳动力市场上,相对于资本而言,劳动者处于相对弱势地位。这既有我国劳动力市场固有结构层面的原因,如劳动力市场供求关系长期失衡,又有在改革过程中政策层面的原因,如曾经在企业改革中对劳动者的重视程度不够,非公有制经济发展过程中对劳动者权益的忽视以及相关劳动配套制度建设滞后等。

1. 劳动力市场失衡弱化了劳动者的话语权

劳动力市场长期处于供大于求是我国劳动力市场的基本特征。在劳动力供大于求的局面下，我国劳动关系的供求力量出现失衡，表现为用人单位权利得到扩张，劳动者的弱势地位更加明显。劳动力供大于求的特点，是"强资本、弱劳动"的劳动关系的根本原因。

20世纪70年代末期，国家调整知识青年上山下乡政策，大量知识青年返城。1978年到1979年间，我国返城的知青超过50万人以上。到1979年，我国城镇待业人员总数累计已达1 500万人，其中，在劳动部门登记的有568万人，城镇登记失业率达5.4%。①

进入20世纪90年代后，国有企业改革引起的下岗分流、农民工进城和高校毕业生叠加，劳动者就业压力持续增大。同时，沿海地区的工业化和城市化迅速发展，大批农村劳动力从低收入地区迁移到高收入地区。1992年农村劳动力迁移到城市的人数已达到3 500多万人，1993年一度增加到6 200万人，其中跨省流动达到2 200万人。之后，农村劳动力流动进入稳定增长阶段，1994年从农村转移出来的劳动力达到7 000万人，1995年为7 500万人。② 这一时期，我国推进国有企业转换企业经营机制改革。国有企业改革中的优化组合、扩大企业用人权、减员增效等措施都不可避免地产生了职工下岗失业问题。1997年到2002年间，先后有约3 000万职工从企业剥离，约占当时全国国有企业职工总数的50%。我国高校毕业生数量也呈快速增长态势，全国高校毕业生总数从2000年的94.98万人快速增长至2017年的735.8万人，年均增速达12.8%。

这一时期，我国经济处于转型升级过程中，新增就业岗位有限，劳动力市场总体处于失衡状态。根据国家统计局数据，2000年以来，我国城镇登记失业人数、高校新增毕业生和新增农民工人数的总量约为2 000万人，而每年新增就业人数约为1 100万人，每年城镇新增就业人员数量占三类新增就业人员数量的40%~60%。

供大于求的劳动力市场强化了资本的力量，使劳动力在谈判中处于劣势地位，出现了"强资本、弱劳动"的格局。劳动者在利益分配中缺少话语权，在自身权益保障方面处于被动地位，在劳动权益受到侵害时，往往

---

① 窦勇. 开放进程中要素市场扭曲与宏观经济失衡 [D]. 中共中央党校博士论文，2010.
② 魏礼群. 当代中国社会大事典1978—2015 [M]. 北京：商务印书馆，2017.

面临着要工作还是要维权的两难选择。职工在权益受到侵害时往往不能去伸张自身权益，这又进一步强化了资本的强势地位。

2. 国企改革中对劳动者利益的重视程度不够

改革开放以来，国有企业先后经历了20世纪80年代的放权让利阶段、90年代的股份制改革和"抓大放小"阶段、产权制度改革阶段和国有企业混改阶段。其中，90年代旨在提高国有企业效率的改革试行于1994年，全面实施于1997年，其目标是用4年时间裁减1/4以上的国有企业职工。随着国有企业改革的不断深入，国有企业由政府行政附属机构转变为独立的产权主体和自主用工、自负盈亏的法人。《中国劳动年鉴》数据显示，1997年年底全国国有企业分流及下岗职工总数为1 274.2万人，其中，年末下岗未就业人数为634.3万人。从1998年到2001年，全国新增下岗职工累计为2 315.8万人。2001年年底，除了再就业或进入退休行列等原因减少的下岗职工外，结转下年的下岗职工仍有741.7万人。1998年至2001年的统计数据显示，下岗职工来源于国有企业的占80.33%，集体企业的占17.61%，其他企业的只占2.06%。

在改革过程中，劳动供求双方都成为了追求利益最大化的经济人。从用人单位来看，其主要目标是利润增长与提高生产效率，这就要求用人单位努力实现劳动力成本最小化。从劳动者来看，其身份由"国家职工"转变为独立的利益主体，也更加注重个人利益的最大化。在处理下岗职工的具体方法上，不同地区、不同企业采取了不同的做法。职工合同到期后，有的企业给生活补助费，有的不给。在具体补偿标准上，有的以职工解除劳动合同前12个月的平均工资为标准，有的以社会平均工资为标准，有的以档案工资为标准，有的以当地最低工资为标准，还有的就只规定一个固定数。① 标准不一致引发了一系列的劳动争议。

3. 非公企业发展过程中忽视劳动者利益

在改革过程中，非公有制企业得到了快速发展。国家统计局的数据显示，截至2017年9月底，全国共有私营企业2 607.29万户，占全国企业总量的89.7%。非公有制经济对经济社会发展的贡献，税收超过50%，国民生产总值、固定资产投资、对外直接投资均超过60%，对新增就业贡献达到90%。

---

① 于法鸣，郑东亮. 下岗职工的劳动关系处理非小事 [J]. 中国经贸导刊，2000 (10).

在非公有制经济快速发展的同时,劳动关系双方利益分配的矛盾也日益突出。由于资方占据主动地位,具有谈判优势,通过压低劳动力价格、增加劳动强度、延长劳动时间、降低劳动条件等方式获取更大利益。而劳动者由于缺少有效的利益表达和维护机制,在谈判中处于劣势地位,只能被动接受管理。

(二) 劳动力市场歧视和同工不同酬问题

市场分割是我国劳动力市场的主要特征之一,表现为功能性分割、制度性分割和地区性分割等。我国劳动力市场分割还表现出多样的结构性特征,包括户籍制度导致的农民工和城镇职工分割、标准就业与非标准就业差异、外部劳动力市场和内部劳动力市场分割、体制内部门和体制外部门分割、职业分割、性别分割等。在处于分割状态下的劳动力市场中,各个部分独自循环,强势群体可以占有弱势群体的生产剩余,拉大群体收入差距,引发劳动关系紧张。更重要的是,随着市场分割的形成,收入差距的拉大,不同劳动者因社会地位差异而产生社会分层。这种社会分层一旦形成,不同社会阶层之间难以进行有效的对话和沟通,容易引起社会隔阂、摩擦和冲突。在我国劳动力市场分割的形态中,最典型的是户籍制度引起的农民工就业歧视问题、劳务派遣用工引起的"同工不同酬"问题和垄断引起的就业壁垒问题。

1. 制度障碍和农民工就业歧视

计划经济体制下,城乡劳动力市场二元分割和传统户籍制度所导致的社会身份差异,使大量农民固定在农村,无法进入城市工作。随着户籍限制的放开以及城市和农村经济体制改革的推进,吸引了一大批农业劳动者进入城市就业。据统计,改革开放以来,农民工规模逐渐扩大、增速较快。根据有关部门调查数据,1988年农村转移劳动力约9 500万人,占当年第二、第三产业就业人口的43%,其中5 415万人在城镇就业,占当年城镇就业人口的26.2%。2013年农民工总量为26 894万人,占第二、第三产业就业人口的50.9%,占城镇就业人口的70.3%。2015年农民工总量为2.77多亿人,在第二产业就业的比例为55.1%,在第三产业就业的比例为44.5%;受雇就业所占的比重为83.4%,自营就业所占的比重为16.6%;流入地级以上城市就业者占农民工总量的66%;签订无固定期限劳动合同的比重为12.9%,1年以下劳动合同比重为3.4%,1年以上劳动合同为19.9%,

63.8%的农民工没有签订劳动合同。2018年农民工总量28 836万人，占第二、第三产业就业人口的50.3%，占城镇就业人口的66.4%。这些数字说明，农民工群体在城市就业总量中的比重不断提高，以城镇劳动者总量4亿计算，除去在县城、乡镇企业就业的少数农民工，农民工在城市就业者中所占比重高达40%左右。此外，纳入城镇就业人员统计的其他就业人员，如灵活就业人员、无固定岗位的农民工和统计在城镇范围内的农村就业人员，农民工数量占整个劳动者的比例超过了60%。

受制度性障碍的影响，农民工主要集中在采矿业、制造业和建筑业等行业，相当一部分人没有与用人单位签订正式的劳动合同。由于规模不断扩大，劳动争议主要发生在农民工群体中。根据《中国劳动统计年鉴》调查统计数据，2016年共发生劳动争议案件828 410件，其中，由于劳动报酬引发的争议案件为345 685件，由于社会保险原因引发的争议案件为145 671件，由于解除、终止劳动合同引发的争议案件为188 642件。这三种原因引发的劳动争议案件数占总体案件数的82%，这些劳动争议主要发生在用人单位拖欠农民工工资、农民工社会保险费缴纳和农民工劳动合同签订上。

在农民工群体中，劳动报酬及基本权益保护方面存在的问题更为突出，拖欠农民工工资、同工不同时、同工不同酬、同工不同权、社会保障缺失等现象较为普遍。从收入水平来看，2018年农民工月平均收入为3 721元，仅为城市职工的54.1%。从休息休假权利来看，2016年日从业时间超过8小时的农民工占64.4%，周从业时间超过44小时的农民工占78.4%，在劳动密集型企业、私营企业和个体户打工的农民工工作时间更长[①]，同时因超时工作而造成绩效下降、工作失误甚至伤残事故的案件屡见不鲜。从职业培训来看，2017年接受过培训的农民工占32.9%。从社会保险覆盖面来看，2017年年末参加城镇职工基本养老保险的农民工占总人数的21.7%，参加失业保险的占总人数的17%。

拖欠农民工工资是农民工劳动维权的主要原因之一。随着国家各项治理制度不断出台，2013年以来农民工被拖欠工资数量占农民工总体数量比重有所下降，但拖欠工资现象仍然存在。2016年被拖欠工资的农民工数量

---

① 刘璐宁，孟续铎. 构建和谐劳动关系背景下农民工超时工作问题探析 [J]. 农村经济，2018(7).

为236.9万人，比重为0.84%，其中，建筑业、制造业、批发和零售业、交通运输仓储和邮政业拖欠农民工工资情况比较明显，比重别为1.8%、0.6%、0.2%和0.4%。

2. 劳务派遣用工和同工不同酬

我国的劳务派遣用工产生于改革开放前后的沿海地区，主要是对涉外驻华机构聘用中国员工提供服务。20世纪90年代，为解决国有企业下岗职工再就业问题，政府组织下岗职工通过劳务输出的方式实现再就业，劳务派遣行业得到了快速发展。

2008年开始实施的《劳动合同法》，强化了对无固定期限合同、经济补偿标准和解雇保护等方面的要求，部分企业进行了大规模裁员和整体将正式员工转为劳务派遣员工，劳务派遣用工快速增长。《劳动合同法》在一定程度上推动了用工的灵活性与市场的流动性，但在实施中也出现了一些新问题，比较突出的是有部分企业用各种手段规避和应对《劳动合同法》的相关规定，大量使用劳务派遣工以替代原来正式员工等。

据统计，《劳动合同法》正式实施的一年时间内，我国劳务派遣用工数量增长了35%①，并在此后继续快速增长。有关研究报告显示，到2013年我国劳务派遣工已经超过全国职工总数的20%，其中，农民工是劳务派遣的主体。这些被派遣劳动者受制于自身文化水平等，往往缺乏自我保护意识。此外，在农民工群体中，同工不同酬、不支付加班费等情况也屡见不鲜。

3. 行政垄断和就业壁垒

垄断是导致市场壁垒和收入差距的主要原因之一。形成垄断的原因主要包括企业合谋、规模经济和行政管制。与其他市场经济国家相比，行政垄断是我国垄断的主要形式。出于某种需要或者特殊原因，政府对某些行业实行管制，限制其他企业进入，如电力、石油、银行等，出现了行政垄断。行业垄断是导致职工收入差距的第二重要因素，仅次于教育，而且行业垄断与企业所有制性质相结合，是导致日益扩大的企业工资差距的主要原因。垄断行业不合理高收入广泛存在于各个收入阶层，且不合理程度随着从业人员收入水平的上升而逐渐加大，这说明与普通职工相比，垄断国

---

① 王晶晶. 基于我国劳务派遣现状的新思考 [J]. 辽宁行政学院学报, 2014 (9).

有企业高级管理人员的高薪酬更加不合理。① 垄断不仅直接引起收入差距的扩大，而且为了维持垄断利润，垄断企业往往也会限制包括劳动力资源在内的要素自由流动，表现在就业上，就是限制垄断行业外的劳动力向垄断行业自由流动，从而产生就业隔离。与此同时，垄断行业为了保障其发展，在限制就业的同时，往往倾向聘用劳务派遣人员、临时工等来解决岗位需求，而这又带来了同工不同酬等方面的问题，进一步加剧了劳动关系矛盾。

（三）劳动管理体制不健全

在社会主义市场经济体制形成过程中，职工、企业和国家在劳动力市场上的主体、角色也随之发生变化。原有的劳动管理体制存在不健全、不完善、不适应市场经济发展的地方，需要进行补充、完善和调整，劳动管理体制、劳动法律体系、劳动争议调处机制等都需要作出整体性制度设计，以规范和调节劳动力市场的运转，而劳动管理体制不健全又会使劳动关系复杂化。

1. 劳动关系法律体系还不完备

劳动关系的调整呼唤劳动关系法律法规的出台。我国先后出台了《中华人民共和国工会法》（以下简称《工会法》）、《劳动法》、《劳动争议调解仲裁法》、《就业促进法》等一系列法律和政策，细化和强调了企业职工在劳动报酬、工作时间、劳动安全卫生、职业培训、社会保险和福利上应有的权利，强调通过劳动合同来规范用人单位和劳动者关系，用加强工会在签订集体合同中的权利来保障职工的合法权益，强调了职工在劳动争议纠纷中享有公平合理的权利等。但总体来说，我国劳动法律体系建设仍滞后于劳动力市场改革的进度，法律体系仍旧需要在改革过程中加以完善。例如，《劳动法》是调整劳动关系的主要依据，但随着经济的发展，多种新就业形态的出现也对劳动法及时调整完善提出了新要求。

2. 劳动关系协调机制还不完善

《劳动合同法》使得劳动合同制度得到了普及，但在现实中，未签订劳动合同的现象仍然存在，拖欠劳动者工资、超时加班等情况也时有发生。在劳动关系领域仍旧存在许多不规范的问题。例如，在国有企业改制中，存在劳动合同改签后短期化现象；在非公有制企业中，劳动合同中存在霸

---

① 岳希明，蔡萌. 垄断行业高收入不合理程度研究［J］. 中国工业经济，2015（5）.

王条款等情况；劳动关系双方缺少平等协商平台，集体协商制度尚难以有效发挥作用。

作为构建和谐劳动关系的重要制度安排，三方协调机制虽然得到了普及，但是真正发挥的作用不够，三方协调机制还有待进一步探索，例如，需要增强工会的对等谈判能力、提高政府的作用、社会组织协同参与劳资谈判等。此外，还需要及时总结适合我国特点的三方协调机制的模式并加以推广。

3. 工会组织的作用没有得到有效发挥

我国企业普遍建立了工会组织，但各级工会在维护劳动者权益上并没有发挥其应有的作用，主要表现在，一是工会缺乏强有力的维权手段，无法完全发挥维权作用，最终只能求助于政府部门，增加了维权成本；二是一些地方政府为寻求经济发展，在政策制定和执行过程中忽视劳动者权益；三是工会成员本身就是企业员工，在谈判中受制于企业。

4. 劳动关系构建中社会文化建设缺位

社会文化是在社会发展和历史演进过程中自发形成的、不依赖于人们主观意志的文化传统、价值观念、伦理规范、道德观念、风俗习惯和意识形态等。它以自觉和自律的方式，减少机会主义行为，降低交易成本和监督成本，维持信任和达成共识，体现着一个社会特定的文化遗产或社会资本。在制度安排和行动规则确定的情况下，行动方式的选择受伦理文化等非正式制度影响。① 改革开放后，我国公民道德教育相对滞后，有些人没有及时确立新的价值观念，道德秩序与价值判断处于迷茫状态。他们轻视企业对劳动者、对社会所应承担的社会责任，一味追求经济利益，诱发了非道德、非理性行为，容易引起劳资冲突。

三、当前我国劳动关系的新挑战

习近平总书记在党的十九大报告中指出，中国特色社会主义进入新时代，我国社会主要矛盾已经转化为人民日益增长的美好生活需要和不平衡不充分发展之间的矛盾。许多矛盾和问题是改革开放以来积累的，加之国内外经济形势变化，我国劳动关系领域出现了许多新情况，表现出一些新

---

① 李杏果. 非公有制企业劳资冲突与劳资关系的和谐秩序［J］. 中国劳动关系学院学报，2006(3).

特点，构建和谐劳动关系仍面临不少新的挑战。

（一）经济发展新变化对劳动关系的影响

经济发展是调整劳动关系的出发点和落脚点。在经济状况好的情况下，劳动关系的协调性强；在经济状况不好的情况下，则冲突性增强。经济发展显著影响就业质量，经济发展的速度、模式、结构对劳动关系的和谐程度、模式选择等都产生显著影响。

1. 经济下行压力增大对劳动关系的影响

我国改革发展的经验证明，适度的经济发展速度是保证就业、维持和谐稳定劳动关系的基础。1962年，美国著名经济学家阿瑟·奥肯提出了著名的"奥肯定律"，论证了失业率与国民生产总值增长率两者呈反方向变化的关系，即高增长率使失业率降低，低增长率则会提高失业率。他还认为，失业率与国民生产总值缺口之间的比率是1∶2，即失业率每增加1%，则实际国民生产总值会减少2%左右。根据国家统计局数据，2014年之前，我国国内生产总值的增长速度保持在7%以上，之后经济增长速度下降到7%以下，2015—2017年经济增长速度分别为7.9%、6.7%和6.9%。随着经济增长速度的放缓，新增就业岗位数量减少，增加了就业难度。

经济对劳动关系的影响还体现在，我国正处在产业结构转型升级期，面临着淘汰落后产能、关停僵尸企业、促进经济结构升级的任务。在这期间，必然意味着落后产业就业岗位的消失。此外，面临国际和国内激烈的市场竞争，经济发展中的不确定性因素增强，在这些情况下，协调企业和职工的利益关系就显得尤为重要。

经济下行压力下叠加突然暴发的新冠肺炎疫情，对就业和劳动关系产生更为明显的影响，这主要体现在：一是疫情期间各地出台的政策难以兼顾劳动关系双方利益带来的纠纷。如有的地区出台政府请客、企业买单式的政策，企业因难以执行或执行打折而引发劳动争议问题。二是因企业裁员导致的劳动合同解除争议大幅增加。受疫情冲击较大的餐饮与住宿、旅游、文化娱乐、批发零售等行业出现规模性裁员。这就可能出现违法解除劳动合同的问题，不符合解除合同的实质条件与程序要求，且由于企业生产经营困难，很难有能力按标准依法支付经济补偿金，有可能诱发劳动争议。三是疫情期间企业采取的工资、工时、加班费、休假、工作岗位变更的相关措施容易导致争议。受疫情影响，部分中小企业面临停业、减产等，导致劳动合同部分条款如工资标准等无法履行或继续履行成本过高,从而发生劳动争议。四是疫情结束后企业为恢复生产而采取的延长或缩短工时、暂时性降低劳动报酬、轮岗调休、调整工作岗位等措施可能引发的劳动争议。①

2. 新经济形态影响劳动关系

随着互联网、人工智能等新经济形态的蓬勃发展,出现大量新型劳动关系,企业的组织形式、用工方式和分配方式发生变化。互联网经济的出现,一方面创造出很多新的就业机会和工作岗位,对就业产生"拉动效应";另一方面互联网经济也带来传统工作岗位的消失和低技能劳动力的失业,产生就业"替代效应"。据麦肯锡公司估计,到2025年,互联网的运用最多可以创造4 600万个新的工作岗位,但也会减少1 000万到3 100万个岗位。新经济形态劳动关系短期化特征较为明显。波士顿咨询2014年的研究发现,28%的互联网等新经济从业人员会在任职1年内离职;艾瑞咨询的研究数据显示,32%的新经济从业人员会在2~3年内离职。人员的快速变动,对以稳定为基础的职工福利和社会保障制度形成明显挑战。

新经济形态在更高效配置劳动力资源的同时,也扩大了就业的边界和范围,使就业和闲暇的界限模糊化,打破劳动关系双方通过签订劳动合同建立的固定清晰的雇佣方式,突破了原有劳动法律体系的界限,改变了劳动依赖于被雇佣的模式,拓展了劳动关系双方合作的方式,对传统法律体系的适用性提出了挑战。大多数互联网平台就业基于共享合作,因而互联网平台和就业者没有签订书面的劳动合同。例如,阿里巴巴本身的员工约有11万人,但是据估计该平台派生出来的就业者超过4 000多万人。

在现行法律规范下,新就业形态普遍不能被视为劳动关系,导致《劳动法》《劳动合同法》及其他法律法规中对经济权益保障、劳动保护条件、劳动争议处理等方面的规定难以适用,劳动者遇到不法侵害申请维权时会遇到于法无据的情况。② 我国《劳动法》和《劳动合同法》对于职工合同周期、离职期都作了比较详细的规定,并约定了带薪假期、医疗期,有力地保护了劳动者稳定就业意愿。而各类新就业形态因为不存在明确的用人

---

① 刘秉泉,李文静,赵碧倩. 新冠肺炎疫情对劳动关系的影响与对策研究 [J]. 中国劳动,2020 (1).

② 关博. 加快完善适应新就业形态的用工和社保制度 [J]. 宏观经济管理,2019 (4).

单位，无法确定劳动关系主体，适用于民法中的雇佣关系或者自雇关系，当所对应的经济活动结束时，相关法律关系自动解除，一旦发生纠纷，缺乏处理的法律依据。互联网单位的用工管理和劳动者的劳动形态发生了深刻变化，单位用工表现出碎片化、工作场所虚拟化等特征，这些都对劳动关系调整模式提出新的挑战。

3. 国际化和"走出去"战略对劳动关系带来的挑战

从2001年加入世界贸易组织以来，我国加快融入经济全球化。在这种情况下，原有的资本与劳动关系格局被打破，劳动关系领域发生了多种变化。在经济全球化背景下，大量产业资本流入以传统制造业为主的行业，促进了劳动关系类型的多样化。随着资本跨国流动，我国劳动关系在某种程度上突破了国家界限，表现出国际化的趋势，劳动关系的调整不但受到本国制度的影响，还受到其他国家的法律制度和国际组织规制的影响，需要按照国际的通行规制来处理劳动关系问题。

在引进来的同时，我国企业还积极"走出去"参与全球竞争，在海外投资设厂，招募当地工人。在这种情况下，学习并适应当地的劳动法律制度体系和劳动关系调整方式，成为我国企业"走出去"的"必修课"。按《世界投资报告》统计，2011年以来中国对外投资流量全球占比逐渐递增，在2011—2016年间分别为4.8%、6.7%、8.2%、9.3%、9.9%和12.6%。[①]截至2017年年底，中国2.55万家境内投资者在国（境）外共设立对外直接投资企业3.92万家，分布在全球189个国家（地区），年末境外企业资产总额6万亿美元。

2006年以来，中国对外直接投资企业的员工总数及外方员工数量稳步增长，2017年年末中国对外直接投资企业员工总数339.3万人，其中雇用外方员工171万人。从统计口径来看，中国海外投资企业的劳动用工主要分为三类：①企业派驻国（境）外的中国员工（简称企业外派员工）；②企业在东道国雇用的外方员工；③劳务派遣用工。由于各国实施严格的外劳工作签证配额制度，第二种雇佣关系渐成主流用工方式。据统计，目前中国对外投资企业80%以上的人员是属地化用工。[②]

[①] 彭薇. 跨国并购是否有助于提高企业动态生产效率：“一带一路”倡议背景下中国A股制造业上市公司的证据. 现代经济探讨 [J]. 2018 (1).

[②] 乔健, 李诚. 中资企业投资“一带一路”国家劳动关系风险防范研究——以巴西为例. 中国人力资源开发 [J]. 2018 (7).

近年来，我国驻外外交和领事机构受理的领事保护和协助案件数量持续大幅攀升，主要涉及商业纠纷、拖欠工资等。境外企业劳动关系的特殊性主要表现在以下几个方面：其一，处于国际化的法律、经济和政治环境，以及多元化的文化环境之中；其二，雇员及其组织是多元化和国际化的，包括国内劳务派遣人员和外籍劳务派遣人员；其三，转换过程涉及国际合作与共同行动；其四，劳动关系状态不仅直接影响企业利益与员工福利，而且涉及国家利益与国际关系。

"一带一路"倡议是我国国际化战略的重点，与之相关联的劳动关系问题也越来越受到关注。2013年，中国首次提出"一带一路"倡议。2015年3月，中国发布《推动共建丝绸之路经济带和21世纪海上丝绸之路的愿景与行动》，这标志着"一带一路"倡议的正式出炉。随着"一带一路"从理念成为各国间的具体行动，中国与"一带一路"沿线国家的投资与贸易往来日趋频繁，中资企业"走出去"也明显加快。中国已成为"一带一路"沿线国家的主要贸易伙伴与投资来源地。截至2017年，中国在"一带一路"沿线国家的直接投资超过700亿美元，累计货物贸易额超5万亿美元。

随着"一带一路"倡议的推进，劳动关系问题也明显增加，"一带一路"沿线国家的劳资冲突也时有发生。在"一带一路"倡议推进的同时，中美贸易摩擦与国际经贸关系也呈现复杂化特征，我国企业在境外投资中面临安全、环保、用工等方面的风险，劳动关系风险已成为与安全风险、政治风险、经济风险、法律风险、社会风险并列的第六大投资风险。劳动关系治理和风险防范已成为中国企业走出去、走下去、走得好的重要保证。①

(二) 收入分配格局再调整对劳动关系的影响

收入分配是劳动关系格局、劳动关系双方实力状况以及劳动关系和谐程度的重要影响因素。我国收入分配领域中存在的一些问题，对劳动关系产生了负面影响，制约了和谐劳动关系的构建。

1. 收入分配差距持续扩大

从变化趋势上看，我国收入差距经历了缓慢扩大、快速扩大和相对稳

---

① 董永祥，汪砺锋，熊军. 湖北省参与"一带一路"建设企业劳动关系调查报告[J]. 工友，2019 (9).

定三个时期。第一个时期是 20 世纪 70 年代末至 80 年代中期。根据国家统计局测算,城镇居民收入差距的基尼系数从 1978 年的 0.16 上升到 1985 年的 0.19;同期农村居民收入差距扩大幅度要高一些,收入差距的基尼系数从 0.21 上升到 0.26。第二个时期是 20 世纪 80 年代中期至 21 世纪初期。这一时期中国经济社会体制发生急剧变化,从而导致收入差距快速扩大,收入分配不公问题也日益凸现。城镇内部居民收入差距的基尼系数从 1985 年的 0.19 上升到 2005 年的 0.34;同期农村内部居民收入差距的基尼系数从 0.38 上升到 0.46。第三个时期是 21 世纪以后。这期间我国政府制定了一系列有助于提高低收入人群收入的再分配政策,尤其表现在提高农民收入和缓解农村贫困等方面取得显著效果。国家统计局的数据显示,2015 年全国收入差距的基尼系数接近 0.47,而 2008 年为 0.49。不过,导致收入差距扩大的体制性因素并没有发生根本改变,而且存量财富差距不断扩大会进一步影响收入差距。所以,总体来看,我国收入分配格局还未发生根本转变,在未来一段时间内我国收入差距出现明显缩小趋势的可能性很小。[①]

收入差距扩大已经成为当前我国经济社会较为突出的问题之一,成为构建和谐劳动关系的重要障碍。第一,对于低收入群体来说,工资报酬是其收入的主要来源。收入差距大、低收入群体缺乏基本的生活保障,直接影响其生存和生活状态,成为影响劳动关系和谐稳定的重要因素。第二,劳动力市场分割是造成收入差距扩大的重要因素,而且收入差距的扩大制约了低收入群体的人力资本投资和积累,使得低收入群体长期处于被动局面,即使制度上取消了劳动力市场分割,低端劳动者仍旧缺乏竞争力。第三,在"强资本、弱劳动"的格局下,劳动者在利益分配上没有足够的发言权,在维护自身利益方面也处于被动地位。这进一步强化了劳动者的弱势地位,使劳动者处于更加被动的局面。当劳动者缺乏有效的权益保障和利益申诉渠道时,其维权方式容易出现极端化倾向,这又增加了劳动纠纷调解的难度。

2. 劳动报酬在国民收入中比重偏低

国家统计局的资料显示,劳动报酬在改革开放初期曾一度上升,劳动报酬占 GDP 比重从 1978 年的 49.64% 上升至 20 世纪 80 年代前期的 50% 以上。1985—1998 年全国劳动报酬占 GDP 份额处于相对稳定时期。1999 年之

---

① 李实. 中国收入分配格局的变化与改革 [J]. 北京工商大学学报(社会科学版),2015 (4).

后则趋于下降，特别是 2004 年之后加速下降，到 2007 年全国劳动报酬占 GDP 份额降至 39.74% 的历史最低水平，此后缓慢回升，2008 年又回到了 46.62% 的水平，2010 年为 45.01%，2012 年为 45.59%，2014 年为 46.51%，2016 年为 47.46%。① 横向来看，我国劳动报酬占比低于欧美等发达国家，即使与欧美国家同一经济发展时期相比，我国劳动报酬也仅仅处于中等水平。

劳动报酬在国民收入中的比重偏低，一方面，劳动报酬是劳动者的主要收入来源，特别对于一些低收入群体来说，劳动报酬直接决定了其生存和生活状况。当其基本生存和生活需求不能得到满足时，就会影响其工作的积极性和对企业的满意度。另一方面，劳动报酬较低也制约了劳动者自身发展，使劳动在和资本的对比中处于更加弱势的地位，使劳动者在和资本的博弈中处于更加被动的地位。

3. 再分配制度调节收入分配的作用有限

从市场经济国家的经验来看，再分配制度是对初次分配结果进行调节并避免收入差距持续扩大的重要办法。社会保障是国民收入再分配的一种方式，是国家对初次收入分配的调剂，能为劳动者在意外情况下提供基本的生活保障，减少劳动者退出劳动力市场的后顾之忧，是"劳动关系的安全网"，也是"社会发展的稳定器"。

我国作为发展中国家，社会保障体制仍处于不断改革与完善的过程中，其发挥的收入再分配效应存在很多局限。与成熟的市场经济国家相比，我国社会保障制度的再分配功能仍显偏弱。相关分析显示，中国再分配政策可使基尼系数缩小 10% 左右，而 OECD（经济合作与发展组织）国家的平均水平是 40% 左右。②

（三）就业对劳动关系的影响

1. 我国总体就业压力持续加大

根据国家统计局数据，我国城镇登记失业人员数量从 2000 年的 595 万人增加到 2017 年的 972 万人，增长了 63.36%，年均增长 2.9%；自高校扩招以来，高校毕业生数量逐年增加，从 2000 年的 94.98 万人增加到 2017 年

---

① 熊亮. "数"说提高技术工人待遇 [J]. 中国人力资源社会保障, 2018 (5).
② 李实. 中国收入分配格局新变化 [J]. 治理研究, 2018 (9).

的735.8万人，增长了6.75倍，年均增长12.8%；新增农民工数量仍维持在较高水平，2010年曾达到1 245万人，2015年也有352万人。2006年以来，我国每年实现城镇新增就业人员均超过1 100万人。但即使如此，每年城镇新增就业人员数量也仅占三类新增就业人员数量的50%左右。2000年以来就业变化如图1-3所示。

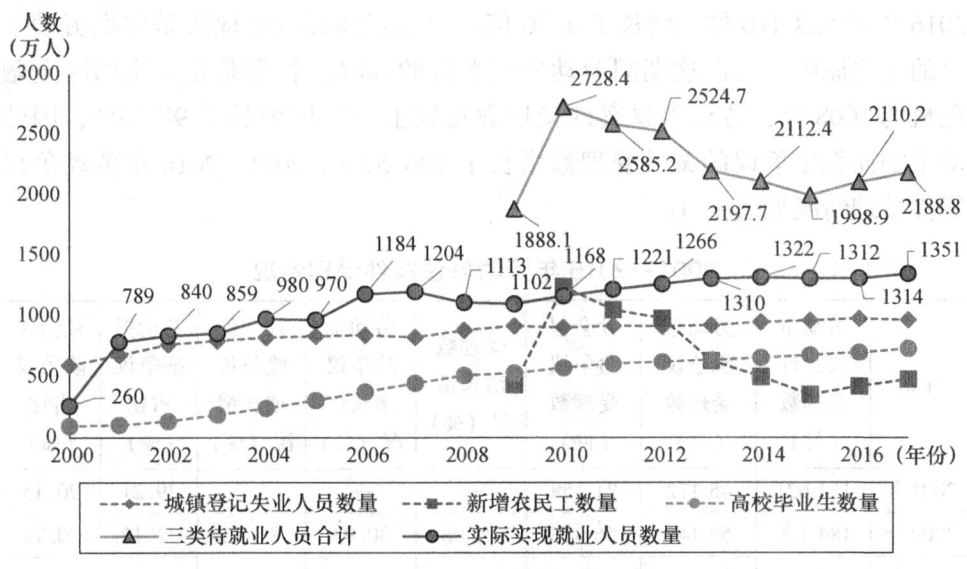

图1-3　2000年以来就业变化

突如其来的新冠肺炎疫情给我国经济社会带来较大冲击，对就业也产生很大影响。疫情期间停工停产增多，用工减少，就业人数下降，失业率明显上升。国家统计局数据显示，2020年1、2月份全国城镇调查失业率分别为5.3%与6.2%，较2019年年末的5.2%有明显上升；中国就业研究所的分析显示，2020年3月招聘需求较去年同期下降24.8%，求职申请较去年同期上升11.02%。①

2. 新生代劳动者进入劳动力市场

与上一代劳动者相比，新生代劳动者在思想观念、利益诉求、价值追求等方面有明显的差别，权利意识和平等意识增强，对主观感受和价值追求越发重视，自我维权意识日益增强，获取信息更加便捷，追求体面劳动和生活尊严已经成为这一代劳动者的价值取向和集体意识。

---

① 曾湘泉. 中国就业市场的新变化：机遇，挑战及对策 [J]. 中国经济报告，2020 (3).

新生代劳动者的利益追求多元化,从传统的单纯追求经济利益转变为工作环境改善和职业发展机会等。劳动者的诉求内容越来越具体,诉求范围越来越大,其诉求涵盖劳动报酬、社会保险、经济补偿、休息休假等多方面。人力资源和社会保障部的统计数据显示,2001年以来,我国有关部门受理的劳动争议案件数总体呈增长趋势,从2001年的154 621件增长到2016年的828 410件,增长了4.36倍。劳动报酬和社会保险是发生劳动争议的主要原因,约占这期间劳动争议案件的60%。特别是在发生国际金融危机的2008年,劳动争议案件受理数量较上一年度增长了98.03%,因劳动报酬而发生争议的案件受理数增长了106.57%。2001—2016年劳动争议案件受理情况见表1-1。

表1-1　　　2001—2016年劳动争议案件受理情况

年份	劳动争议案件受理数（件）	劳动报酬争议受理数（件）	社会保险争议受理数（件）	受理数增长情况（%）	劳动报酬争议增长情况（%）	社会保险争议增长情况（%）	劳动报酬争议占比（%）	社会保险争议占比（%）
2001年	154 621	45 172	31 158	—	—	—	29.21	20.15
2002年	184 116	59 144	56 558	19.08	30.93	81.52	32.12	30.72
2003年	226 391	76 744	76 181	22.96	29.76	34.70	33.90	33.65
2004年	260 471	85 132	88 119	15.05	10.93	15.67	32.68	33.83
2005年	313 773	103 183	97 519	20.46	21.20	10.67	32.88	31.08
2006年	317 162	103 887	100 342	1.08	0.68	2.89	32.76	31.64
2007年	350 182	108 953	97 731	10.41	4.88	-2.60	31.11	27.91
2008年	693 465	225 061	—	98.03	106.57	—	32.45	—
2009年	684 379	247 330	—	-1.31	9.89	—	36.14	—
2010年	600 865	209 968	—	-12.20	-15.11	—	34.94	—
2011年	589 244	200 550	149 944	-1.93	-4.49	—	34.04	25.45
2012年	641 202	225 981	159 649	8.82	12.68	6.47	35.24	24.90
2013年	665 760	223 351	165 665	3.83	-1.16	3.77	33.55	24.88
2014年	715 163	258 716	160 961	7.42	15.83	-2.84	36.18	22.51
2015年	813 859	321 179	158 025	13.80	24.14	-1.84	39.46	19.41
2016年	828 410	345 685	145 671	1.79	7.63	-7.80	41.73	17.58

数据来源:《中国人力资源和社会保障年鉴(2017)》。

新生代劳动者文化素质较高，平等意识和维权意识更强，用法律手段维护自身权益的能力明显提高。根据北京市人力资源和社会保障局统计，2011年涉及"70后"劳动者的劳动争议案件占到案件总数的74.2%。新生代劳动者是伴随着网络发展起来的，网络社会、互联网的快速发展形成无限扩张的虚拟社会空间，信息来源多元化，信息传播速度快。随着智能手机的全面普及，人们的信息交流更加实时、交互、快捷、高频，信息传播更加碎片化、娱乐化、海量化，现实社会与虚拟社会高度互动。这使新生代劳动者的维权行为以新的机制和形式产生，表现为集体性争议和集体维权现象越来越多，集体停工等群体性事件时有发生，处理难度更大，这对和谐劳动关系影响也更大，对劳动争议调解机制提出了严峻挑战。

3. 多层次劳动力的供求关系呈现差异

随着我国劳动力市场的发展，大体形成了高级、中级和初级劳动力市场。三个层次的劳动力市场供求关系有所差异。高级劳动力市场主要以高级管理人才和高级技术工人为主。在这一层次上，呈现供不应求的特点，劳动者居于优势地位，劳动者有能力按照市场化原则和企业进行协商沟通，劳动关系规范化程度较高，劳动关系相对和谐。中级劳动力市场以普通管理人员、一般技术人员和熟练技术工人为主。在这一层次的劳动力市场上，劳动供求大体平衡，劳动者自我维权意识和能力较强。初级劳动力市场主要以没有经验的工人、农民工等为主。初级劳动力市场表现为劳动力供大于求，劳动者维权意识和能力较低，劳动者整体处于弱势地位的特征，劳动者的权益容易受到侵害。

多层次的供求关系也对劳动法规及管理模式提出了挑战。劳动者不同群体之间诉求的多元化和利益表达方式以及表达能力的差异化，"一刀切"式的法律规则以及其他方面的管理模式难以适应这种差异性，亟须构建适应不同层次劳动力市场特点、不同利益群体诉求的法律体系和劳动管理模式。

4. 小微企业成为解决就业的主体

国家支持"双创"政策推陈出新，小微企业发展迅猛。这为个人、家庭等各类非法人实体参与经济活动提供了史无前例的机会，客观上促进了经济繁荣和就业机会增加。根据有关部门统计数据，近年创业创新热潮持续高涨，2017年全国新设市场主体1 924.9万户，平均每天新设5.27万户。全年新设企业607.4万户，平均每天新设1.66万户。新设个体工商户

1 289.8万户。据统计，2017年我国小微企业从业人员2亿人左右，约占从业人员总数的64%，成为我国劳动关系的主要组成部分。小微企业具有数量大、分布广、生命周期短、平均产出不高、对经济社会综合贡献大等特点。① 小微企业对劳动关系的影响体现为以下三点。首先，小微企业用工普遍不规范，劳动关系变动性大。小微企业主要通过短期劳动合同或口头合同等形式确定劳动关系双方的权利和义务，季节性用工、临时性用工、非全日制用工等形式较为普遍。劳动合同签订率普遍偏低，工作时间和休息时间不明确且执行随意，劳动条件和劳动保护意识普遍较差，容易发生劳动冲突。其次，企业管理制度不完善，人力资源管理不规范，容易出现各种矛盾。最后，小微企业普遍缺少工会等组织，劳动关系双方沟通协调制度不健全，出现矛盾后往往采取"一事一议、一人一议"的方式，没有相应的规则和程序规范，发生冲突后缺少缓冲和正规的解决途径。

四、我国劳动关系的理论内涵、基本特征和基本框架

（一）我国劳动关系的理论内涵

我国建立和谐劳动关系理论和调整模式，既要遵循市场经济国家劳动关系调整的一般规律，学习成熟的经验和做法，又要基于我国经济、制度和文化特点，探索出符合我国国情的劳动关系理论体系和调整模式。

1. 劳动关系理论构建的影响因素

第一，劳动关系理论以市场经济的基本制度和理论为基础。劳动关系通过市场经济建立，市场是确保劳动供求双方形成合理预期、优化经济行为、实现资源有效配置的重要途径。从市场经济国家来看，不管采用哪种劳动关系的调整模式，都会遵循市场经济的一般规律，体现出交易性、契约性、平等性、自主性、利益协调性的基本特征。这既是市场经济条件下劳动关系的基本特征，又是保持劳动关系稳定发展的重要保证，是劳动关系和谐稳定的必要条件。

第二，不同理论一定程度上与经济社会发展相适应。从市场经济国家劳动关系调整的发展过程来看，在资本原始积累的阶段工人将其劳动力出

---

① 苏海南，胡宗万. 我国劳动密集型小企业劳动关系问题研究［J］. 华中师范大学学报（人文社会科学版），2012 (2).

卖给雇主,在生产过程中工人接受雇主的工作安排。在以集体谈判为核心的阶段,在承认劳资双方存在不同利益诉求的前提下,通过各方协商谈判,达成各方遵守的协议、规则和制度,从而减少冲突的发生。在后工业化时期,在承认资本和劳动存在共同利益的前提下,将员工成长和企业发展联系起来,劳资双方不再通过对抗来达到利益平衡,而是通过合作来达到利益平衡。

第三,社会、政治理论与人文思想发展成为影响劳动理论的重要因素。目前,西方主要市场经济国家调整劳动关系的模式主要有美国模式、德国模式、日本模式、瑞典模式等。美国模式以新古典主义思想为理论基础,强调自由、竞争、效率,认为市场力量能够确保劳资双方利益的实现,注重在劳动法律规范下劳资双方依靠市场力量的自我调整。德国模式带有浓厚的欧洲传统色彩,强调社会民主主义、集体主义精神和社会互助理念等,在理论上受到新制度学派的影响较大,强调法律、工会和集体谈判等制度对劳动关系的影响,目的是追求效率和公平之间的平衡。日本将市场经济下的竞争关系与东方文化背景下的家族式关系结合起来,维护劳动与资本关系的稳定。日本模式以管理学派的理论为基础,强调劳资双方在根本利益上的一致性,主张通过企业人力资源开发与管理、重视员工需求和提高员工满意度来避免劳资矛盾。瑞典模式以自由改革学派为基础,认为劳动力市场存在"结构不公平",主张政府制定包括税收、社会福利等在内更广泛的社会经济政策,减少市场失灵带来的负面效应。

2. 劳动关系调整的主要形式

从"保留"调整劳动关系的实践来看,呈现以下基本特点。

第一,建立完善的法律体系为协调劳动关系提供制度保障。劳动法律法规在劳动关系的发展演变及劳动关系双方冲突的解决中发挥重要作用。市场经济国家构建了完整的劳动法律体系,规范各方行为,使劳动关系调整有法可依、有章可循,这在一定程度上保持了劳动关系运行的有序化、规范化。

第二,建立和实施注重社会公平正义的社会制度和政策体系。通常来说,市场经济国家会通过构建社会制度和政策法律体系促进社会公平正义,避免或缓和社会矛盾。例如,建立和实施社会保障制度,编制社会"安全网";利用累进税收制度,以缩小劳资之间悬殊的收入差距;制定《最低工资法》《反歧视法》等一套法律制度,保障低收入劳动者的公平就业和收入权益；鼓励企业建立民主管理制度，使职工有参与企业民主管理的渠道，提高职工对企业的归属感。

第三，完善工会组织，推动劳动关系主体力量均衡。相对于资本而言，劳动始终是处于相对弱势的一方。劳动关系双方力量均衡是调整劳动关系的重要条件。市场经济国家的经验表明，独立的、功能完整的工会组织是协调劳动关系所必须的。工会使劳动关系双方在谈判中处于相对均衡的地位，这有利于维护劳动者的利益，实现劳动关系的平稳发展。

第四，建立有效的协商运行机制，促使各方达成共识。从市场经济国家的经验来看，协调劳动关系的机制主要包括三方协商机制、劳资集体协商机制和劳动争议处理机制等。其中，三方协商机制通过政府、企业和劳动者三方代表共同参与决定，促进各方达成共识；集体协商机制通过集体谈判和集体合同减少劳动争议；劳动争议处理机制通过制定各方都遵守的规则来处理劳动争议，纠正劳动关系行为中的偏差，维护劳动关系双方当事人的合法权益。

第五，推动员工参与企业管理，缓和劳动关系矛盾。市场经济国家通过赋予员工参与企业管理的权利，提高员工的经济社会地位，增强员工的主人翁意识和责任感，增强员工与企业的相互理解，减少摩擦，提高企业生产效率，实现双方合作共赢。

（二）我国劳动关系的基本特征

党的十八大提出构建和谐劳动关系作为我国劳动关系机制建设的目标，2015年出台的《关于构建和谐劳动关系的意见》对和谐劳动关系作了系统性论述。"和谐"是我国劳动关系的本质特征。一是和谐既是劳动关系的目的，又是实现良性关系的手段。和谐劳动关系是在承认劳动关系双方存在利益对立的前提条件下，各参与主体通过适当的制度安排，实现矛盾对立双方的共存共处、相互结合、彼此协调和利益共享。二是劳动关系双方的矛盾和冲突可以通过协调得以缓和。劳动关系双方在追求企业整体利益上是一致的。资方是向劳方提供工作机遇，劳方将劳动转化为物质生产，是企业整体效益的保障。尽管在生产过程中，不同群体之间因各自具体利益而产生矛盾，但这种矛盾可以通过协商的方式得以解决。三是劳动关系要在法律框架内规范调整。主要体现在劳动关系双方的利益诉求应在法律和制度的框架范围内依法予以实现和保障，从而形成公正、公平的劳动关系。

这不仅避免了劳动关系行政化，而且承认了劳动者作为利益主体的法律地位。对劳动者从法律上加以保护，有利于调动他们的积极性，并建立和谐劳动关系。

1. 我国劳动关系体现中国特色社会主义本质特征

中国特色社会主义劳动关系是以公有制为基础的社会主义生产关系在劳动关系中的反映，是由中国特色社会主义性质所决定的。

第一，中国特色社会主义劳动关系是和谐劳动关系。中国改革开放是社会主义制度的自我完善和发展，是在坚持公有制的基础上，通过引进市场机制来加快生产力的发展。劳动关系各方根本利益是一致的，各方通过合作实现利益最大化，这是中国特色社会主义新型劳动关系的根本特点。

第二，中国特色社会主义劳动关系是一种公正的关系。国家创造和维护公平和谐的社会环境，发挥工会组织、雇主组织等社会组织的作用，团结广大劳动群众，实现劳动关系的中国特色及其社会属性。劳动关系双方在国家有关法律和制度的范围内，根据劳动供需关系进行调节，自主自愿地建立劳动法律关系。在这一过程中，国家对劳动关系的干预主要体现在规则公正、程序公正的裁判职能上，而不是直接参与或行政干预。政府维护劳动力市场的运行及其公正性，反对不正当竞争和利用垄断、独占等特殊地位谋取不正当利益，可以避免劳动力市场与劳动关系的扭曲和无序化，有利于实现劳动关系的社会公正性，消解各种利益矛盾，平衡不同社会利益关系，实现劳动关系的良性运转和循环。

第三，中国特色社会主义劳动关系是法律保障关系。随着劳动法律体系的建立与完善，劳动关系主体双方的利益诉求都通过法律途径来保障。国家通过宏观调控，规范劳动关系双方的权利与义务，保证劳动关系主体双方能在法律和制度范围内实现各自的利益，避免了劳动关系行政化，这有利于处理好国家、企业与劳动者的权利和义务关系，促进劳动关系双方地位的平等与力量的平衡。

2. 我国劳动关系遵循市场配置资源的一般规律

第一，市场经济条件下的劳动关系是地位平等的关系。在法治社会环境下，劳动力供求双方具有经济自由是这一关系的社会基础。劳动关系处理的一个重要前提，就是供求双方均以平等的地位进行协商和履行合同。在微观层面，劳动者或企业主在具体环节上的地位保障可以依法律措施和组织措施等执行，使双方在不受特定压力下可以自由表达利益诉求，达成双方相对满意的合同方案。随着我国社会主义市场经济体制建设的进程加快，各种新技术的发展使得我国劳动力市场更加完善，劳动关系比起以前更加多样化，信息技术的发展使市场扩展到更大范围，市场公平性与客观性无疑对供求双方建立平等关系有更积极的作用。

第二，市场规则对劳动关系的要求是契约诚信关系。供求双方在协商、达成并履行劳动合同中都要遵守契约精神，保障劳动关系良性运转。契约信守是契约精神的核心，在契约未上升为契约精神之前，人们订立契约更多是通过强制手段；当契约上升为契约精神以后，人们订立契约源于彼此的信任，当契约精神在社会中成为一种约定俗成的主流时，市场规则就有了道德保证。

第三，市场化配置资源的劳动关系是竞争共赢关系。从市场维度看，我国劳动关系的目标是实现劳动力要素配置最优化。只有用市场手段形成劳动有效利用，劳动力和企业才能实现双赢，从而构成相对稳定的劳动关系。达成劳动关系最优的市场配置过程，实质上也是双方博弈和竞争的过程，通过供求双方对利益最大化的追求，促进自身能力与效率的提升，从而实现劳动力与生产资料的有效结合。随着我国社会主义市场经济体制不断完善，知识经济、网络经济以及各种新技术、新经济日益发展变化，劳动关系将随市场变化而产生新的形态，只有动态平衡供求双方的利益，才能保证企业长远发展和社会和谐稳定。

3. 我国劳动关系体现文化传承的特殊背景

弘扬我国优秀的历史文化，是建立和谐劳动关系的重要内容。不同企业虽然有不同的文化，但这些都是在我国文化环境与氛围下而存在，脱离国情与文化基础不可能处理好劳动关系。如何将我国传统文化的价值观念同市场经济的竞争、理性等观念相互融合，形成具有我国人文特色的劳动关系调整模式，是值得我们思考的重要问题。

第一，中国文化传承中的劳动关系是以人为本的关系。西方一般是先有劳资冲突和立法，然后才有劳动关系调整和社会保护政策。我国有丰富的传统文化，因此，民族工商业在历史发展中往往把传统文化融入劳资关系中。《尚书》中说："民惟邦本，本固君宁。"孟子说："民为贵，社稷次之，君为轻。"儒家文化从国家角度强调人的重要性，实际上无论在产业关系还是企业内部，重视人的作用，建立良好的劳动关系，调动劳动者的积极性，都是管理的重要理念。

第二，中国文化传承中的劳动关系是和而不同的关系。孔子主张："君子和而不同，小人同而不和。"（《论语·子路》）孔子主张，在人际交往中要能够与他人保持一种和谐友善的态度，这里的"和"是指观点与意见的多样性统一，即对具体问题的看法上不必苟同于对方。这在处理劳动关系上正是这样，劳动关系双方首先是遵循相互友善、团结合作的精神，创造一个和谐融洽的协商氛围。实际中劳动关系双方各自的角度和立场、目标与取向是不同的，是以"和"为目的进行协商，表达真诚态度，尊重不同意见，实现和谐劳动关系就有了共同的思想道德基础。

第三，中国文化传承中的劳动关系是各得其份的关系。传统的经济学把行为人具有纯粹自利偏好作为研究前提，但新的研究发现，人们的行为活动不仅有自利偏好还有对公平正义的要求。孔子认为，财富和地位必须以正义的手段取得，所以"富与贵，是人之所欲也，不以其道得之，不处也"（《论语·里仁》），"不义而富且贵，于我如浮云"（《论语·述而》）。[①] 孔子提倡必先作出艰难的努力，然后才收获成果，"仁者先难而后获，可谓仁矣"（《论语·问仁》）。对于孔子所说的"不患寡而患不均"，董仲舒的解读为"使富者足以示贵而不至于骄，贫者足以养生而不至于忧。以此为度而调均之，是以财不匮而上下相安"。朱熹注"均无贫"是"均，谓各得其分"。以此精神调整劳动关系，就是劳动者和企业各得其份、互利共赢的生产图景。

（三）我国劳动关系的基本框架

构建中国特色和谐劳动关系，要适应我国经济发展新形势和劳动力市场发展的新特点，摒弃旧思想和旧观念，回应广大劳动者的诉求，完善政府劳动关系管理体制，实现劳动者与全社会的共富共赢。要从我国的政治、经济、社会制度出发，从建设我国新型劳动关系的目标出发，构建党委领导、政府负责、社会协同、企业和职工参与、法治保障为核心的和谐劳动关系。

1. 我国新型劳动关系是在党领导下的和谐社会关系

党的领导是中国特色社会主义最本质的特征。加强党对一切工作的领导，必然要包括对构建和谐劳动关系的领导。在我国社会主义制度下，广

---

① 李兴斌. 传统精神中"重义轻利"价值观评析［J］. 山东社会科学，1990（5）.

大劳动者享有民主权利,党的领导是人民享有当家作主权利的根本保证。党不断推进社会主义民主政治制度化、规范化、程序化,保证了人民依法通过各种途径和形式参与社会、经济和企业管理,保障了劳动者在缔结劳动关系和履行劳动合同中的知情权、表达权、监督权。在加强党的领导中,要不断改进党的领导方式,解决好我国国家治理体系中机构职能关系问题,支持和保证劳动关系各方有序参与、有效协商、有法维权、有利共享,而不是直接参与和替代各方进行协商谈判。

2. 我国新型劳动关系是政府主导的组织化法治化关系

政府发挥主导作用是中国经济发展模式的鲜明特点,政府在包括人力资源在内的经济资源配置调节中发挥着重要作用。机关、国企、公立医院和学校等组织使用着大量的劳动力,劳动力市场政策、产业政策、投资都直接或间接影响着企业经营和劳动力使用。民营企业通常也与政府保持密切关系,在劳动关系争议中的工资待遇、工资支付与拖欠问题,往往也有政府身影。因此,现实劳动关系是在政府主导下缔结的契约关系。为防止因劳动关系引发群体性矛盾,市场经济国家多通过保障团结权、实现集体协商与规范争议行为,使劳动关系的团体组织化、有序化。我国也基本建立起三方机制,并将个别劳动关系的调整方式转为组织化、社会化的劳动关系,以便使这种社会关系纳入有序、可控的轨道。政府是有关劳动用工、工资待遇、社会保障等标准规则的制定者,不再是"仲裁人"或"消防队"。国家通过对个别劳动关系的外部介入,将劳动合同运行的诸多规则法定化、强制化,并建立一套倾斜保护体系,辅之以行政执法保障,一定程度上替代或补充了劳动关系双方内部协商,使保护劳动者正当权益、维护公正的劳动关系有了法治化基础。政府通过提供执法监督和协调服务,代表国家和全社会利益而规范或引导劳动关系双方行为。

3. 我国新型劳动关系是新形势下维护劳动权益的契约关系

由于"强资本、弱劳动"的市场基本格局没有改变,劳动关系的定位还是要关注劳动,着眼于提高劳动者地位。资本一方对经济风险的抵抗能力相对更强,而劳动者个体对经济风险的抵抗能力相对更弱。在这种情况下,尤其在经济下行或困难时期,劳动关系的定位仍旧应该是在追求劳动关系双方合法利益的基础上,强调对劳动者利益的保护。资本对市场上更高更快回报的追求,使其充满着对技术进步的追求,信息技术性价比日益提高,以自动化设备替代劳动,大大节省了生产成本,反过来则弱化了对劳动的需求，使劳动处于供大于求的地位。非正规劳动和新经济形态的发展，劳动者更难以阻止资本构成的挤压。同时，劳动者缺失有组织的、群体性的劳动经验和市场经验，相对资本力量的聚集与集中，劳动一方则更加碎片化。因此，我国劳动关系在新形势下仍需坚持保护劳动者权益的基本定位。

4. 我国新型劳动关系是以合作共赢为目标的互利关系

我国目前已达到中上等收入经济体水平，很快将成为高收入经济体。一方面要保障社会经济顺利转型，跨过"中等收入陷阱"，并成为高收入经济体；另一方面要满足人民日益增长的美好生活需要，解决发展中不平衡不充分的问题。合作共赢已经成为时代与社会的要求，我国经济增长方式转型所带来的增量也为劳动关系双方摆脱"零和博弈"创造了物质条件。劳动力要素和资本要素都是社会主义市场经济的组成部分，都是中国特色社会主义的经济基础，在竞争中性和所有制中性的原则下，应顺应经济、社会发展的合理需求，把对抗式的"零和博弈"变为合作、妥协、共赢的和谐关系。在这种合作博弈的劳动关系下，改善劳动关系，提高劳动生产率，维护劳动关系双方共同利益。企业所有者和经营者要尊重劳动者的主人翁地位，将维护劳动者的权益纳入经营目标之中。劳动者也应该有更高的主人翁责任感，将维护企业利益、促进企业发展作为自己的目标。在劳动关系内部的友好氛围影响下，形成正向的外溢效应，使企业和劳动者成为维护社会稳定、促进改革与发展的力量。由于妥协产生了合作剩余，增进了劳动关系双方利益，劳动关系双方谈判也能达成"利己"而不"损人"的结果。

5. 我国新型劳动关系是充分体现社会主义民主的协商自治关系

我国劳动关系三方机制的发展速度较快，全国大部分省份都建立了省级三方委员会，作用日益凸显。下一步要逐步解决机构实体化不到位、各层级发展不平衡、三方协商议题范围较窄、基层企业代表性不足等问题。党的十九大报告明确指出，要完善政府、工会、企业共同参与的协商协调机制，构建和谐劳动关系。这是从顶层设计作出的决策部署，也是对三方机制的运作提出的改革方向。未来要使劳动关系内部性与外部性更加均衡，劳动关系双方当事人享有的法定诉求的自治空间扩大，更多的劳动关系矛盾可以在劳动关系的内部框架内得以解决，从而减少劳动争议案件数量。企业社会责任实质是一种比法定标准更高的道义责任，是在社会监督环境下自觉履行社会责任的行为，企业只有在取得合法利益的同时积极承担社会责任才能适应现代社会发展需要。特别要自觉关爱职工，努力改善职工的工作、学习和生活条件，体现社会责任在职工维度的各项要求。未来三方委员会要逐步健全并实体化，学习借鉴市场经济国家由公益代表居中协调的经验做法，既能保证党和政府管方向、管政策，又能使之摆脱具体纷争与斡旋，发挥社会机构和专家学者的作用。同时，逐步扩大三方协商议题范围，从就业、工资、工时、社会保障等内容扩展为经济社会综合发展等广泛议题，使劳动关系双方以更广泛的视角审视微观与宏观经济议题，共同维护内部自我协调、自我完善的协商机制，共建和谐社会关系。

五、构建我国新型劳动关系的战略方向

构建新型和谐劳动关系，要以习近平新时代中国特色社会主义思想为指导，坚持问题导向，加快收入分配制度和社会管理体制改革，创新劳动关系制度、机制和环境建设，推动社会和企业层面的劳动关系文化建设，打造共建共治共享的和谐劳动关系构建新格局，推进和谐劳动关系制度化，维护社会和谐稳定，确保国家长治久安、人民安居乐业。

（一）提升有利于和谐的社会体制建设

1. 加快形成和谐劳动关系的社会共识

在经济多元化背景下，不同群体在具体利益追求上存在差异性，不同利益追求和社会思潮对劳动关系产生深远影响。要以习近平新时代中国特色社会主义思想为共同目标追求和理论指导，推动形成全社会诚实劳动、尊重劳动、劳资互利、公平守信的广泛共识，防止社会出现断层与撕裂，在包容与交流中追求全体社会成员平等发展、共同受益。

2. 推进社会融通与群体整合

调整社会不同群体之间的关系，促进形成社会成员的平等地位，加强社会融通与整合。建立统一开放的劳动力市场，畅通社会流动，为低收入群体提供更多向更高层级迈进的机会，提高整个社会的弹性，形成合理的社会结构。

3. 实施提高劳动者地位的制度设计

提高劳动者的社会地位，改进提高劳动者在社会治理体系建设中的话语权，进一步畅通民意表达渠道。扩大劳动者在人民代表大会的代表比例，

提高劳动者在社会顶层制度设计中的代表权。完善专家委员会制度和职工代表大会制度，提高劳动者的社会地位与维护自身权利的能力，激发他们参与社会活动的积极性。

（二）推进公平分配的经济体制建设

收入分配制度是和谐劳动关系的"内在稳定器"，完善收入分配制度是构建和谐劳动关系的重要切入点。从初次分配和再次分配上发力，推动收入分配体制改革，完善收入分配格局。在初次分配领域，通过完善要素市场环境，破除市场垄断，消除市场分割，增加机会公平性。在再分配领域，通过加大税收调节力度，增加社会福利项目，缩小不同人群社会保障水平的差异。

1. 提高劳动者报酬在国民收入分配中的比重

劳动收入在整个国民经济中的比重是判断收入分配制度合理程度的重要指标。要从根本上改变劳动者的弱势地位，平衡劳动关系双方的力量。首先，要形成科学合理的工资水平决定机制，确保劳动报酬和劳动贡献相匹配，提高劳动者的报酬水平，提高劳动收入占国民收入的比重。其次，国家要调整税收结构，改革社保缴费机制，降低企业的税收和社保负担，使企业能够有更多的能力提高劳动者的工资报酬。进一步完善最低工资制度，形成合理的最低工资调整模式。加强最低工资的监督执行力度，提高低收入群体的工资收入水平。

2. 规范收入分配秩序，促进收入分配公平

规范收入分配秩序，使社会财富更多流向普通劳动者。坚决取缔非法收入，规范灰色收入，提高收入分配透明度。建立健全法律制度，坚决查处不正当收入。减少和规范审批环节，从制度上铲除滋生灰色收入的土壤。消除制约劳动力市场自由流动的制度性障碍。劳动力市场分割是造成不同人群之间在就业、工资福利待遇等方面不平等的重要原因，是影响合理收入分配关系和和谐劳动关系的制度障碍。要实现劳动者权益平等，落实同工同酬制度，必须消除劳动力市场的分割与歧视。首先，消除城乡、区域户籍制度导致的身份不平等，建立健全城乡、地区统一的劳动力市场，促进劳动力市场的机会平等，促进就业政策一体化融合。其次，加快垄断行业改革，打破不必要的行政性垄断和市场垄断，建立规范的市场竞争机制，从根本上解决垄断行业收入过高的问题。完善各类促进公平就业的法律制

度，保障妇女、农民、残疾人等弱势群体平等参与就业、平等获取报酬的权益。

3. 推动再分配制度建设，编织社会"安全网"

完善税收体系，强化税收调节收入分配功能。建立遗产税制度，以遗产税为切入点，定向调节和校正收入分配，调整收入分配差距的代际传递。继续推进个人所得税制度改革，综合考虑家庭的收入和负担情况，建立更加综合的个人所得税制度。探索建立资本利得税制度，对房地产和有价证券等的增值收益进行征税，改变以工薪为主要课税对象的现状。加快社会保障制度改革，加强社保征缴管理，促进形成合理的缴费比例，确定合理的缴费基数。促进社会保障制度的地区统筹和中央对困难地区的社保资金调拨机制，保障社保待遇发放。建立国有企业对社保资金的划转机制，充实社保资金。优化与劳动关系有关的政策体系建设，包括就业促进和就业保护的政策体系、医疗卫生政策体系、教育培训政策体系等。构建更为完善的社会福利和服务网络，降低劳动者的生活成本，解决劳动者的后顾之忧。

（三）加强劳动关系的法律体系建设

加快构建和谐劳动关系的法律制度体系，完善和谐劳动关系法律框架，将劳动关系调节纳入法治化轨道。

1. 营造我国和谐劳动关系的法律制度环境

我国的劳动法律体系仍有不少缺项和薄弱环节，需要加强劳动法治建设，有针对性地推进有关方面法律的制定，完善劳动法律体系，为构建和发展和谐劳动关系奠定法律基础。完善劳动保障监察制度，使劳动关系的建立、运行、监督、调处全过程纳入法治化轨道。完善劳动监察制度，变事后监察为事先监察；将监察内容从是否备案、是否签订合同、工资是否及时发放，扩大到职工代表大会运行情况、职代会的代表性、约束力、厂务公开等。借助社会力量完善劳动争议调解制度，大力推动规模以上企业建立由律师、专家、学者参与，企业内相关单位人员组成的劳动争议协商调解制度。

2. 加快推进劳动标准体系建设

劳动标准体系是支撑劳动关系和谐发展的重要保证，能够使劳动关系从无序的个人行为发展成为一种有序的组织行为，使劳动关系矛盾解决机制途径制度化、法律化和组织化。在完善劳动标准体系时，应充分考虑我国社会经济发展并适时调整、补充相关项目，逐步扩大标准覆盖范围，细化相关条款，便于企业贯彻执行。

3. 推动工会组织机制的改革与维权能力建设

工会组织机制的完善程度直接决定了工会的作用程度。要充分发挥工会在劳动基准制定、集体合同制度和三方协调机制中的集体谈判机制作用，充分凸显工会话语权。加强基层工会建设，探索基层工会的改革措施，改变工会中组织不健全、工作方式不规范等问题，如基层工会领导人由职工或职工代表直选，从基层工会主席开始，逐步扩展到行业和地区。将建立和谐劳动关系、维护职工权益作为工会工作的重中之重，丰富工会工作手段，提高领导协商谈判的能力。改变工会资源与人力资源的配置，改变工会机关化、部门化的现状，将工会资源与人力资源向地方特别是基层倾斜。

（四）推动劳动关系的文化环境建设

如果说法律制度是推动和谐劳动关系的显性制度，那么社会和企业的文化、各种非正式组织以及企业和职工非正式达成的各种心理契约就是促进和谐劳动关系的隐性制度，加强这些方面的制度建设也能对构建和谐劳动关系起到促进作用。

1. 引导和谐劳动关系的社会文化与企业文化建设

以企业制度和企业文化作为企业发展的两大支柱，把构建和谐劳动关系与企业文化建设结合起来，把企业目标与职工价值观结合起来。转变各级政府的发展观念，切实从追求经济增长转到人民富裕幸福、人的自由发展上来。在地区发展与招商引资中，把对资本的倾斜转到劳资平等、劳资两利上来。支持民族文化及其产品的传播，宣传弘扬传统文化中和谐、民本、公平、正义的思想。树立劳动是财富源泉的正确财富观，限制不劳而获，尊重劳动、尊重知识、尊重人才、尊重创造，调动各方积极性，提高社会财富创造活力。

2. 建立企业社会责任标准体系和劳动关系评价体系

建立符合我国国情的企业社会责任标准体系和评价体系，营造鼓励企业履行社会责任的环境。建立劳动关系诚信系统，对违规违信企业建立黑名单，纳入融资、用工、招投标、政策补助等方面的联合惩处系统。加强对企业经营者的劳动保障法律法规教育培训，提高其依法用工意识，自觉保障职工合法权益。

3. 拓宽劳动关系双方利益表达和社会参与的渠道

支持社会组织参与，发挥社会监督作用。落实工人阶级的国家主人翁地位，提高职工代表在各级党代会和人大的名额比例，解决劳动者代表和企业家及雇主代表失衡的问题。发展多方参与的社会自治组织，如理事会、评议会等，配合政府部门，监督法律法规的执行情况。在企业中，劳动者由于理念、喜好、态度等趋同，容易形成各种非正式的组织。在这些组织中，劳动者容易敞开心扉，具有一定的吸引力和凝聚力。在这类组织中，往往存在某些有威望的核心人物，在劳动者中具有强烈的号召力。要重视非正式组织的引导和管理，发挥和引导意见领袖的作用。

4. 构建劳动关系双方心理契约的沟通与调节机制

重视企业与劳动者之间在社会层面的人际、情感甚至道义关系，正确引导企业和劳动者的期望需求并加以规范。形成良好的企业和劳动者之间的心理契约关系，劳动关系双方之间这些不成文的传统、文化、习惯及默契关系，往往是通过"心理契约"方式来约定，使和谐、稳定劳动关系建筑于高度统一的企业和劳动者心理契约上。同时，加强心理契约管理，使劳动者与企业彼此之间取得真正的认同。加强沟通，了解彼此的主观期望，拉近彼此距离。企业要在市场经营与竞争中诚恳表达自己的期望，使劳动者乐于接收与理解，建立起劳动者提出意见、发表心声的平台与机制，保持双方良好的合作关系，共同提高企业的创新力和竞争力。

第二章
和谐劳动关系的协调机制建设

作为现代社会中最基本和最重要的社会关系，劳动关系在不同的历史阶段呈现不同的特点。西方市场经济国家的发展历史说明，劳动关系协调机制随着劳动关系特征变化而有所变化。不同国家、不同阶段的劳动关系协调机制既有共性，也有各自的特性。2015年，中共中央、国务院发布《关于构建和谐劳动关系的意见》，深刻分析了中国劳动关系的基本特征和对构建中国特色和谐劳动关系的要求。

无论从全球化趋势还是新技术发展的角度来看，我国劳动关系都具有多元性和复杂性的特点，包括不同所有制、不同规模和产业以及不同生产力水平和管理体制等，与之相关的是不同的就业类型和职工结构的多元性。劳动关系的主体及其利益诉求越来越多元化，劳动关系矛盾已进入凸显期和多发期。构建和谐劳动关系机制，是党和政府提出的重要社会建设任务。如何在劳动关系新特征的背景下、在党和政府领导下构建有效的和谐劳动关系机制是重大的时代课题。

一、多元化和复杂化给劳动关系带来的影响

20世纪90年代中期以后，传统的劳动关系体制受到根本性挑战。无论是从来自国际劳工组织（ILO）、世界银行等国际组织的统计报告，还是来自比较主流的社会学理论学者，都认为新经济形态的出现导致工作和生产形态都出现了新特点：明显转向个体化和顾客导向，而非工业社会的集体行为；欧美国家的劳动力市场结构普遍出现了女性、移民和少数种族集中于临时和短期的工作；"工作的终结"（the end of work）和"雇佣关系不稳

定的时期"（age of insecurity）等成为包括贝克、吉登斯和斯纳特等社会学家分析社会结构变迁的出发点①；劳动者结构发生了重要变化，服务业替代了制造业，不确定性的从业者开始替代了传统的工人阶级。从资本的角度看，信息技术的发展导致了非物质生产的扩大和传统生产要素以及资本积累重要性的丧失。同时，社会生活以信息的传播为主要特点。劳动关系的基本特征发生了重要变化。

（一）"不确定劳动关系"成为普遍特征

按照国际劳工组织的定义，雇佣关系包括两个方面的内容：一是"正规雇佣"，以全职、长期和直接雇佣为特点；二是非标准雇佣关系，意味着缺乏正规就业关系的一个或几个特征，其特点是非标准的工时（非全日制、待命工作、零时工作等）、非固定合同（短期固定合同、项目或任务合同、临时合同等）、非正规雇佣关系（分包合同、自雇或代理劳动关系等）。处于非标准雇佣关系的劳动者无论在法律上和实践上，都经常处于缺乏权益和利益保护的状态。这反映在社会保障缺乏、难以加入工会或被集体谈判覆盖以及缺乏职业安全和职业培训等方面。②

1. 不确定劳动关系的普遍化

目前已经有很多统计报告和研究分析不同类型的非正规劳动、临时或短期雇佣关系等。有很多新的词汇描述在新经济和新业态下充满不安全感的劳动关系特征。国际劳工组织普遍使用了非正规就业（informal employment）的概念。按照国际劳工组织的统计，全球有20亿劳动者属非正规就业，占世界就业总人口的61.2%。如果不包括农业部门，就业人口中有一半都在从事非正规工作。新兴经济体和发展中国家的非正规就业率比发达国家高得多。这些国家贡献了全世界82%的就业率，近70%的就业人口从事的是非正规就业，而这一比例在发达国家则少于20%。③

不确定（precarity）雇佣关系是常被用来描述临时和非正规就业的词

---

① Dale Tweedie, 2013, "Making sense of insecurity: a defense of Richard Sennett's sociology of work", 27 (1).

② ILO, 2015, "Employment Relationships in Telecommunications Services and in the Call Centre Industry", Geneva, ILO. https://www.ilo.org/wcmsp5/groups/public/---ed_dialogue/---sector/documents/publication/wcms_409415.pdf.

③ ILO, 2018, "Women and Men in the Informal Economy: A Statistical Picture" Geneva, ILO. https://www.ilo.org/global/publications/books/WCMS_626831/lang--en/index.htm.

语。不确定就业，也被翻译为非典型或者脆弱就业，因其既描述了临时性就业规模的扩大，又表示了工人不安全感的增加。"不确定性"一词最早由法国社会学家布迪厄在1963年的《阿尔及利亚的劳动和劳动者》一书中提出，用于区分固定工和临时工。这个词语在20世纪70年代被欧洲大陆的左翼知识分子用于描述被隔离在稳定工作之外的青年人以及他们与传统稳定就业工人的区别。2001年，意大利学者使用这个词语描述城市服务业的"新无产阶级"。大概在同一个阶段，法国也用该词语来解释在文化产业从事间断性工作工人的状况。[1]

作为与推动社会运动相联系的"不确定雇佣关系"概念，在21世纪以后引起了学术界的争论，主要争论点在于这是不是一个新的概念，在何种程度上有别于"传统工人阶级"等。比较一致的看法是，不确定就业的从业者不是另外一个阶级。按照马克思主义的阶级分析方法，他们属于不同类型的工人阶级。现在不确定已成为一种无处不在的雇佣关系特点，这些就业关系中处于从属地位的人，在有组织的资本面前显得更加无能为力。近年来，"不确定性"被用来描述在资本主义经济体中从主观到客观都出现日益增加的不安全感。按照美国社会学家Kalleberg的阐述，"不确定性"工作是指工作无保障、不稳定的低工资、无养老或健康保险、工作中遭到武断对待。[2] 这类劳动者尤其被排除在集体合同之外。大量不确定就业的出现，改变了劳动力市场的规则，不确定就业在相当程度上增强了管理方的力量。

大多数研究都强调，技术和生产的变化带来更多"不确定性"的职业和雇佣关系，也有研究者关注到在此变化过程中政府的作用。在工业化过程中，由于工人运动和工会的压力，西方国家普遍建立了对固定工作在工作条件和社会保障方面的立法。相比较而言，对近年来大量出现的不确定雇佣关系，很多国家没有及时出台相关立法加以保障。雇主和管理方利用这个机会，更多使用临时工以降低成本。

2. 不确定雇佣关系对劳动者的影响

非正规或不确定雇佣关系出现在几乎所有的行业和产业中，包括传统

---

[1] Alberti, G. Bessa, I., Hardy, K. 2018, "In, Against and Beyond Precarity: Work in Insecure Times". *Work Employment and Society*. 32 (3).

[2] Kalleberg, A. L. 2009, "Precarious work, insecure workers: employment relations in transition". *American Sociological Review*, 74 (1).

产业和新技术产业,也包括大中小型企业。相对来说,绝大多数不确定就业岗位是中小型私营企业创造的。小型企业提供的工作岗位远远多于较为稳定发展的大型企业。灵活化是小型企业劳动关系最重要的特点。特别是在发展中国家,在中小企业就业的劳动者数量远远高于在大企业的数量。按照国际劳工组织的估计,在全球 4.2 亿~5.5 亿家企业中,大企业只有 3 600 万~4 400 万家,占比不到 9%。① 大量劳动者在不到 10 名雇员的小微企业中工作。在欧洲,67% 的劳动力在中小企业中就业。2002—2010 年,85% 的新就业岗位由中小企业创造。在大量的劳动力集中在中小企业后,这类企业的工作条件开始受到关注。

不确定雇佣造成了工作岗位的两极化,互联网技术的发展更加推进了两极化进程。互联网平台的工作大体可以分为两类:一类工作需要高技术人才完成,如设计、分析、研究等;另一类只需要熟练劳动力即可完成,如送餐、快递和搬运等。② 除了对劳动者结构的影响外,工作空间的改变导致劳动者很少聚集在同一个空间中工作或生产,彼此间合作甚至见面的机会都很少,这在很大程度上影响劳动者的团结和组织。同时,大量劳动者在不稳定的小型企业中,引发了工作条件恶劣等问题。国际劳工组织报告显示,重大职业安全和职业病的案例明显上升,中小企业的问题尤为严重;中小企业劳动者的工时显著长于正规大企业,且工资较低;劳动者缺乏社会保障,几乎没有技术培训。③ 劳动者权益的丧失,在相当程度上与小企业中工会力量的衰微和缺乏集体谈判有直接关系。

(二) 不确定雇佣模式和工作意义的变化

不确定就业的基本特征包括工作的灵活化、碎片化以及工作安排的去组织化等,这与有固定工作场所和工作时间的传统就业存在很大差异。特别是在互联网平台工作中,雇佣模式被完全改变。

工作意义的变化成为多个学科研究的热点,特别是组织行为学、管理

---

① ILO. 2015, "Small and medium-sized enterprises and decent and productive employment creation", Geneva, *International Labour Conference*.

② 周畅,李琪. 非标准工作与体面劳动:数据化带来的劳动问题与政府对策 [J]. 中国人力资源开发,2017 (8).

③ ILO, 2018, "The impact of social dialogue and collective bargaining on working conditions in SMEs", Geneva, *International Labour Conference*.

学和社会学角度的研究。与工作意义变化相关的概念是"内在激励"。相对于传统的"外在激励",内在激励更多地来自于个人对其所从事工作的满足感。换句话说,就是工作会给个人带来满足,满足感可能来自于工作的结果,也可能来自于工作过程本身。在后工业社会中,尤其是在创业产业、专业性很强的教育行业、医疗照护行业等,职工和管理者的关系不再简单地以生产现场的管理和控制为核心,而是变得十分复杂和多元。已经有不少研究涉及这些产业的不确定化和变动很大的雇佣关系特点,以及这些产业的劳动者对工会兴趣的降低。工作的意义出现变化以后,劳动者的结构、传统的控制方式、对工作条件的要求等都发生了根本性变化,劳动者对于利益的诉求不再仅限于规则问题。尽管发生了根本性变化,但是管理方在劳动过程中对成本的控制依然是不同行业的劳动者和管理方产生冲突的焦点所在,工会依然可以有所作为。[1]

(三) 对典型不确定雇佣关系的实证研究

随着不确定雇佣关系的增加以及对劳动关系影响的显现,越来越多的研究讨论新型劳动关系的特点。下面以客服热线接线员、家政服务员两个典型不确定雇佣关系的经验研究为例进行梳理,以更全面了解新型的劳动关系特征。之所以选择这两个行业,是因为电子通信行业是后工业时代最早产生的具有不确定雇佣关系特点的行业之一,不确定雇佣关系特征从客服热线接线员开始,逐渐扩展到多个行业。而家政服务员是一个古老的行业,随着全球化和家庭服务业的兴起,数量庞大的女性进入这个行业,并由此产生大量中介公司,家政服务员的不确定性呈现了新的特征。

1. 电子通信业的发展导致不确定雇佣的普遍化

迅速崛起的电子通信产业以及其对劳动力市场和工作组织结构的改变,导致数量庞大的白领工人的就业不确定性。电子通信产业在短短几十年时间里就在发达和发展中国家吸纳了大量的资本和就业人员。技术进步和产业扩展导致大量私人资本涌入,改变了该产业由公营部门垄断的局面。在扩大就业的同时,电子通信业的特殊性使雇佣关系的特点发生了很大变化,

---

[1] Charles Umney, Genevieve Coderre-LaPalme. 2017, "Blocked and New Frontiers for Trade Unions: Contesting 'the Meaning of Work' in the Creative and Caring Sectors", *British Journal of Industrial Relations*, 55 (4).

长期和稳定的雇佣关系很快被短期和灵活的就业岗位取代。

在20世纪70年代后期,电子通信业和银行共同开发了客服热线,并迅速普及到旅游、货运、健康照护、公用事业等多个领域。在该行业起步时,这是一个工作条件很好的职业。2000年以后,为降低成本,在欧洲的客服热线纷纷外包到印度等东南亚国家,相对优越的工作条件不复存在。客服热线的接线员可以在国内也可以在国外工作,他们受到客服热线总部或计算机终端的控制,从互联网、大数据或其他渠道获得信息。绝大多数客服热线的工作是重复性的、照本宣科的,极少技术含量。但从事该行业工作的劳动者往往处于很大压力之下,要接待数量极大的顾客,有的顾客难以应对。

电脑和数字技术的发展导致该行业的迅速崛起和行业特征的快速变化,在工作方面体现为技术的发展强烈影响工作组织、工作设计和节奏。在雇佣方面,客服热线打破了国家和行业的限制,实现了全球跨行业的雇用。特别是在2008年金融危机以后,很快完成了用发展中国家雇员替代发达国家雇员的过程,甚至连公司总部的业务也有相当部分迁往发展中国家。英语的客服热线基本外包到印度和菲律宾,法语转到马格里布,西班牙语转到拉丁美洲。据统计,英语的客服热线转到印度后,雇员的成本下降了一半。随着客服热线从金融业扩展到更大范围的服务业,其不确定雇佣的特征也变得更加明显。

在客服热线迅速扩张的30多年时间里,随着技术的快速进步,行业工作组织形态的变化与外包和分包同时进行。客服行业的工作在很短时间内从工作条件较好的职业变成临时的、非直接雇佣、工作时间长且不规律、缺乏基本权益保障、组织率极低的职业。近十年来,随着互联网技术的迅速普及,客服行业的失业率快速上升,而且从发达国家很快波及发展中国家。客服行业劳动者状况的变化集中反映了技术进步对劳动者的影响,从稳定就业到不确定就业,再到被淘汰,时空变化以及工作条件的恶化,其速度之快、规模之大,在早期工业化进程中鲜少出现。这些充分显示了后工业社会劳动关系快速变化的特点。

2. 向"现代化"转型的家政服务员

照料劳动是指为婴幼儿、老人、病人及一切有照料需求的人提供的劳动。根据国际劳工组织的估算,在全世界范围内目前至少有6 700万家政服务员，其中80%为女性，而且数量还在稳步增加。① 发达国家接收了大量的移民妇女从事照护和家务劳动。家庭照料责任具有女性化和市场化特征，女性要兼顾家庭和工作，这使女性处于劳动力市场的不利地位。因此，能够兼顾照料责任和有酬劳动的非正规就业成为很多女性的选择。布雷夫曼在《劳动与垄断资本》一书中清晰地论述了作为现代服务产业的家政工作被卷入现代资本主义生产方式的雇佣状态："擦地板、铺床、准备饮食和端上桌，照看小孩、护理病人，在雇人来做这类事情以前，早就已经有人这样做了。即使在开始雇用仆役来做这些事情以后，除非是从生活舒适的家庭开支方面来考虑，这些活动也不引起资本兴趣。只有在他开始把雇人干服务性工作当作一种有利可图的活动、当作他经营的一部分、当作一种资本主义生产方式时，他作为一个资本家才对它们感兴趣。"由于家政服务员的劳动力市场多为较低文化和较低技术水平的女性，进入这个行业的女性基本没有职业晋升空间，加之不稳定的雇佣关系特点，劳动者不得不受困于次级劳动力市场，而且家政服务员的处境并未随技术进步有所改善。

  首先，由于商业家政公司的介入，家政劳动实现了完全的商品化。专业家政公司创造了有别于家庭直接雇用的雇佣关系。原则上，在整个服务过程中，家政服务员作为组织的员工，由组织支付薪水，并基于劳动合同为其提供工作场所。具体呈现为公司—客户—雇主的三角关系。但实际上，绝大多数公司不与家政服务员签订劳动合同，只签订中介合同。在这种关系中，劳动法律几乎无用，家政服务员的权益很难得到保障。其次，随着互联网技术的发展，家政服务员在线平台成为新兴的雇佣方式。数字平台成为"影子雇主"，通过服务反馈、顾客评价等控制了劳动。平台任务的不稳定性进一步降低了家政服务员的收入，而且使其更加没有保障。总的来说，家政服务业在向现代化和信息化转型的过程中，并没有给劳动者权益带来更有益的保障。

  家政服务员是全球非正规就业人口的一个重要组成部分。他们在工作中通常面临很低的工资收入，超长的工作时间，以及更容易受到身体、精神和性虐待等问题。家政服务员群体在劳动场所面临各种困难，相比于制造业劳动者，他们在集体动员中面临着重重屏障，往往超出了传统集体组

---

① ILO, Who are domestil workers, https://www.ilo.org/global/topics/domestic-workers/who/lang--en/index.htm.

织的行动范围,对于移民家政服务员更是如此。

从以上对两个有代表性行业劳动者状况的分析可以看出,无论是对新兴行业还是传统行业的劳动者,技术进步使不同行业的雇佣关系状况呈现出新的特征,并显现出一定程度的相似性,即非正规就业、非直接雇佣、很难组织化等。较之传统的工业化时期,劳动关系显现出明显的多元、复杂和快速变化的特点。

(四) 我国职工结构的变化和劳动关系的新特征

1. 我国职工结构的变化

根据全国总工会2017年第八次全国职工队伍状况调查,我国职工队伍总体规模不断发展壮大,总数已达3.91亿人左右,比2012年增长了11.8%。① 非公有制单位就业职工不断增加,职工产业、行业分布结构持续优化,第一产业劳动者逐步向第二、第三产业转移,第三产业就业人数快速增加,成为吸纳就业主渠道。②

在互联网技术的影响下,新经济形态和非正规就业形式并存。国家信息中心的数据显示,2017年我国共享经济平台企业员工数约716万人,比2016年增加131万人,即在城镇每100个新增就业岗位中,约10个岗位来自于平台企业;通过互联网平台提供服务的劳动者(即"网约工")数量则是平台企业员工数的10倍左右。③

随着我国居民教育水平日益提高,就业市场中的劳动力素质明显增强,教育回报率显著上升。这使得劳动者就业能力和服务提供质量大幅度提高,由此索取对应的劳动回报诉求也在提升,要求更多的劳动报酬、更少的劳动时间、更舒适的劳动提供过程、更高的劳动培训福利等。现实中由这种人力资本地位提升带来的对原有劳动关系影响在增加,应该说这种由人力资本上升带来的劳动争议是合理的,也是市场经济在资源配置中起决定性作用的实际体现。

我国职工结构变化的特点表现为:第一,非正规就业的数量和比例扩大,部分职工面临就业不稳定的状况。这类就业往往存在于非正式的劳动

---

①② 李玉赋. 第八次中国职工状况调查 [M]. 北京:中国工人出版社,2018.
③ 国家信息中心. 中国共享经济发展年度报告 (2018),http://www.sic.gov.cn/News/79/8860.htm.

关系（无合同、无有效合同、临时雇佣、随意决定工资等）、未进入政府监管体系、就业性质和效果处于低层次和边缘地位的就业[①]，如劳务派遣、外包工、学生工和散工。按照估计，目前我国在劳动法规制的正规经济就业的劳动者占总就业人口比重降低，不少劳动者都在多种类型的非正规经济就业。[②] 第二，互联网下的共享经济带来了全新的工作形态，在就业领域、技术手段、组织方式和工作观念等诸多方面正在对职工队伍进行新的塑型。职工就业自由度增大，呈现更加灵活多样的态势。第三，随着所有制形式变化，大量劳动者在私营小企业就业。尽管公有制经济是国民经济的主体，但非公经济一直在迅速发展，截至2017年9月，全国实有私营企业2 607.29万户，占企业总量的89.7%。[③] 第四，职工队伍层级流动存在障碍，如身份权利、子女教育、医疗资源、城市公共服务等，对层级向上流动形成阻隔。同时，经济结构和生产方式的转型也造成文化程度较低的劳动者没有上行通道。这导致企业内部的劳动关系问题和企业外的社会问题交错重叠，形成更加复杂的态势。

2. 劳动关系形态的多元化

新经济、所有制变革、新技术等因素催生了多元化的劳动关系形态，劳动力市场用工模式出现了多层次、多类型并存的状态。仅从就业形态看，除了被企业直接雇用的典型全日制劳动者外，还有以下两种主要类型：一是兼职从业者，也就是从业者本身有一份稳定工作，只是由于其有某些特长或者有闲置时间有意愿从事些额外工作。之前的劳动法律一直没有关注兼职劳动，双方权利义务依靠民事法律来调整。二是非全日制劳动者，这类从业者为多家平台提供服务，每家的平均服务时间都不长，属于法律界定的非全日制用工形式。新型就业群体的劳动关系模糊化。另外，平台经济中的劳动者更多被称为独立承包人、商业合作伙伴，他们超脱于传统上以附属为基本原理、以劳动合同为核心的劳动制度之外。因此，劳动法律是否适用以及如何适用于这些劳动者，成为劳动关系协调机制的新问题。

在新业态经济中，一些涉及职工权益的问题以新的形式出现。工时问

---

① 杜瑶, 王忠, 黄建烨. 最低工资降低非正规就业了吗？——基于流动人口数据的实证研究[J]. 南方人口, 2019 (3).
② 黄宗智. 重新认识中国劳动人民——劳动法规的历史演变与当前的非正规经济[J]. 开放时代, 2013 (5).
③ 李文静, 等. 中国特色协调劳动关系体制机制研究[J]. 中国劳动, 2018 (1).

题首先凸显出来。互联网技术型劳动者工作时间长、工作压力大已经成为公认的职场文化。无论是面对企业客户还是个人客户，互联网企业多是以提供全天候服务来争取市场，这就对相关劳动者的工作时间提出了很高要求。"996工作制"，即每天早9点上班、晚上9点下班，一周工作6天，已经成为互联网企业通行的工时制度。之所以实行如此高强度的工作制度，主要是源自技术快速发展带来的市场压力。为了赶进度，应对各种突发问题，企业必须提供及时的解决方案，否则将会被快速淘汰。在扁平化的管理体制中，市场压力通过企业管理者能够直接而快速地传导到每位基层员工。平台经济中的服务型从业者也同样因通信方式的即时化而使生活完全融入工作中。这种待命状态，虽然没有在工作，但是由于一直处于紧张的精神压力中，与个人闲暇时光不能等同。长时间的工作也给劳动者的身体健康和个人生活带来了很大影响，频繁出现的过劳猝死、抑郁症等情况都成为值得关注的社会问题。可以说，信息技术带来了劳动过程的智能化与效率提高，但它并没有自动带来劳动的自由，反而使工作对劳动者的控制打破了原有的时空界限，扩展到日常生活之中。

新业态经济改变了企业规模结构，中小企业成为吸纳就业的主要力量。中小微企业在提供大量就业岗位的同时，也呈现出工作场所不固定、工作时间更灵活、服务对象多元化等新特点。其中，劳动关系变动性大是这类雇佣关系最突出的特点之一，主要表现为：一是中小微企业从业人员流动性大，劳动关系持续时间更短；二是中小微企业用工形式多元，既包括全日制员工，又包括季节工、小时工等，从业人员来源多样，包括相当部分实习学生、下岗再就业人员、退休返聘人员等，这类人员很难建立稳定的劳动关系。以建筑业和家政业为例，整个行业签订劳动合同的比例都较低。与之相关，在小微企业中社会保障难以覆盖，劳动者的安全和健康难以得到保障。由于小企业的人员少，中间缺少管理层作为缓冲，且很少有工会组织，一旦出现矛盾就容易被激化。

3. 劳动争议持续保持高位

表2-1报告的是我国2013—2018年劳动人事争议仲裁情况，可以发现劳动报酬和待遇是劳动人事争议最主要的原因，特别是关于劳动报酬的争议占比越来越高。

2019年，全国各地劳动人事争议调解仲裁机构共处理劳动争议案件211.9万件，同比下降2.8%；涉及劳动者238.1万人，同比上升9.3%；涉案金额 489.7 亿元，同比上升 21.6%；案件调解成功率为 68.0%，仲裁结案率为 95.5%。① 2020 年上半年，全国各地劳动争议调解和仲裁机构共处理劳动争议案件 93.7 万件，涉及劳动者 103.5 万人。② 拖欠工资是劳动争议的重要方面。

表 2-1　　　　2013—2018 年劳动人事争议仲裁情况

案件受理情况	2013 年	2014 年	2015 年	2016 年	2017 年	2018 年
当期案件受理数（件）	665 760	715 163	813 859	828 410	785 323	894 053
集体劳动争议案件数	6 783	8 041	10 466	9 745	7 513	8 699
劳动者申诉案件数	641 932	690 418	784 229	801 190	762 572	869 421
按争议原因划分（件）						
劳动报酬	223 351	258 716	321 179	345 685	331 463	380 751
社会保险	165 665	160 961	158 002	145 671	135 211	144 533
解除、终止劳动合同	147 977	155 870	182 396	188 642	169 456	195 063
劳动者当事人数（人）	888 430	997 807	1 159 687	1 112 408	979 016	1 110 175
集体劳动争议劳动者当事人数	218 521	267 165	341 588	289 924	203 963	234 943

数据来源：《中国统计年鉴（2019）》。

争议案件的主要特点表现为：案件基数仍然较大；农民工劳动争议案件的比例增加；争议原因主要表现为支付劳动报酬、解除劳动关系的经济补偿和赔偿金，以及社会保险补偿；案件日趋复杂，当事人诉求多样且分化，审理难度不断加大；集体争议案件同比下降明显。③ 新型、非标准用工形式不可避免产生的矛盾和传统用工形式不适应新形势要求产生的矛盾已进入新的凸显期和多发期，由其引发的劳动争议特别是集体劳动争议发生的熔点低、暴发快、影响广。

（五）劳动关系变化对构建和谐劳动关系提出的挑战

劳动关系在非正规化和新业态经济背景下出现新特点。在新的形势下，劳动关系格局变化的特征可以归纳为以下四点。

---

① 人力资源和社会保障部. 2019 年度人力资源和社会保障事业发展统计公报 [R]. 2020.
② 人力资源和社会保障部调解仲裁司. 2020 年上半年全国劳动人事争议处理情况 [R]. 2020.
③ 乔健. 目前我国劳动关系现状浅析 [N]. 工人日报，2018-07-17.

第一，劳动关系的多元化。随着市场经济改革的深化，企业内部的劳动关系，即雇主（管理方）与劳动者之间的关系凸显出来。在此过程中，逐渐构建了以市场为导向的劳动关系协调机制，如强调基层工会的组建和活力、推动企业集体谈判等。随着以互联网为依托的电子商务等新型业态、新型经营模式的快速发展，大量劳动者转到非正规雇佣关系和小微企业，中小企业吸纳的就业人数占城镇就业人口的80%以上。互联网经济催生了更加灵活的就业形式，既有直接用工，又有劳务派遣用工；既有全日制用工，又有非全日制用工；既有长期用工，又有临时用工。平台经济出现后，"影子雇主"、算法控制、劳动力市场中介制等新的管理控制和雇佣方式出现，改变了传统劳资之间的"双边"关系。

第二，劳动者权益出现新的诉求。劳动者的维权意识逐步增强，不但要求实现法定的劳动权益，还要求提高工资、改善工作条件和共享发展成果。同时，出现了灵活的工作时间和空间、新的职业病类型等，也需要有针对性的解决路径。劳动者权益涉及的社会问题，如社会保险、职业教育等，不仅是针对企业内部劳动政策，而且还关联很多社会政策。

第三，劳动者抗议出现新的形式。除了制造业企业还有少量以停工为主要形式的抗争外，互联网行业劳动者的抗争采用了全新形式。互联网员工通过网络抗议"996"工作时间的方式就是一个典型的例子。2019年3月26日，"996.icu"项目在著名代码托管网站GitHub上线，发起者强调"996"工作制下的最低工作时间比《劳动法》规定的最高工时近乎翻了一番。"开发人员的生活很重要"，这句仿照"Black Lives Matter"的口号在页面上被重重加粗，号召程序员们提供证据，曝光和抵制推行"996"加班文化的企业。这个帖子在互联网上很快被迅速转发和传播，后来的"996"黑名单曝光了国内几乎所有的互联网大公司，一度成为重要的社会新闻，这是近年来影响最为广泛的劳动者为争取权益的抗争。这个新闻事件有着重要的标志性意义，说明在互联网经济下劳动者对权益的诉求和争取权益出现了新方式。

第四，劳动关系的空间格局发生变化。不但在传统的工作场所，还扩展至更大的社会空间，这种变化表现为大量就业岗位离开固定的工作场所，如外卖、家政以及多种类型与高技术和互联网相关的工作。与之相关的是，一些劳动争议或劳动关系矛盾很容易发展成社会矛盾或引起关注，和谐劳动关系构建与和谐社会建设之间的关系变得更加密切。

经过几十年的发展，我国协调劳动关系的制度体系已经形成，政府主导是其主要特征。但必须认识到，劳动关系的变化对劳动关系治理提出了新挑战，具体表现为以下两点。

第一，由于企业所有制、规模与用工方式的不同，决定了劳动者在企业的实际地位及其利益诉求存在较大的差别，这要求采取差别化的劳动关系协调方式。例如，与大中型企业相比，小微企业在生产经营特点和劳动用工管理方式及水平上有明显差异，劳动关系矛盾比较突出。新型劳动关系将部分建立在相对不稳定的就业关系之上。在新形势下，单一协调机制不足以应对多元劳动关系。劳动关系的多元化要求我们要因地制宜、分类指导，增强劳动关系工作的针对性和实效性。

第二，非正规雇佣关系和新业态经济要求尽快出台新的劳动法规加以规范，现行的就业政策、工时制度和劳动合同制度等很难规范新业态经济下的劳动权益问题。以互联网平台经济为主要特征的经济形态给劳动者、雇主和政府提出了新的议题。《劳动合同法》在赋予劳动者个体权利的同时，并没有在总体上明确劳动者的集体权利，地方政府为了吸引外资、增强地方竞争力，在执法过程中配套了各种实施细则，而雇主也通过劳务派遣（即劳务发包）的方式规避法律。① 建立在传统工业社会特征基础上的多个劳动立法都对灵活化、非正规化的工作没有明确界定，这都要求党和政府转变劳动关系治理模式，进一步完善法律法规。

二、劳动关系协调机制的主要力量：党和政府、工会

我国劳动关系协调机制的主要参与者是党、政府和工会，下面将从党和政府、工会等劳动关系主体展开讨论。

党和政府历来作为我国构建和谐劳动关系机制的保障，这成为中国特色和谐劳动关系建设的基础，工会在党的领导下承担着双重维护的作用。在新的历史时期，党和政府以及工会的作用呈现新的特点。

（一）党在协调劳动关系机制建设中的领导作用

关于中国劳动关系治理模式的探讨是一个长时期的过程。进入21世纪以来，对中国特色社会主义工会发展道路的探索持续进行。2006年10月，

---

① 木怀琴. 中国劳动关系的变革实验 [J]. 文化纵横，2015 (2).

党的十六届六中全会通过了《关于构建社会主义和谐社会若干重大问题的决定》，首次提出"发展和谐劳动关系"，并将其作为构建和谐社会的重要任务。2011年8月，全国构建和谐劳动关系先进表彰暨经验交流会举行。这是改革开放以来第一次研究部署和谐劳动关系构建的全国性工作会议，将构建和谐劳动关系作为一项紧迫而重要的政治任务，提出"企业兴则经济兴，职工稳则社会稳"。2012年以来，党全面加强了对劳动关系领域的领导。走出中国特色和谐劳动关系之路，必须坚持党对劳动关系的领导，充分发挥党委领导和政府主导作用，这是新时代中国特色社会主义和谐劳动关系构建的根本保障。

2015年3月，中共中央、国务院印发《关于构建和谐劳动关系的意见》提出：各级党委和政府要建立健全构建和谐劳动关系的领导协调机制；各级党委要统揽全局，把握方向，及时研究和解决劳动关系中的重大问题；加强企业党组织建设；健全党委领导、政府负责、社会协同、企业和职工参与、法治保障的工作体制。上述表述要求，在宏观层面上，建立健全党对劳动关系工作的领导体制机制，增强党在劳动关系中的政治领导力、思想引领力、群众组织力和社会号召力；在微观层面上，加强基层党组织建设，充分发挥用人单位中的党建引领作用。同时，提出了健全劳动关系协调机制的具体要求，包括全面实行劳动合同制度，推行集体协商和集体合同制度。对于健全劳动关系矛盾调处机制，提出健全劳动保障监察制度，健全劳动争议调解仲裁机制，完善劳动关系群体性事件预防和应急处置机制。

党的十九大报告明确提出，要完善政府、工会、企业共同参与的协商协调机制，构建和谐劳动关系。这一重要论断为构建和谐劳动关系提供了指导方针。改革开放给劳动关系带来的变化并没有改变我国劳动关系的社会主义性质。现阶段的劳动关系矛盾是在根本利益一致基础上具体利益差别的矛盾，完全能够在合作、协商、协调、依法调处的基础上得到解决，因此劳动关系应当在人民内部以协商协调的方式调整，而协商协调的理念和方式应贯穿于劳动关系调整的全过程。① 党对协调劳动关系的具体指导思想，一是强调党的领导，二是强调协商而非对抗是协调劳动关系的重要方式。

---

① 姜颖. 坚持以协商协调为主构建和谐劳动关系［N］. 工人日报，2018-01-02.

党将在构建和谐劳动关系方面起到更加重要的引领作用。共治共享成为协调劳动关系机制建设的主要目标。党确定了和谐劳动关系建设的基本原则，合作和协商应该是建立和谐劳动关系的基本方式；合作和协商的前提则是充分尊重工人阶级，只有建立强大的工人阶级队伍，才可能有真正意义的合作和协商；作为党领导下的群众组织，维护和服务是工会的中心任务。总的来说，协调劳动关系机制建立的基调已经确定，但在市场经济下如何将党的要求贯彻到具体行动中，尚未建立系统的理论体系，在实践层面也需进一步探索深化。

（二）政府在构建和谐劳动关系中的主要工作和面临的问题

市场经济的发展已经证明，劳动关系不可能单独通过市场机制得到调整，政府的干预和介入是必要的手段。我国政府主导了市场经济的发展过程，作为劳动关系特殊主体的政府，在构建和谐机制方面的作用更加重要和具体化。政府的作用主要表现为以下两个方面。

1. 积极推进劳动立法和处理劳动争议

第一，政府积极推进立法保障。对劳动关系进行调整和规范是各国劳动法的重要任务，各国均通过立法来调整劳动关系。[①] 在市场经济发展过程中，劳动和资本的矛盾与冲突在所难免，法律是调节劳动关系的基本手段。要制定符合本国国情、可操作性强的劳动法律法规体系，这是构建和谐劳动关系的重要前提。我国自1994年制定《劳动法》以来，劳动法律体系业已建立，包括《劳动法》《工会法》《劳动合同法》《安全生产法》《职业病防治法》《劳动争议调解仲裁法》《社会保险法》等法律，再加上配套的法规和部门规章、地方性法规等。这也是中国特色社会主义法律体系的重要组成部分，为劳动关系的规范化运行以及工会发挥作用提供了有力的法律支撑。2012年以后，尽管没有专门协调劳动关系的立法，但面对劳动关系出现的新特点，各级政府在积极探索适合新就业形态劳动关系的相关立法，并保障相关劳动立法的实施。

在看到进步的同时，也应该看到我国劳动法律体系仍有不少缺项和薄弱环节，集中表现为立法层次偏低、效力偏弱的问题，涉及劳动基准、集体协商、企业民主管理、劳动保障监察等领域。这就要求我们强化劳动法

---

① 程延园. 世界视阈下的和谐劳动关系调整机制 [J]. 中国人民大学学报, 2011 (5).

治建设，进一步健全劳动法律体系，为构建和发展中国特色和谐劳动关系奠定坚实的法律基础。

对新业态经济下复杂化和多元化的劳动关系，一方面要持开放态度，另一方面要持续监管。从目前情况看，对劳动者权益保障和协调劳动关系方面的立法和相关劳动政策还在探索过程中。从实践方面看，政府对新就业形态劳动关系出现的新问题缺乏足够应对。

第二，建立预警机制，以调解为主要手段，积极处理劳动争议案件。在规制劳动关系方面，政府的重要作用是调解。如果劳动关系双方不能有效解决劳动争议，政府可以适时介入并发挥"调解人"作用。要发挥政府的主导作用，通过劳动行政部门及司法机构作为第三方力量，主动适时地介入劳动关系双方，及时解决纠纷，化解矛盾。在构建和谐劳动关系的理念指导下，坚持以"鼓励协商、强化调解、加快仲裁、衔接诉讼"的方针处理劳动争议，特别是健全劳动争议调解机制建设，不断提高争议处理效能，坚持把非诉讼纠纷解决机制挺在前面。

为进一步解决劳动争议问题，人力资源和社会保障部等七部门于2017年印发了《关于进一步加强劳动人事争议调解仲裁完善多元处理机制的意见》（人社部发〔2017〕26号），提出要坚持源头治理、预防为主，从源头上减少各类社会矛盾纠纷；要指导用人单位加强劳动人事争议源头预防，建立完善的劳动争议预警机制、对话沟通机制，促进用人单位有效预防化解矛盾纠纷，当用人单位内部发生劳动人事争议时，要引导和支持用人单位与劳动者通过协商解决争议。

尽管采取了一系列措施，近年来劳动争议案件仍然持续上升。2020年上半年，全国劳动人事争议调解仲裁机构共处理劳动人事争议案件超过90万件。① 在经济持续下行、新冠肺炎疫情冲击和继续去产能的背景下，劳动争议案件有所上升是必然的。政府进一步提出"多元处理机制"，但如何做到真正意义上的"多元"，尚需进一步细化。

2. 推进基层治理创新

政府在党的方针大前提下，推动了以民主管理为主线的基层治理创新等工作。加强企业民主管理是构建中国特色和谐劳动关系的重要举措，是建立现代企业管理制度、增强企业发展活力的客观要求，是推进社会主义

---

① 人力资源和社会保障部调解仲裁司. 2020年上半年全国劳动人事争议处理情况［R］. 2020.

协商民主建设的重要内容。新时期要全面深入推进民营企业民主管理工作，要求包括民营企业在内的各类企业进一步转变发展理念，通过不断深化民主管理，促进职工与企业机制共建、效益共创、利益共享、风险共担，最大限度地调动职工的积极性、主动性和创造性，切实增强企业的市场竞争力和发展活力，努力实现更高质量、更有效率、更加和谐、更可持续的发展。

人力资源和社会保障部提出要与工会、工商联密切配合，积极参与厂务公开协调工作机制，支持工会发挥统筹协调作用，认真履行人社部门职能职责。把加强企业民主管理作为协调劳动关系三方机制工作的重要内容，强化三方协商协调，进一步形成深化民营企业民主管理、构建和谐劳动关系、促进企业健康发展的合力。为更好地推广厂务公开，2018年，人力资源和社会保障部、全国总工会、全国工商联首次召开全国民营企业民主管理现场会。随着民营企业在数量上不断增加，民主管理也在向民营企业推进。政府带动推进的企业民主管理，采用了自上而下的方式，取得了一定的效果。

2015年中共中央、国务院印发的《关于构建和谐劳动关系的意见》，号召全国积极开展构建和谐劳动关系综合试验区（市）建设，为构建中国特色和谐劳动关系积累经验。近几年，以人力资源和社会保障部为主导，深圳、青岛、乌鲁木齐等多地陆续启动创建和谐劳动关系综合试验区建设，进一步加强劳动关系治理体系和治理能力建设，不断提升劳动纠纷治理能力和水平。一些试验区已经获得了若干成功经验，其标志是劳动纠纷数量有所下降。社会政策试验已经成为近年来各级政府在推动政策和立法前的工作，但这类试验如何获得有效的结果还需要进一步探索。以劳动关系试验区为例，在各地实施过程中出现了一定的形式主义，有的地区按照套用的方案模板实施，并未起到真正的"试验"作用。

党和政府探索介入劳动关系协调机制建设，将劳动关系协调机制提高到社会治理创新的高度。在党的方针指导下，各级政府以立法和执法为主要手段，全面干预劳动关系。这对保证劳动关系的稳定确实起到了积极作用。但长期的行政集中体制和自上而下的工作方式，对于如何应对复杂和多元的劳动关系问题则需要进一步研究。

（三）工会在协调劳动关系方面的作用和问题

在我国市场经济改革的四十多年中，工会在协调劳动关系中的作用一直是有争议的。随着经济改革的推进和党对工会在协调劳动关系机制中发挥作用要求的提升，工会不断调整工作方针并加强自身改革。对我国工会的研究，也开始转向对我国工会的结构处境和行动结果的理性分析。作为世界上会员人数最多的工会组织，我国工会一方面置于党的领导之下，承担着双重维护的作用；另一方面要面对来自劳动者的利益诉求。正确认识工会的地位是工会在协调劳动关系机制中发挥作用的前提。党的十八大以来，习近平总书记围绕工人阶级和工会工作多次发表重要讲话，阐明了工会工作的地位作用、目标任务、实践要求等。在此框架下，提出新时期工会工作的理论指导和行动指南。在工会的具体工作方面，强调维权服务和自身改革，全国总工会提出"党的领导"是根本性的。①

1. 从维权到维权服务

20世纪90年代中期以来，我国工会强调"工会服务于党的中心任务的主要手段是维护"。2001年修订的《工会法》规定"维护职工合法权益是工会的基本职责"，以法律形式确定了工会的基本职能。之后通过的《中国工会章程》，明确了工会的四项社会职能及其先后顺序，依次是"维护职能""建设职能""参与职能""教育职能"。

党的十八大以来，在强调工会维护职工合法权益的同时，将工会服务职工、服务大局作为一项重要工作内容，同维护职能并列，表明服务与维护同等重要。2018年召开的工会第十七次全国代表大会提出，按照党对工会基本职责的定义，将维权和服务提到同等重要的地位。维权服务具体阐述为：协助党委和政府做好供给侧结构性改革中职工转岗安置、劳动关系处置、再就业培训、创业带动就业等工作；积极参与涉及职工利益的法律法规政策的制定修改，职工合法权益得到制度性保障；推进女职工维权服务工作，维护女职工合法权益和特殊利益；创新农民工维权服务工作，推动农民工欠薪问题解决，提升农民工职业技能，农民工权益进一步实现；

---

① 李玉赋. 新时代工会工作的理论指导和行动指南［N］. 人民日报，2019-02-11.

等等。①《全国总工会改革试点方案》阐明了完善维护职工权益制度和机制的具体工作步骤，要突出维护职工基本权益、健全职工协商民主机制、构建以精准帮扶为重点的服务职工体系、提升农民工入会和服务工作、强化工会资产服务职工功能、探索建立工会服务职工满意度评价制度等。全国总工会还提出，要拓宽有序参与劳动法律法规政策的制度机制。一是紧紧围绕职工切身利益，作为源头参与立法和政策制定的重点内容，并在户籍制度改革、国有企业改革、收入分配制度改革、社会保险顶层设计中及时反映和引导职工诉求；二是积极拓展参与途径和方式，通过推动健全协调劳动关系三方机制、政府与工会联席会议制度，运用人大政协提案议案、部际联席会议等机制平台，参与涉及职工劳动经济权益法律法规政策的制定与实施。②

工会的职责从维权转到内涵更加丰富的维权服务，实际上是要将工会职责和党与政府的大政方针更好地结合在一起。同时，也要通过服务让工会贴近群众，通过服务职工更好地达到维权的目的。也就是说，将工会的基本职责与党的核心任务更加紧密地结合在一起。为更好地完成这些任务，工会自身改革再次被提上日程。

2. 工会的自身改革

在市场经济环境下，工会自身改革历来是重要的议题，也是工会在协调劳动关系机制中发挥作用的重要环节。2015年11月，中央全面深化改革领导小组审议通过了《全国总工会改革试点方案》，随后工会改革试点作为群团改革的一个重要方面正式启动。全国总工会提出的改革目标是，紧紧围绕保持和增强工会工作和工会组织的政治性、先进性、群众性这条主线，强化问题意识、改革意识，克服"机关化、行政化、贵族化、娱乐化"现象，改革全国总工会机关的组织体制、管理模式、运行机制和活动方式，解决脱离职工群众的突出问题，加强基层工会建设。工会此次改革的目的是"去行政化"，围绕工会组织政治性、先进性、群众性的主线，去除脱离群众的行

---

① 王东明. 以习近平新时代中国特色社会主义思想为指导 团结动员亿万职工 为决胜全面建成小康社会夺取新时代中国特色社会主义伟大胜利而奋斗——在中国工会第十七次全国代表大会上的报告[R/OL]. (2018-10-22) [2020-03-26]. http://acftu.workercn.cn/27/201810/27/181027095002013.shtml.

② 龚惠文. 完善维权服务制度机制——全国总工会改革试点方案系列解读之五[N]. 工人日报，2015-12-11.

为，做强基层，并着力于制度创新，以完善治理体系和提升治理能力。

工会自身改革聚焦于以下三个方面。第一，实施以职工为中心的工作制度。扩大会员基础一直是工会的重要工作，此次改革更突出以职工为中心，强调服务。坚持"哪里有职工，哪里就有工会工作"的理念，依托各种服务平台，探索企业外建会和职工入会的运作方式，吸引小微企业职工、流动就业职工、非正规就业人员及部分建会瓶颈企业的职工入会。启动农民工入会、货车司机入会集中行动，不断扩大工会组织覆盖面。2018年3月，全国总工会印发《推进货车司机等群体入会工作方案》，在半年试点后全面部署推进货车司机入会工作，并以此为牵引，大力推进货车司机、快递员、护工护理员、家政服务员、商场信息员、网约送餐员、房产中介员、保安员等八大群体入会，推动农民工入会工作实现新提升。据2018年全国总工会公布的数据，全国工会会员总数3.0亿人，其中农民工会员1.4亿人，基层工会组织280.9万个，覆盖单位655.1万个。① 第二，对工会组织结构进一步改革，其主要目的在于增强工会吸引力。如重庆市总工会改革产业工会组织形式，实现民主化、扁平化管理。广东省总工会建设一批村（社区）、园区工会联合会，建立一批职业化社会化工会工作者队伍，建设一批"会、站、家"一体化的职工之家。② 推动街镇级行业建立工会，通过行业工会的穿针引线，将"小而散"的单个企业串联成"大而强"的行业团队。在这个阶段的改革中，地方工会被进一步强化。第三，以网络化和社会化为重点方向，拓展工会工作新领域。建立以互联网服务为基础的网上服务平台，同时培育工会社会服务组织，加强对职工服务类社会组织的引导。

3. 我国工会在协调劳动关系机制建设中面临的问题

党的十八大以来，党对工会提出了更加具体的要求，工会也在党的要求下进行了相应的改革。但总的来说，工会对协调劳动关系方面的作用还没有得到实质性的提升，依然面临着很多问题。

首先，如何发挥工会在协调劳动关系机制方面的核心作用，还没有找到突破口。从2001年《工会法》中明确了工会的两个维护职能后，工会一直遵循着双重维护的原则，更加强调工会与党政工作的整体联系。2005年提出了"中国特色社会主义工会道路"，进一步强化了党的领导。2010年全

---

① 郑莉. 工会十七大特稿：职工"娘家人"奋斗新时代 [N]. 工人日报，2018-10-22.
② 李瑾. 中国工会改革创新纪事 [J]. 中国工人，2018 (10).

国总工会提出了"两个普遍"(依法推动企业普遍建立工会组织,依法推动企业普遍开展工资集体谈判),希望在扩大会员组织基础和集体合同签订方面有所突破。2015年中共中央和国务院印发的《关于构建和谐劳动关系的意见》以及之后的群团工作改革意见中,明确了中央对工会的定位。在工会职能上,除了以往的维护外,还增加了服务的概念。从理论上说,服务党的大局,才能更好维护职工权益。在实践中,要求工会用和谐而非对抗的方式协调劳动关系,既要保持"双重维护",又要做到在不冲突的前提下解决矛盾,是比较有挑战的。

其次,基层工会数量的快速增加与工会实际发挥的作用不相称。为了扩大工会的组织基础,全国总工会在20世纪90年代末就提出"哪里有工人,哪里就有工会组织"的口号。此后,为实现普遍建立工会的任务,全国总工会和各级工会组织采用了自上而下的推动方式。在包括行政干预等力量的推动下,工会会员和工会数量都保持稳定增长。中国工会持续为世界上最大的工会,即使在中国也是最庞大的社会组织。但从会员的角度,特别是被大量快速纳入工会组织的灵活就业职工,大多数没有工会意识,甚至许多农民工都不知道自己加入了工会。在这些职工被纳入工会后,工会缺乏进一步的工作来吸引、教育或有效维护其权益。面对人数众多、内部结构异质性很大的庞大组织,工会的代表性问题将更加凸显。

4. 西方工会复兴的理论与实践对中国的启示

在不同时代的工人运动和工会运动的进程中,都出现过有影响力的理论。很难说这些理论是成体系的,但在工会运动中有过很大影响。如马克思主义阶级斗争学说、以西德尼·韦伯夫妇和费边社为代表的社会改良学说以及制度学派等。第二次世界大战后,以邓洛普的劳动关系理论为先导,后来由牛津学派推向深入的多元论(pluralism),都在不同类型工会运动中了起到了理论指导作用。从20世纪80年代后期起,西方国家工会出现了明显的组织率下降、集体谈判覆盖面以及在社会政治和经济生活中影响降低的趋势。作为一支重要的社会力量,工会一直试图寻找一条延续组织发展的新道路,以求适应愈加自由的市场经济、就业环境,更为灵活的雇佣方式,以及更加严格的劳动关系法律规制体系等新的雇佣关系环境。[①] 西方工

[①] Taylor G, Mathers A. 2002, "Social Partner or Social Movement? European Integration and Trade Union Renewal in Europe". *Labor Studies Journal*, 27 (1).

会的理论和实践工作者试图通过多种方式挽救工会的颓势,这种探索被统称为工会复兴(振兴)的理论和实践。

20世纪70年代起,有学者在研究我国工会官僚化时就开始反思工会性质这个根本性的问题。20世纪80年代,当劳动力市场转型和新自由主义影响加剧后,问题就更加凸显。关于工会的核心功能是组织工人还是服务工人,是更倾向于运动还是偏重于社会伙伴关系的争论,成为工会复兴实践方面的核心问题。工会复兴理论和实践的内容十分庞杂,以下两个方面对我国工会有一定的借鉴意义。

第一,关于工会会员和组织能力下降的原因,西方学者做了较为全面的分析。其一,西方社会全面转入了后工业社会,有强大工会基础的制造业被服务业和知识工作取代。在这些领域中,工会缺乏组织基础,而且面临着组织发展的困境。其二,由跨国公司驱动的经济全球化以及由此产生的跨国生产、服务和规则等,是单个国家的工会难以应对的。其三,建立在灵活性和全球产业链基础上的新型公司大量出现,如 Uber、Lyft、AirBnB 等,几乎都不建立正规的劳动关系,导致工会在招募和代表会员方面出现很大困境。其四,以阶级和职业为基础的社会身份转到消费社会的身份建构,降低了工会的吸引力。其五,新自由主义的盛行。其六,工会自身策略选择的失误降低了工会的力量和影响。① 在这些因素的影响下,整个西方世界工会的组织率基本都处于下降的趋势。尽管工会入会率下降在不同国家的表现不同,但一些基本特点是相似的,如女性、青年、高学历者、非正式雇佣关系劳动者等,加入工会的比例降低;较之本土工人,移民加入工会的比例较低。从工人参加工会的意愿来看,社会行动、价值、规则以及工人团结的传统等因素也起着重要作用。②

在工会历史上,制造业工人是工会的重要组成部分。但在今天的欧洲,专业人员参加工会的数量已经超过了技术工人。研究认为,服务业中的底层工人由于多数文化较低,从事非技术、非全日制工作,他们加入工会的意愿低于专业人员。在公营部门中,工会组织较私营部门健全,公营部门中大量专业人员被组织到工会中。另外,按照学历和工作岗位划分的专业

---

① Ackers P. 2015, "Trade Unions as Professional Associations". In: Johnstone S and Ackers P (eds) Finding a Voice at Work? New Perspectives on Employment Relations. Oxford: Oxford University Press.

② Maria Kranendonk and Paul de Beer 2016, "What Explains the Union Membership Gap between Migrants and Natives", *British Journal of Industrial Relations*. 54 (4).

人员工会开始在工会活动中扮演重要角色，如律师、医生、建筑师工会，或中小学教师、护士工会。与传统工会不同的是，专业人员工会除了通过集体合同等维护权益外，还强调个人发展，如职业能力、职业教育等。这些变化要求工会组织作出进一步的改变。为解决工会入会率降低的问题，工会试图改善与雇主、政府和会员的关系，将移民工人、非正规就业工人作为潜在的发展对象，与雇主和政府建立社会伙伴关系。在工会组织内部，工会改变传统组织结构、强调建立服务型工会、实行工会干部的职业化和专业化并试图同其他社会组织合作等。从工会内部组织结构上，合并工会一度成为改革的主要内容。在工会组织的实践上，工会依据各国不同的社会和劳动力市场背景作出调整。工会复兴理论的发展和实践探索取得了一些成效，但没有能够在整体上改变工会组织率下降的趋势。

第二，对于工会复兴策略的研究，核心问题是如何扩大工会的组织基础。具体包含以下几个方面：改革工会组织方式，以招募并保留更多会员；通过合并规模较小的工会以实现组织变革；与其他社会组织建立联系；建立与政府和雇主的社会伙伴关系；不同国家工会加强沟通或建立跨国工会以应对全球化。在这些策略中，淡化抗争、寻求与政府和雇主建立社会伙伴关系是工会理论受到争议最集中的问题。尽管存在理论争议，但在实践中，妥协和合作成为越来越多工会的策略选择。

在有关工会复兴的理论讨论中，多元论和激进论之间存在很大差异。多元论者强调社会伙伴关系和工会机制改革，激进论者则提出动员会员和重建工会组织基础。[1] 尽管在策略上各有不同，但所有讨论都认为，在当前的情况下，工会应该更多地吸引女性、临时工、移民工人和年轻人。会员扩大也相应带来新的问题。如有些工会仅仅忙于扩大地盘，忽视了内部的组织动员。尽管发展了大量女性会员，但极少有女性成为工会的领袖。从工会内部组织结构上，合并工会一度成为改革的主要方式。经过十几年的变化，出现了一些新的组织形式，被称为"集团工会"或"多行业工会"。这类工会存在的问题就是内部极大的异质性和工会内部的凝聚力。在工会发展史上，一直存在着会员数量和内部凝聚力的两难。一方面是数量庞大的会员能够显示强大的组织力量，但另一方面也容易造成内部意见不统一

---

[1] Christian Lyhne Ibsen and Maite Tapia, 2017, "Trade union revitalisation: Where are we now? Where to next?", *Journal of Industrial Relations*, 59 (2).

和力量分散。会员内部的多样性,导致工会的基础和代表性变得较以往复杂。随着会员扩大和工会合并,工会如何代表结构复杂的工会会员利益,工人阶级内部分化和个体化以及阶级意识分化,导致了工会内部民主化成为新的问题。①

越来越多的工会认识到,要建立与其他相关社会组织的联系和合作。比较成功的是美国洛杉矶地区的移民组织联合洗车工人入会的案例,它成为社区—劳工联合的样板。② 工会采取了很多方式吸引低入会率的工人,但效果不尽如人意。有研究认为,工会依然采用招募传统工人的方式招募非全日制工人、移民工人等,是效果不佳的主要因素。

由于近年来工会的组织率和影响力持续下降,美国社会对工会复兴的讨论逐渐变得悲观,认为不借助政府的力量,工会自身很难改变衰落的趋势。然而美国政府很难改变其新自由主义的立场,即使是真正意义的社会伙伴关系,也需要有工会自身强大的前提。

尽管各国的政治经济背景不同,但世界工会面临的问题以及所提出的策略选择有很多相似之处,特别是在吸引更多会员入会、采取合作而非对抗等具体的工作方式上。西方工会的一些具体策略是值得借鉴的。首先,我国企业工会的实践不但表现为工会复兴研究中提出的动员与合作的二重性矛盾,还呈现出多重性矛盾的特征。企业工会在成为"被争夺地带"的同时,也在不断采取新的策略努力成为劳动者和资方都依赖的"说和人"和维持劳资合作关系的协调者。这也是为了组织自身的生产发展。其次,我国工会与西方有不同的组织体系和运作机制,不能简单照搬西方分析复兴工会的要素框架,尤其是我国工会作为一个庞大的体系,对于不同层级的组织来说,其行为逻辑差异较大。认识和理解我国工会改革逻辑,要更加贴近我国经济社会发展的实际状况,其分析框架要纳入工会与其他主体的利益关系。再次,西方工会复兴的策略虽然与我国工会改革过程中所选择的策略不同,但策略选择的逻辑却颇有相似之处。这是因为两者在组织的生存与发展这一点上具有趋同性,特别是在我国企业工会改革的过程中,工会的主要目标也是为了壮大其自身力量,通过发挥作用来增强其在会员

---

①② Adrien Thomas. 2017, "Conglomerate Unions and Transformations of Union Democracy", *British Journal of Industrial Relations*, 55 (3).

中的凝聚力。① 这对正确认识我国工会在协调劳动关系机制中的作用很有意义。

5. 我国工会在劳动关系协调机制中的作用

近年来我国工会积极强调在协调劳动关系机制中的作用，并在探索发挥作用的最佳方式。面对不断变化的政治经济形势，工会在协调劳动关系机制方面的作用主要体现在以下四个方面。

第一，推进工会组织体制改革，发挥产业工会的作用。在接受党领导的前提下，探索工会在协调劳动关系中的独特作用。自上而下的维权方式被认为是我国工会协调劳动关系重要和有效的方式。积极推动源头参与，参与有关劳动就业和社会保障立法是目前全国总工会能够发挥积极作用的工作。在工作方式上，"以上代下"的方式在我国现有政治体制中是有效的，从发展会员到推动集体谈判等方面的效果都非常显著。目前全国总工会的组织体制仍然以地方工会为主要形式，产业工会的作用有所提升，但尚未得到充分的发展。另外，在小微企业中很难建立传统意义的工会组织，需要工会在组织体制上有进一步的创新。

第二，在保持社会稳定的前提下，通过和谐合作的方式维护劳动者权益。近年来工会工作的实践证明，工会维护劳动者的权益可以在不冲突的前提下进行。随着改革的深入和外界经济环境压力的增加，各级政府越来越明确地认识到维持稳定和促进经济发展的关系。因此，政府推动包括地方工会组织和企业工会在内的各种力量来推进政府的经济发展目标。随着劳动立法的推进和劳动者法律意识的普及，劳动者越来越愿意用法律途径解决问题。工会在此基础上引导劳动者一方面通过法律维权，一方面坚持工会的组织力量。同时也要认识到，"和谐合作"不意味着没有任何冲突和争议。工会更应该摒弃简单的维稳思维，从维护劳动者权益的角度达成和谐合作。

第三，积极探索工会对非正规就业劳动者的维权和服务方式。在组织会员、壮大工会的同时，关注工会内部不同类型会员的具体利益诉求，这样才能有效保障其权益。例如，工会将家政服务员吸纳到工会中，但家政服务员的劳动关系地位还没有得到明确定义。另外，平台经济的发展给生

---

① 孟泉，曹学兵. 工会何以复兴？——西方工会复兴研究的主要议题、学术争论及启示 [J]. 中国人力资源开发，2019（3）.

产组织形式和就业模式带来巨大变革,工会如何保障劳动者权益也是一个全新的课题。

第四,应对新就业形态下劳动者争取权益的新形式。加班工作在我国较为普遍,也有很多新闻对加班现象进行报道。自 2016 年 9 月有互联网公司实行"996"制度以来,长工时制度广泛在互联网公司使用,以程序员为代表的群体也曾多次发声抗议这类制度。直到 2019 年 3 月,代码托管平台 GitHub 上出现了名为"996.icu"的项目,旨在让人们关注 996 工作制度的存在和非法性,并试图改变这种现象。该事件通过几个互联网平台传播,迅速成为社会议题。随着互联网的发展,依托互联网,除了大量学历和技术水平较高的从业人员外,还有大量的低技术水平从业人员进入,他们的权益如何保障、如何应对抗争的新形式,是工会组织面临的重要挑战。

三、劳动关系协调机制建设:集体谈判和三方机制

集体合同制度是市场经济国家解决劳动关系冲突、协调劳动关系的重要制度,三方协商机制则是一种协调劳动关系主体不同利益的基本制度。这两种制度先后在我国推行并成为协调劳动关系的重要机制。2015 年中共中央、国务院印发的《关于构建和谐劳动关系的意见》,将集体合同制度和三方机制作为协调劳动关系的重要机制之一。集体合同制度被称为具有中国特色的劳动关系协调机制的重要组成部分。

(一) 我国的集体合同制度

我国从 1994 年开始推行集体协商制度以来,集体合同签订率和覆盖率连年提升。截至 2018 年 6 月,全国共签订集体合同 159.3 万份,覆盖企业 402.1 万个,覆盖职工 1.9 亿人。① 集体合同既有协商工资增幅、最低工资、工种指导价等基本内容,又涵盖劳动条件、用工管理、后勤福利等拓展内容。集体合同制度在协调劳动关系中的作用不断增强,不仅健全完善了职工表达合理诉求、参与企业管理的协商民主制度,而且初步形成了具有中国特色的劳动关系协调机制,实现职工和企业协商共事、机制共建、效益

---

① 郑莉. 工会十七大特稿:职工"娘家人"奋斗新时代 [N]. 工人日报,2018-10-22.

共创、利益共享。①

目前对集体合同制度在劳动关系协调机制中所发挥的作用存在着争议。对集体合同制度未能充分发挥作用的原因，归于以下几个方面：一是政府在相当程度上用行政力量约束了劳动条件；二是国家在促进经济发展过程中，对集体合同制度提升劳动力成本等的担心；三是工会的弱势地位、雇主方的组织问题；等等。近年来，企业生产和组织模式的变化，以及新业态经济的出现，更导致了集体合同制度在推进过程中面临新的困境。下面从五个方面进行阐述。

1. 集体合同制度的推行过程

1994年《劳动法》确立了集体合同制度，同年，全国总工会提出工会的基本职责是维权，重点工作是推进集体合同和协商制度。2000年，劳动和社会保障部出台了《工资集体协商试行办法》，对集体合同中的专项合同、工资协商等问题作了明确规定。2007年，全国总工会大力推动工资集体协商与区域性、行业性工资集体协商，并且各地政府纷纷出台集体合同相关规章制度，推动工资集体协商。2014年以前，集体合同制度的推行以"扩面"为重点。全国总工会于2010年提出"两个普遍"，即依法推动企业普遍建立工会组织和依法推动企业普遍开展工资集体协商，具体目标是力争到2012年，基本在各类已建工会的企业全面推行工资集体协商。② 这个阶段的特点是用数字化指标来指引全国集体协商工作，注重集体合同的数量和覆盖面，但对合同的质量没有设定明确目标。

2014年以后，全国总工会推进集体合同制度的目标发生了改变，开始聚焦提质增效。《深化集体协商工作规划（2014—2018年）》提出了5年形成100个行业、300家企业、50个区域集体协商典型，充分发挥集体协商典型示范引领作用的要求。2016年印发了《关于提升集体协商质量增强集体合同实效的意见》，进一步细化了深化集体协商工作的目标任务、具体举措和工作要求。特别强调，重点工作是开展行业集体协商，以提升中小企业集体协商质量，在同行业企业相对比较集中的区域，大力开展行业集体协商。在2018年召开的工会第十七次全国代表大会上，全国总工会继续强调以提质增效为重点深化集体协商工作，参与制定行业劳动定额，推动完

---

① 梁爽. 全国签订集体合同覆盖职工近3亿 [N]. 人民日报，2019-06-21.
② 王玉普. 在全国工会基层组织建设工作会议上的讲话 [M]. 北京：中国工会年鉴编辑部，2010.

善企业工资决定、正常增长和支付保障机制，推动健全工资指导线、企业薪酬调查和信息发布等制度，促进职工工资随经济效益和劳动生产率同步增长提高。① 从以上过程可以看到，尽管工作重点有所变化，但全国总工会推进集体合同的方式基本没有改变。

2. 政府主导的自上而下的推动方式

在集体合同制度推行的20多年里，"政府主导"的集体合同推广模式被认为是目前解决集体劳动争议的制度选择。人力资源和社会保障部、全国总工会等部门的"三方会议"在国家层面上对集体协商工作进行战略部署，下达考核指标并进行层层分解，采取突击的方式在全国铺开集体协商工作。② 人力资源和社会保障部、全国总工会一直是推动的源头力量，各级地方人力资源和社会保障、工会部门在国家层面下达量化指标后层层分解，按照指标完成任务。

自上而下的工作方式，重要的一条就是建立各级政府和工会的考核机制。为达到扩面的目标，全国总工会推动国家协调劳动关系三方共同印发《关于深入推进集体合同制度实施彩虹计划的通知》（2010年）、《关于推进实施集体合同制度攻坚计划的通知》（2014年）等，联合各方力量共同助力集体协商工作深化发展。一些省份以党委、政府名义制定了提升集体协商质量、增强集体合同实效的指导性文件，河北等20个省（区、市）还将集体协商工作纳入地方党委政府考核体系；31个省级协调劳动关系三方在推动集体协商工作方面都实现了"联合行动"，通过联合印发文件、联合调研督导、列入三方评比表彰考核标准等方式多方合力，构建党政支持、多方共推的集体协商工作格局。

由于我国市场经济的特殊性，集体协商更是一种合作参与机制，强调双方的利益一致与劳动关系双方和谐。从上而下推进并上下结合，是我国集体合同的特色之一。③ 如果没有党政力量的强势介入并将之纳入政府的考

---

① 王东明. 以习近平新时代中国特色社会主义思想为指导 团结动员亿万职工 为决胜全面建成小康社会夺取新时代中国特色社会主义伟大胜利而奋斗——在中国工会第十七次全国代表大会上的报告[R/OL].（2018-10-22）[2020-03-26]. http://acftu.workercn.cn/27/201810/27/181027095002013.shtml.

② 闻效仪. 改革开放四十年之集体协商与集体合同研究：历史演进、制度执行与类型化趋势[J]. 中国人力资源开发，2018（10）.

③ 冯同庆. 近年来工资集体协商取向的正误分析——是自上而下还是自下而上结合[J]. 马克思主义研究，2012（2）.

核范围，集体合同制度不可能在较短时间内得到大范围推广。在相当一段时间内，自上而下的推行方式不会有根本性改变。需要探究的是，在这样的方式下，如何让协商制度尽可能更加有效，行业性和区域性集体合同制度可能是一种路径。

3. 行业性和区域性集体合同制度的探索

我国的集体协商大多在企业层面展开，这种制度安排是为了防止跨单位和跨地域的组织化风险。在《劳动合同法》中有行业性集体合同的提法，都明确对区域和行业加以限定，一个限定为"县级以下区域"，另一个限定为"建筑业、采矿业、餐饮服务业等行业"。[①] 2006 年，劳动和社会保障部、全国总工会、中国企业联合会/中国企业家协会三方印发了《关于开展区域性行业性集体协商工作的意见》，要求在一定范围内对限于企业层面的集体合同制度有所突破。随后几年，集体合同制度几个较为成功的案例都出自于行业和区域性集体合同。

2008 年，浙江温岭羊毛衫行业工资集体协商的经验得到中央领导批示。这种以雇主为主导推动的行业性集体协商一度被认为是从单一的政府主导到多元推动的成功案例，要求在全国推广。2009 年，全国总工会发布了《关于积极开展行业性工资集体协商工作的指导意见》。在当时列举了建筑、采矿、餐饮服务业等非正规就业特征明显的行业，要求在这些行业中推进行业性集体合同。2010 年以后，行业性和区域性的集体合同被大力推广。受到工会行政化特征的影响，对区域性集体合同制度推广仍然采用了由上至下的方式，通过下达指标来进行考核。尽管存在一些难以改变的问题，行业性集体合同在实践中依然有重要意义，即突破了我国工会长期的单一企业体制，使行业工会和区域性工会开始真正发挥作用。行业性集体合同的推行，也成为调整小型私营企业劳动关系的一种措施。同时，相对于企业级的集体协商，区域性和行业性工会更加独立，雇主、工会干部工作更投入，更有能力为雇员的利益而协商。另一个有代表性的案例是 2011 年武汉餐饮行业的工资集体协商，突破了《劳动合同法》"在县级以下区域内"订立行业性集体合同的规定，将集体协商提升到省会城市层面。令人遗憾的是，这些有亮点的经验虽然得到了地方工会的大力支持，但没有得到很

---

① 闻效仪. 改革开放四十年之集体协商与集体合同研究：历史演进、制度执行与类型化趋势[J]. 中国人力资源开发, 2018 (10).

好的推广。

随着新业态经济的发展，全国总工会强调继续加大行业（区域）集体协商推进力度，探索多雇主协商模式，将劳动密集型、中小企业集中的行业（区域）作为推进集体协商的主攻方向，加强工资指导价位、劳动定额、计件单价等行业劳动标准体系建设。加强与产业工会协同配合，充分发挥产业工会的优势和作用，适应产业升级、劳动者素质提升的发展需要，积极向技术密集型产业、新兴产业拓展，探索在新经济、新业态、新模式下开展集体协商的有效形式，充分发挥集体协商在协调稳定灵活用工领域劳动关系的作用。① 针对非正规就业的发展，集体合同制度开始推向非正规就业。如在 2019 年，北京市快递行业劳动保护集体合同签订，这个集体合同具有示范意义，主要内容包括企业应加强对职工的安全教育，企业应按照国家规定提供劳动保护用品，企业应加强和改善劳动条件，等等。

4. 西方国家集体谈判制度发展的趋势和借鉴

国际劳工组织要求集体谈判要覆盖所有产业、所有雇佣类型的工人。同时也提出，要进一步拓展至非正规就业是一个挑战②，随着西方国家工业化进程的完成和向后工业化的转型，集体谈判制度面临着重大挑战。很多工人不在一个工作场所就业，也不是面临单一雇主；劳务派遣的工人和雇主之间没有直接的合同，更不要说越来越多的自雇者和没有签订任何合同的工人。当企业部分业务外包或转包后，情况更加复杂。以客服热线行业为例，即使是欧洲国家最成功的谈判也只能覆盖到总公司的范围，而大量被外包到其他国家的分公司的雇员则不能被覆盖。探索新的谈判方式非常重要。一个明显的趋势是多种集体谈判的形式并存，甚至在同一个时段、同一个产业中存在着不同的形式。同时，强调依据不同国家的政治经济背景，选择最适合和最有效的谈判方式。

第一，企业组织形式的变化对集体谈判造成的影响。进入 21 世纪以来，企业小型化的特征逐渐在世界各国显现出来。国际劳工组织报告显示，由于对企业登记和财务的烦琐要求以及社会保障所产生的费用，很多小企

---

① 以提质增效为重点，推动集体协商创新发展——全国总工会权益保障部负责同志就深入推进集体协商工作答记者问 [N]．工人日报，2018-12-06．

② ILO. 2013, "Conclusions concerning the recurrent discussion on social dialogue, Provisional Record", No. 11, *International Labour Conference*, 102nd Session, Geneva.

业愿意保留其非正规的就业岗位。① 与大企业相比较，小企业工人的工作条件更加没有保障。一项对欧盟国家的比较研究表明，20人以下的小企业已经基本上没有集体谈判。

小企业的雇主往往直接干预日常生产过程、工作条件等，缺乏正式的人力资源管理系统。这种扁平化的组织结构导致了非正式机制作用的提升。小企业的劳动关系更多依赖非正式的社会关系，如"忠诚"在很大程度上影响着雇主、管理者和工人之间的关系。另外，地方性的文化和规范也有重要作用。"社会心理契约"在小企业的作用明显高于大企业，信任和参与也成为重要影响因素。雇主更倾向于直接与工人沟通，而不像大企业那样通过正式的联系渠道。小企业的雇主对工人组织和集体谈判的对抗态度更加强烈，工人也会由于雇主的强烈抵制态度而对加入工会或进行集体谈判有所顾虑。劳动立法、集体谈判在许多国家的小企业中很难施行。中小企业内部工人的异质性也导致了集体谈判和正式的劳资对话难以开展。小企业的雇主往往直接与关键岗位的工人个人协商好工资、工时等工作条件。从外部因素来说，中小企业尤其是小微企业的工作条件是由多种因素决定的，外部市场往往起着决定性作用，这些因素很难通过集体谈判的方式解决。

第二，探索不同类型企业，尤其是小企业集体谈判的做法。尽管各国工会的做法不同，但出发点基本是建立更宽松的、非正式的对话和谈判渠道。欧盟多数国家采用了2002年《欧盟雇员信息和协商指导》所倡导的方法，在50个雇员以下的企业建立信息和协商机构。一些国家制定了更低的雇员数量标准，以覆盖更多的小微企业。甚至有些国家还修改了相关的劳工立法，不是通过单一的工会渠道，而是建立多种形式的雇员和雇主协商制度。如在南非，要求行业集体谈判扩展到各类小企业，同时允许达成较为灵活的合同框架。

除了立法方面之外，还有通过达成非正式协议、习俗或其他自愿的形式协商。如在日本，尽管集体合同仅适用于工会会员，但一些工会组织了正式和非正式工人，在征得雇主同意的前提下，将合同的一些内容扩展到临时工等非正式工人。法国为中小企业的谈判制定了一些特殊条例。除了

---

① ILO. 2013, "The Informal Economy and Decent Work: A Policy Resource Guide supporting transitions to formality", Geneva, *International Labour Office*.

工人方面外,一些国家通过雇主组织的建立促进集体谈判。在发展中国家,很多小企业是大型企业的下游企业或供货商,通过大企业的雇主建立小企业雇主联合会,通过联合会的形式促进劳资对话或谈判。① 由于小企业内部简单和扁平的管理结构,应该引导雇主直接与工人协商工作条件,这样工业社会传统的谈判体系可能被打破,企业级的对话和行业或产业链级的谈判可能更加有效。

第三,推动更加灵活的谈判形式。在几乎所有的市场经济国家,谈判不再是集中的,而是分散到企业一级。行业谈判的力量依然存在,但行业和企业之间关系的改变,很大程度上导致了更加灵活的谈判方式。一些新的探索也在进行,如欧洲电信业社会对话委员会与相关行业的雇主协会和工会,通过协商于2011年发布了改善电信行业工人精神健康的联合宣言,这是2009—2010年"工作好、健康好"联合项目的成果。2013—2014年,该委员会的主要工作包括将委员会向其他电信行业和客服中心开放、商议有关工作中的健康安全和生活质量问题、适应技术变化的培训、技术变化对工作组织的影响等。另外,相关的工人和雇主组织也在寻求跨国的和国际间的联合,目的在于通过协商让更多非正规就业工人能够获得体面工作。②

西方国家工会探索通过多样化、多层级的谈判方式将集体合同覆盖更多雇员,关注不同行业的特点,并将行业谈判和公司级谈判相结合。以德国为例,存在产业级集体谈判、公司一级的雇主与产业工会的谈判以及对未覆盖在集体谈判内的工人谈判等多种形式。传统的集体谈判机制通常建立在相对单一的产业结构上,对与之对应的单一人员的工资结构进行谈判。但现在,即使在同一个公司内部,不同类型人员的工资结构也有很大差异,这就导致统一的集体合同框架难以覆盖全体雇员。公司不采用统一的合同框架而是直接与雇员谈判。这就造成谈判效率低下和雇员实际工资水平可能低于谈判水平。另外,一些工资水平较高企业的雇员还需通过谈判保证较高工资,有可能提高谈判成本。

长期以来,工会的实际工作表明,决定集体合同覆盖率的主要因素是工会会员率。但在欧洲大陆的很多国家,集体谈判的级别不完全取决于会

---

① ILO. 2018, "The impact of social dialogue and collective bargaining on working conditions in SMEs", Geneva, *International Labour Office*.

② ILO. 2015, "Employment relationships in telecommunications services and in the call centre industry", Geneva, *International Labour Office*.

员率,而是更多取决于公司按照产业范围合同或者是与工会的直接谈判。由于全球化影响,产业结构发生了重大变化,产业和公司以及工厂之间的关系也与以往不同,一些产业级的合同无法在下属公司或工厂执行,从而造成覆盖率下降的现象。

5. 具有中国特色的集体合同制度

总体来看,我国的集体合同制度是党和政府为了建立和谐劳动关系自上而下推动的。不过作为一种制度设置,集体合同制度并未真正建立起来。① 例如,工会的代表性和独立性问题、企业级别集体谈判的雇主角色不明;行业、区域集体谈判中的雇主组织缺位问题;谈判环节缺位,协商谈判机制尚未充分发挥作用;协议内容雷同,缺少针对性和可操作性;等等。② 除了机制和体制上的问题外,也有人认为,过去形成的一统制体制是阻碍集体合同制度有效实施的历史文化因素。③ 这些问题持续存在,是阻碍集体合同制度推行的重要因素。从目前来看,自上而下推动、政府主导等,是推动中国特色集体合同制度的主要特征。在保持基本原则的前提下,一些具体的工作方式仍存在继续探索的空间。

首先,全面理解政府的主导地位。我国集体协商制度的引入是一个充满行政色彩的过程,党和政府是推进集体协商制度的主要动力。这个特色既保证了集体合同制度在较短时间内被推广,又导致难以克服的制度性弊端。在协商中,无论是企业管理者还是工会都不能充分地代表雇主和劳动者的利益,协商的双方均受到党政部门的影响。企业工资和劳动条件的最终确定都受到地方政府实施标准的制约。不少集体协商并没有实际的协商过程,集体合同是照抄照搬政府部门提供的范本。即使在非政府力量推动的成功案例中,政府的作用也不可小看。以"温岭经验"为例,在出现行业性的劳动争议后,集体协商是在地方政府的主导下完成的。由政府主导协商得出的工价表,一方面有效地兼顾了劳动关系双方的利益,保证了劳动关系的和谐,防止企业之间因工价不一而引发无序竞争;另一方面维护了企业职工的合法权益,使劳动力实现了良性自由流动。当地政府的重视和参与,是实现工资协商的重要基础。

---

①③ 许叶萍,石秀印. 中国集体谈判的困境与中国的一统制传统 [J]. 江苏社会科学,2013 (2).

② 程延园. 集体谈判制度在我国面临的问题及其解决 [J]. 中国人民大学学报,2004 (2).

政府的主导作用涉及两个具体问题。一是如何继续提升地方政府参与的积极性,以保持集体合同的有效性。目前很多地方都形成了明显的行业发展特点,这些行业的良好发展需要和谐的劳动关系,这是地方政府参与建立集体合同制度的动力。二是党和政府推动集体合同制度实施的边界问题。通常来说,政府的作用在于法治化的实施和出现争议后的解决。但在我国,党和政府的各级组织在相当程度上是集体合同制度的具体操作者。这对边界的控制就提出了很高的要求。政府如何干预和干预到什么程度,这个问题一直没有得到很好的解决。总的来看,地方党政部门应该给予企业和行业劳动关系双方在协商中更大的自主权。

其次,进一步发挥行业工会的作用。就工会来说,要有效建立行业性集体合同制度,行业性工会的作用非常重要。开展行业集体协商的重要前提就是加强行业工会组织建设。对此,首先要进一步明确行业工会的性质,理顺行业工会与地方工会组织的关系,健全行业工会的组织体系。现阶段,一些地方工会组织采取"以上代下"的方式,即由上级工会组织代表行业工会组织同雇主组织开展行业集体协商,这只是在推进行业协会协商过程中的"权宜之计",不可能所有行业集体协商都依靠"以上代下"来解决。事实上,这种方式也存在不少弊端,例如,很容易强化上级工会组织的机关化、行政化倾向。从根本上来说,开展行业集体协商还需要从健全行业工会组织着力。

再次,将现有集体合同经验有效推广。当前大多数行业集体协商内容包括行业工种的劳动定额和计件工价,通过协商形成了统一标准。这种推广协议有助于使行业内的企业在劳动定额、计件工价上都处在一个"起跑线"上,限制和纠正"不规范"企业的不当行为,推动产业平稳,孕育公平竞争的环境,保证行业集体协议的执行效力。同时,推广机制本身可以促进行业工会和行业雇主协会的权威性和组织建设,推动形成可持续性的社会对话机制。

最后,关注技术革命对集体合同制度的影响。从西方集体谈判制度发展的历史看,技术进步特别是互联网技术对传统工业的冲击影响较大,带来生产过程、企业规模、工人结构、就业模式变革,导致传统的集体谈判方式难以奏效。近年来,互联网技术带来的新业态经济已经高度发达,在这样的行业中,工资、工时、工作条件与传统产业有着本质不同,在这类企业中如何实施集体合同制度是一个新的挑战。

（二）三方机制

三方机制是指政府、雇主组织和工人组织之间就实施经济与社会政策而进行的活动，被国际劳动组织视为政府介入协调劳动关系的重要机制。它的产生和发展经历了一个漫长的历史时期，最早出现在19世纪末和20世纪初的西方市场经济国家。

我国劳动关系三方协商机制的建立始于20世纪90年代。2001年8月，劳动和社会保障部同全国总工会、中国企业联合会建立了国家协调劳动关系三方会议制度，并召开了第一次国家级协调劳动关系三方会议，标志着我国在国家层面建立起正式的三方协商机制。同年10月，《工会法》修正案出台，规定："各级人民政府劳动行政部门应当会同同级工会和企业方面代表，建立劳动关系三方协商机制，共同研究解决劳动关系方面的重大问题"，这为劳动关系三方协商机制的建立提供了法律依据。随后，省、市、县甚至街道等各个层面纷纷建立三方协商机构。2002年8月，全国建设系统建立了协调劳动关系的三方会议制度，标志着产业性三方机制的启动，这是全国第一个行业性最高层面的劳动关系协调机制。按照2001年8月《关于建立国家协调劳动关系三方会议制度的意见》（会议审议后改题目为《国家协调劳动关系三方会议制度》），三方会议的职责任务被界定为：就制定劳动关系政策提出意见建议；研究分析劳动关系状况及趋势；对制定调整劳动关系的法律政策提出建议；指导、协调地方劳动关系协调工作；对重大集体劳动争议或群体性事件进行调研，提出解决意见。截至2014年，全国共建立各级协调劳动关系三方组织1.7万多个，县级以上普遍建立三方机制，有的地区将三方机制向乡镇（街道）和工业园区延伸，部分省份建立了协调劳动关系三方委员会。[①]

我国的三方机制是依据国际劳工组织公约建立的，而在实际操作中，中国特色非常明显：政府在三方机制中起着更加重要的作用；工会不是独立的一方，而是作为党和政府的桥梁发挥作用；雇主组织的代表性明显不够。同时，由于各地发展水平不同，三方机制的发展不平衡。总的来说，越到基层，组织机制和代表性越不完善。我国的三方机制尚在初创阶段，

[①] 人力资源和社会保障部对十二届全国人大三次会议第8119号建议的答复，http://www.mohrss.gov.cn/gkml/zhgl/jytabl/jydf/201509/t20150924_221382.html。

面对市场化、全球化、多样化和灵活性等一系列复杂因素的影响,较难以应对纷繁复杂的劳动者问题。虽然存在问题,但三方机制的建立对建立信息沟通、推动集体谈判和劳动立法有着积极作用,问题的集中点在于如何从根本上解决工会和雇主协会的代表性问题,这在基层显得尤为突出。

党的十九大以后,劳动关系更加强调协商治理。现阶段劳动关系的矛盾是在根本利益一致的基础上具体利益差别的矛盾,能够在人民内部以合作、协商、协调、依法调处的方式解决。因此,劳动关系调整的全过程应当贯穿和谐劳动关系协商协调的理念和方式。以此为出发点,将三方机制建立成社会对话和协商的平台,使其发挥更大的作用。

四、劳动关系协调机制建设:雇主协会

促进雇主之间的协商与合作,加强劳动关系和人事管理方面的服务,参与社会和劳动立法,是雇主协会建立的主要目的。① 从组织结构上看,我国的雇主组织对应工会,全国的雇主协会联合会则对应于全国总工会,城市雇主协会联合会则类似于工会的城市中心机构。雇主协会正在成长为协调我国劳动关系的重要力量。

(一) 雇主协会的发展趋势

雇主组织最初伴随西方国家工业革命的兴起和产业工人力量的壮大而出现并发展起来。多数欧洲国家全国性雇主协会是在19世纪末20世纪初建立的。在最近几十年中,随着经济转型和全球化影响的加剧以及持续弱势的工会力量,雇主组织在世界范围内发生了巨大变化。尽管在不同国家和地区的表现有所不同,但雇主组织都面临很大的危机。同时,各国雇主组织正在努力采取多种策略以维持在协调劳动关系中的作用,并在此过程中有所变化和创新。

1. 雇主协会发展的影响因素

雇主组织作为劳动关系系统中的重要因素,其发展趋势受到西方国家的重视。通常来说,西方国家雇主组织的发展趋势存在经济上和制度上两大影响因素,即经济结构转型的加强和日渐式微的工会。

---

① Plowman, D. 1978, "Employer Associations: Challenges and Responses". *Journal of Industrial Relations*, 20 (3).

第一，经济结构转型的影响。在过去几十年间，全球经济结构发生了巨大而深刻的变化。最突出的表现是，自20世纪80年代以来，西方国家先后进入后工业社会，传统制造业大量消亡，而新兴服务业逐渐占据主体地位。一方面，传统制造业（如造船业、纺织业）的消亡导致雇主协会失去了大量潜在的会员企业。另一方面，新兴的服务业由于雇佣关系的短期化和灵活性，以及大量中小企业更难通过雇主协会联合起来。因此，紧随其后的是传统制造业中雇主协会的沉寂，而新兴服务业并未出现更多的雇主协会。在过去的40年间，英国服务业就业人口虽然增加了近60%，但服务业雇主协会从1976年的68%下降到2013—2014年的28%。[1] 此外，经济全球化增加了国际贸易的开放度，也因此减少了各国雇主协会对本国企业的吸引力。一项关于德国制造业雇主协会的研究指出，日益加剧的国际市场竞争使得大量中小公司很难存活下来。到了20世纪80年代后期，不少中小公司为了降低运营成本而选择离开雇主协会，采取公司层面的管理来协调劳动关系。[2]

第二，工会组织力量下降的影响。在西方绝大多数发达市场经济国家中，由于工会组织率下降，集体谈判的覆盖率以及影响力也大不如前。在美国、英国等市场经济体中，多雇主谈判的式微逐渐成为现实。在协调型市场经济体（coordinated market economy）中，尽管在很大程度上维系了多雇主谈判，但其作用范围大幅度下降。不仅如此，由于企业层面的灵活化程度不断增强，西方国家常见的国家级或产业级集体谈判转向了企业级集体谈判，展现出明显的去中心化（decentralization）特征。[3] 雇主协会出现的首要目标是代表和捍卫雇主利益，这是其成员企业之所以加入的最主要原因之一。鉴于此，集体谈判的去中心化势必带来雇主协会数量不断减少，雇主协会在集体谈判中的参与程度随之下降。而且，当集体谈判的层次下降到企业时，雇主协会的优势明显下降，因为企业同样可以从其他一

---

[1] Gooberman, L., Hauptmeier, M., & Heery, E. 2019, "The decline of employers'associations in the UK, 1976-2014". *Journal of Industrial Relations*, 61 (1).

[2] Silvia SJ and Schroeder W. 2007, "Why are German employers'associations declining? Arguments and evidence". *Comparative Political Studies*, 40 (1).

[3] 赵炜. 西方发达市场经济国家集体谈判机制的变化趋势 [J]. 中国党政干部论坛，2013 (5).

些商业组织或本公司内部的机构获得类似的企业服务。①

2. 雇主协会的变化和创新

尽管如此，雇主协会并未从劳动和雇佣关系领域撤退出来。相反，在经济结构转型和集体谈判机制变化的驱动下，雇主协会也在不断调整工作方式，活动领域变得愈加广泛，主要变化包括以下两个方面。

第一，雇主协会作为从政者的游说团体。自20世纪80年代以来，新自由主义经济思想盛行一时，雇主协会和工会被认为不应该过多"干预"自由市场的运行。因此，在西方发达市场经济国家，政府不断抑制雇主协会和工会在国家社会经济治理中的地位。相反，作为雇主的结社组织，雇主协会主要作为政策制定和三方机制的主体继续发挥作用。尤其是在历次经济和金融危机之中，政府通过与雇主协会、工会协作，尽可能降低危机所带来的社会经济后果。从一定程度上来说，雇主协会从社会立法与规范的重要参与者，逐渐转变为就劳动领域某个问题企图影响从政者的游说团体。

第二，雇主协会作为雇主服务产品的提供者。尽管雇主协会自成立之初就具备提供企业服务产品的功能，但直到近些年，人力资源管理服务才逐渐成为它们的主要业务方向。这是随着集体谈判的减少，为了在竞争日益激烈的市场中取胜，雇主协会不断进行组织转变和创新的结果。在丹麦，人力资源管理的相关服务大致可以分为12项，如招聘与配置、绩效管理、劳动关系管理等。② 在英国447家雇主协会中，只有少数还在从事集体谈判，绝大多数都在提供各式各样的人力资源与企业管理服务。以美国直接雇主协会为例，一项重要业务就是加强会员企业的雇主品牌建设，目前有800多家会员企业，其中绝大多数都是各行业巨头。其组织形式为会员企业推选董事会、董事会推选执行董事、执行董事负责日常管理，会员企业向协会交付一定的年费，由此确保协会的根本目标是服务会员企业。可以说，雇主服务产品日益成为雇主组织的主要任务，正是这些服务维持甚至加强

---

① Sheldon, P., Nacamulli, R., & Paoletti, F.. 2014, "Employer association responses to the effects of bargaining decentralization in Australia and Italy: seeking explanations from organizational theory". *British Journal of Industrial Relations*, 54 (1).

② Ibsen, C., Navrbjerg, S. 2019, "Adapting to survive: The case of Danish employers'organizations". *Human Resource Management Journal*, 29 (1).

了雇主协会对成员企业的黏合度。①

（二）对我国雇主协会的探索

我国雇主组织发展的历史较短，很多是由政府机构转化而来，也有由政府组织的雇主协会。这两种类型的雇主组织正在成为我国社会经济发展中的重要力量。有代表性的雇主组织及其发展趋势如下所述。

1. 中国企业联合会/中国企业家协会

1979 年，中国企业管理协会成立，其目的是加强对国内外企业管理问题的研究，交流推广先进企业的管理经验，这是我国改革开放之初成立的第一个全国性、经济类型的社会团体。1999 年，中国企业管理协会发起成立中国企业联合会，以适应我国经济发展和企业改革需求，从而实现了从管理协会向企业和企业家联合组织的转变。中国企业家协会的前身是 1984 年成立的中国厂长经理工作研究会，1988 年更名为中国企业家协会。中国企业联合会、中国企业家协会对外实行两个名称、一套办事机构，简称"中国企联"。

中国企联作为我国企业组织（雇主组织）的官方代表，2001 年与劳动和社会保障部、全国总工会共同建立国家级协调劳动关系的三方机制。2015 年 3 月中共中央、国务院印发的《关于构建和谐劳动关系的意见》中，明确了中国企联作为企业代表组织在构建和谐劳动关系中的地位和职责。②中国企联在履行雇主组织职责、构建和谐劳动关系方面作了积极探索。一是作为企业组织代表，参加国家协调劳动关系三方会议，参与劳动关系领域有关法律法规和政策文件的制定修订，维护企业和企业家的合法权益。截至 2021 年 4 月，国家协调劳动关系三方会议已成功举办了 25 次。二是加强对地方企联雇主工作的指导，为各地、各行业企联/企业家协会以及企业（雇主）提供三方机制建设和劳动关系协调的指导、培训、咨询等服务。

2. 中华全国工商业联合会

代表着私营企业利益的中华全国工商业联合会（以下简称"全国工商联"），于 2009 年被授权参与解决劳动关系问题，并在 2011 年正式加入国

---

① Sheldon, P., Della Torre, E., & Nacamulli, R. 2019, "When territory matters: Employer associations and changing collective goods strategies". *Human Resource Management Journal*, 29 (1).

② 朱宏任. 中国企联 40 年回顾与展望 [N]. 中国企业报, 2019-04-09.

家层面的三方机制,这被认为是雇主组织发展的一个重要转折点。全国工商联现在已形成覆盖全国的组织网络。2011年国家协调劳动关系三方会议第十六次会议调整了国家三方会议制度,调整后的国家三方会议除原有的人力资源和社会保障部、全国总工会、中国企联三个成员单位,新增加全国工商联,与中国企联共同作为企业组织代表。全国工商联正式加入国家三方会议,进一步加强了企业组织的代表性,是健全我国劳动关系三方协商机制的一项重要举措。

3. 地方商会和雇主联合会

近年来,地方上的一些雇主主动建立了他们的组织,并以组织身份参与到多雇主的集体谈判中。例如,在江苏省宜兴市,2002年陶瓷制造业的雇主们在产业工会之前建立了一个行业协会。2009年宜兴市总工会将产业工人代表们的代表大会组织起来,成立了一个新的产业工会,代表大会由来自市总工会和行业协会的代表共同出席。有雇主的参与这一点更像是对企业层面全体参与的职工代表大会制度的延伸。雇主参与到工人代表主体中这一做法得到了进一步发展,行业协会的秘书被任命为行业工会的一位副主席。2010年行业协会和行业工会在经历了多轮谈判之后,由产业集群的工人代表大会签署了一份行业性工资专项集体合同,其中确定了各工种的标准工资,也确定了包括男女工人同酬、本地工和农民工同酬原则在内的工资支付原则。

一些以地域为基础的行业性集体谈判则被用在产业集群的中小型本地企业上。2000年以后,地方商会和雇主联合会在市级及以下级别出现,为拓展多雇主谈判提供了基础。多雇主的集体谈判是当地企业家们为增进自己的利益,建立起了当地的行业协会。为抵制破坏性的低价竞争,保证产品质量,维护当地品牌的声誉,在当地小型私营企业之间早已形成一种自我调节的机制,而且这些行业协会将关注重点转移到劳动关系问题上。① 实际上是本土私营企业产业集群形成的商业社区推动了行业集体谈判的创新,由此将地区网络中的社会资本整合到了一起。

4. 大企业的引领作用

除了企联和工商联等有代表性的雇主组织外,我国和谐劳动关系建设

---

① Lee C H, Brown W, Wen X. 2014, "What Sort of Collective Bargaining Is Emerging in China?", *British Journal of Industrial Relations*, 54 (1).

还有一个特点就是大企业本身的引领作用。全国工商联 2007 年对民营企业劳动关系调查发现，大型民营企业普遍存在较为和谐稳定的劳动关系。近年来，雇主逐渐认识到雇主品牌与社会责任的意义，尤其是大型企业主动履行社会责任，参与"最佳雇主"评选，树立"最佳雇主品牌"。[①] 2002 年中华英才网作为中国第一家针对大学生就业群体展开雇主品牌调查的机构，树立"中国大学生最佳雇主品牌"，即企业在大学生劳动力群体中的品牌定位和企业形象，是企业在职业发展、工作环境、薪酬福利等方面的一种价值承诺。[②] 由此大型企业所表现出的企业社会责任和品牌建设对和谐劳动关系的贡献日渐显著。单个大型企业在三方协商方面的作用很大，有时甚至连企业组织可能都没有它的作用大。

（三）雇主协会面临的问题及其对策

有效雇主组织是集体谈判发展的前提条件，而雇主协会也是影响集体谈判结构和谈判成果的重要因素。从各国经验来看，往往是在雇主组织不够健全，或在国家和地区层面地位不稳定时，更趋向于采取排斥工会的做法，无法有效推行集体谈判。例如，匈牙利、捷克等东欧国家无法有效推行行业集体协商，其主要原因是雇主组织不够健全，而非工会力量不足。在国家和行业层面建立强大和有凝聚力的雇主协会，来推动产业平稳、推动行业发展和平衡劳动关系，对于劳动关系体系的塑造和发展非常重要。随着我国进一步融入国际市场，国际产业链调整后我国产业需要重新定位，建设强大、统一、专业和具有代表性的雇主组织已经刻不容缓，这是我国构建和谐劳动关系中不可或缺的环节。

在我国，无论是何种类型的雇主组织，它们都处于发展初期，由于市场培育条件的不成熟与自身建设的缺陷，影响了其作用的发挥。雇主组织存在的主要问题是缺乏代表性、权威性、独立性、中介性。缺乏代表性表现在，雇主组织尚未被广大企业所认同，再加上一些地方雇主组织分散化，没有形成统一的协调机构。缺乏权威性体现为，由政府出面组建的雇主组织虽然有一定的"权威性"，但这种"权威性"有时不一定符合雇主的利

[①] 全国工商联. 创新劳动关系协调机制构建和谐稳定的民营企业劳动关系——关于民营企业劳动关系问题的调研报告 [R]. 2007.

[②] 李敏. 改革开放四十年之市场经济与劳动关系中的雇主研究 [J]. 中国人力资源开发, 2018 (10).

益，而自发成立的雇主组织还需要很长一段时间来建立权威。缺乏独立性是指，有政府背景的雇主组织由于思维与作风没有有效调整，依赖性强，常常被指责为有过多政府的影子。缺乏中介性的表现是，大多数雇主组织与企业、市场的联系程度不够。①

解决这些问题的方法：一是雇主组织要对内加强组织建设，不断提升与政府、市场、行业、企业的沟通与服务水平；二是雇主组织要对外加强与国际市场的对接，向国外的雇主组织学习，在国际经济交往中更好地发挥雇主组织的作用；三是为雇主组织的发展创造良好的外部环境，包括法规、政策的完善以及对于雇主组织独立性的肯定。

五、构建和谐劳动关系协调机制的政策建议

我国劳动关系主体的多元化趋势明显、复杂化程度增高，新业态经济快速发展，导致企业劳动组织形态、企业用工管理方式等涉及劳动关系机制建设的多个因素发生了深刻变化。以快速发展的互联网为例，其带来的企业用工时间碎片化、工作场所虚拟化、职工结构多样化以及平台雇佣等，都直接冲击着传统的劳动关系模式。党的十八大以来，党和政府将构建和谐劳动关系摆在更加突出的位置。构建和谐劳动关系机制，应该以当前经济背景和政治框架为出发点，以健全党委领导、政府负责、社会协同、企业和职工参与、法治保障的工作体制为基本定位。坚持党对劳动关系领域的领导，借助逐渐完善的劳动立法和自上而下的强有力推进，是构建和谐劳动关系的基本保障。充分重视企业和职工参与，增强基层活力，才有可能将自上而下的架构落到实处。充分发挥社会协同的作用，全方位改革社会组织在构建和谐劳动关系中的作用。将和谐劳动关系问题置于我国改革开放的大背景下，辩证地理解和谐劳动关系和社会现实的关系。

（一）坚持党对劳动关系大政方针的领导

近年来，党全面加强了对劳动关系机制建设的领导。不同于以往的原则性指导，党的文件多次对构建和谐劳动关系机制提出了具体目标。进入21世纪以来，党转变了单纯以经济发展为主的政策，转向和谐社会建设。构建和谐劳动关系，被提高到创新社会治理的战略高度。与改革开放初期

---

① 刘燕斌. 国外集体谈判机制研究［M］. 北京：中国劳动社会保障出版社，2012.

经济发展与劳动权益维护可能出现的矛盾状况不同，构建和谐劳动关系成为和谐社会稳定发展的重要保障。由此，党高度关注劳动问题并成为构建和谐劳动关系的主导力量，因此也形成了很强的中国特色。

在构建和谐劳动关系机制方面，党的领导体现在对方向的把握上。由于党和政府的高度统一，加之它们的作用是承担整个劳动关系管理。如何管理及在何种程度上进行管理就变得非常重要。实际上，党的作用更主要体现在对劳动关系走向的总体把握上。具体的构建方式，应在劳动法的框架下由劳动关系双方共同完善。党的职责应该限定在对原则和方向的把控上，推动劳动关系双方之间通过协商合理解决问题，而非直接干预。因此，明确角色并厘清边界非常重要。

（二）发挥市场经济背景下政府的职能并差别化处理劳动争议

在市场经济条件下，政府在协调劳动关系方面占有重要地位。在我国，政府的作用就更加突出。政府是市场经济的推进者，这就要求政府承担多重职责。为推动经济发展，政府一方面要在经济方面维护资本方的利益，另一方面要维持社会和企业内部稳定。除此之外，作为社会主义国家的政府，还要保障职工的基本权益。在劳动关系方面，政府的职责体现在加强劳动立法、处理劳动争议、推进集体协商和三方机制等多个方面。在多方职责下，政府首先要承担其职责，同时明确其职责边界，差别化处理劳动争议问题。

首先，制定相关法律法规并及时适应新时代的变化。《劳动法》和《劳动合同法》等劳动法律以及《就业促进法》和《社会保险法》的颁布和实施，对保护劳动者权益和维持企业稳定发展都起到了很好的作用，并基本建立了较为完整的劳动法律体系。政府干预的另外一种重要形式是通过社会保险来保障劳动者的基本生活需求。近年来，社会保障制度得到较快发展，2010年10月《社会保险法》出台，标志着我国社会保险从试验性阶段进入到规范发展的新阶段。

在立法方面的问题是，随着技术的进步出现了一些原来立法中没有包括的内容。例如，对新业态经济，应尽快制定涉及新业态劳动者利益的法律法规政策，统筹处理好促进新业态发展和维护劳动者基本权益的关系，在支持新业态发展的同时解决好劳动者权益保障问题。

其次，加强执法，让劳动法律落到实处。目前引起劳动关系不稳定的几类重要诱因，如拖欠工资、延长工时、缺乏社会保障等，基本都是法律得不到完全实施造成的。对地方政府来说，加强执法的核心之一是处理好经济发展、社会稳定和劳动者权益之间的关系。作为在多个方面同时扮演重要角色的政府来说，要平衡多方面关系。另外，在解决劳动争议的具体问题上需要厘清界限，以往一些集体争议案件中，出现地方政府职责边界不清、原则和具体问题一起处理的问题，造成了治理不利。

在市场经济发展过程中，政府对劳动立法相当关注。20世纪90年代以后，我国就基本建成符合市场经济规律的劳动法律体系。这对于劳动者利益有基本保护作用，在出现劳动争议时也有法可依。但对集体性的劳动争议，至今没有明确的法律加以规制，这就要求政府特别是地方政府在遇到不同类型的劳动关系矛盾和冲突后，要有针对性地处理和解决问题，因此，治理创新变得十分重要。

再次，理性分析劳动争议和"和谐稳定"的关系，差别化处理劳动争议问题。上述立法机制的建立和执法手段都是为了缓解劳动关系矛盾、减少劳动争议特别是集体劳动争议，以保证和谐劳动关系。

研究新形势下劳动争议的特点，防止争议扩大化，是当前政府在协调劳动关系时的重要举措。随着劳动关系、劳动力市场结构变化，一些劳动争议已出现了新的特点。第一，互联网从业人员劳动争议内容和互联网信息扩散的方式都与以往有所不同。以"996"工作时间为例，尽管没有形成具体的劳动争议事件，但其在短时间内迅速形成社会热点。第二，大量非正规就业劳动者集中在城市服务业，如快递员、出租车司机和家政服务员等，与社会大众日常生活联系非常密切且组织化程度较低，一旦出现问题，很容易影响民众生活，造成较大社会影响。这就更要求在政府主导下探索新型协商机制，并在传统预警机制中加入互联网思维，更多地通过合作而非冲突的方式解决劳动关系矛盾。

最后，将构建和谐劳动关系机制作为社会治理创新的一个重要内容。在人力资源和社会保障部门的主导下，我国已经在多地建设了不同类型的和谐劳动关系试验区。综合试验区在劳动关系预警预测机制、劳动关系治理体系和构建和谐劳动关系的工作方式方法等方面进行了积极探索和创新，在创新中国特色和谐劳动关系工作体制机制和方式方法等方面取得了阶段性成效。但也要认识到，在各地制度实施过程中，出现了一定的形式主义。有的地区按照套用的方案模板实施，并未起到真正的"试验"作用。另外，在推进基层民主方面,尚未形成值得推广的模式。

(三) 建立社会协同机制是构建和谐劳动关系的重要组成部分

党的十八大报告提出,要围绕构建中国特色社会主义管理体系,加快形成党委领导、政府负责、社会协同、公众参与、法治保障的社会管理体制。作为社会治理体制建设的组成部分,建立社会协同机制非常重要。社会协同包括多个方面,其中之一就是要探索构建社会化维权格局。

进入 21 世纪后,工会开始探索建立社会化的维权格局,参与社会管理创新,以更好地维护职工权益,构建和谐劳动关系。2005 年,全国总工会对工会维权提出新的构想,强调工会维权不能由工会一家独揽,而是要形成党委领导、政府重视、各方支持、工会运作、职工参与的社会化维权格局。2008 年,北京市提出建立"枢纽型"社会组织工作体系的意见,得到北京市总工会的响应,很快建立了工会三级服务中心。后发展到其他省份,类似的服务体系在很多省市建立。工会参与社会管理创新,是响应党的要求,顺应社会结构变迁趋势和职工多元利益诉求的必然结果。[①] 在工会改革中,全国总工会顺势而为,成立社会联络部,专门负责工会社会联络工作,并在 2016 年印发《关于推进工会联系引导劳动关系领域社会组织工作的意见》,2019 年,全国总工会印发《关于工会购买社会组织服务的意见》。

党的十八大、十九大和二十大报告为形成社会协同机制提供了理论保障,全国总工会和相关社会组织近年来也做了有益探索。但必须看到,真正建立社会协同机制,从顶层设计到基层参与,都还需要创新思维和理论突破。

(四) 加强企业和职工的参与,重在理论突破和实践创新

在我国现有的政治框架中,应该正确认识构建和谐劳动关系机制中自上而下的推进方式。事实证明,在党和政府强的有力推动下,尽管存在走过场、缺乏实效等问题,但集体合同制度、三方机制,以及以厂务公开为代表的企业民主制度在近年来得到推广并迅速普及。其速度之快、覆盖面增长之快是罕见的。如何让这些得到推广的机制真正发挥作用,加强企业和职工的参与必不可少。

---

① 赵炜. 劳动关系结构变化和工会策略的选择 [J]. 社会治理,2015 (2).

关于企业和职工参与的问题，不仅涉及操作层面，而且涉及理论层面的突破。职工参与历来是劳动关系体系中的重要内容。从构建和谐劳动关系机制的角度，企业和职工的参与实际上也是通过基层活动以期改变过于一统的治理体制。《关于构建和谐劳动关系的意见》提出加强企业民主管理制度建设。我国劳动者民主基本上都是以企业民主管理为主要方式的，职工代表大会制度是企业实行民主管理的基本形式，职工代表大会是职工行使民主权利的专门机构，同时也有厂务公开、员工持股等多种形式。加强企业和职工参与，工会应发挥积极作用。这不仅是社会主义民主制度的组成部分，而且是和谐劳动关系建设的基础。工会只有将职工有效组织起来，才能减少盲目或激烈的争议行为。

加强企业和职工参与，在和谐劳动关系机制建设中历来占有重要地位，同时也是长时间内没有得到很好解决的问题。全国建立职工代表大会制度的企事业单位数量巨大、覆盖职工人数众多，但这不意味着职工民主参与落到实处。在技术变革的背景下，新技术带来的新型管理体制以及随之而来的组织结构和雇佣方式多样化，都给原本基础就不是很好的职工民主管理制度带来更多新的问题。

通过劳动关系双方协商实现和谐劳动关系的重要性，不亚于直接的国家干预。从目前情况看，有几个相互关联的问题需要在理论和实践上加以突破。一是行业性区域性集体合同制度如何进一步推进？在这方面已经有一些成功的经验但没有得到有效推广，这不是集体合同本身的问题，而是由于行业工会和行业性雇主协会组织没有很好发展所导致的。二是目前大多数集体合同是企业级合同，并且几乎覆盖全体职工。而大企业的职工异质性很高，如何让一个合同真正有效保护结构差异很大的职工的权益？三是越来越多的小微企业没有组织工会，在这样的企业中如何进行协商，是否可以探寻新的参与途径？

首先，对于以上的问题，要在劳动关系方面有理论突破。现在的民主管理理论和实践基本都是在计划经济时期建立的，在市场经济背景下一直没有根本性的理论突破。而且，民主管理的理论发展远落后于现代管理科学的进步，这是导致民主管理制度流于形式的重要因素之一。在新技术发展的背景下，特别是机器换人、人工算法的大规模使用，职工如何参与和怎样参与，这个问题不是单个企业或地区能够解决的。

其次，充分发挥企业和职工的积极性，激发基层活力。广泛的民主参与和良好的协商机制是劳动关系双方合作的基础。长期以来，基层民主参与都是依赖于工会实现的，但目前很多小型企业没有工会组织。除了考虑上级工会的作用外，探索职工代表等方式代表职工利益也是必要的。在实践中，一些地区开展的"民主恳谈会"就是很好的方式。职工民主恳谈会作为企业民主管理的有效形式，在企业民主管理中发挥的作用日益彰显，依法有序地开展企业经营者和职工群众之间的对话，促进企业健康发展，为完善企业民主管理途径、开创企业民主管理工作新局面奠定了坚实基础。

（五）关注新技术和新管理模式的影响

技术和管理模式的变化，对劳动关系格局有着重要影响。第二次世界大战以前，资方和工人之间关于劳动报酬的议价发生在车间里，但在20世纪70年代已经转移到以工厂为基础的工作组织。在薪酬体系变化后，劳资之间的直接冲突已经减轻，个体主义在明显增加。① 新业态经济打破了工业化时代的时空限制，劳动关系呈现更加社会化的特征。社会协同不仅是和谐劳动关系的必然要求，也是和谐社会的必然要求。从政府角度看，应合理界定新业态劳动用工的不同类型，分类进行规范和引导。如对适用现行劳动保障法律法规的劳动用工，应当依法予以规范；对难以直接适用现行劳动保障法律法规的新型劳动用工，通过新的政策办法加以规范。政府有关部门要完善新业态企业及工会、行业协会等多方参与的协同治理机制，坚持协同治理。

从工会和雇主协会角度看，应尽快适应新业态经济的组织结构和劳动者结构的变化，通过新的组织和活动方式吸引会员并尽可能保障他们的权益。要进一步发挥工会作用，拓宽入会渠道，简化入会程序，实现网上入会审批，探索以个人身份入会的途径方法，加强对新业态劳动者的维权服务。雇主协会应鼓励企业履行社会责任，加强对劳动者的人文关怀，建立企业与职工的命运共同体。在新技术和新管理体制下，工会面临着难以干预生产过程的问题。在新业态经济下，这个问题更加突出。我国新业态经济发展速度快、吸纳劳动者人数众多，如何保障新业态劳动者的权益是亟待解决的问题。在传统工会和雇主协会难以全面吸收非正规就业者的前提

---

① 迈克尔·布若威. 制造同意——垄断资本主义过程的变迁 [M]. 李荣荣, 译. 北京：商务印书馆，2008.

下，与多种类型的社会组织合作非常重要。工会应真正成为与劳动关系相关社会组织的引导者，充分发挥社会组织的优势，以改善传统工会的弊端。

（六）辩证地理解和谐劳动关系和社会稳定的关系

中共中央、国务院印发的《关于构建和谐劳动关系的意见》对我国劳动关系现状进行了评价：总体保持了全国劳动关系和谐稳定，但劳动关系矛盾已进入凸显期和多发期。这种矛盾的凸显与多发尤其体现在"劳动争议案件居高不下，有的地方拖欠农民工工资等损害职工利益的现象仍较突出，集体停工和群体性事件时有发生"。构建和谐劳动关系，并不意味着否认矛盾，而是要通过有效机制的建立，尽可能地减少矛盾和争议。

必须认识到，劳动关系的和谐是相对的，而非不能发生任何形式的矛盾、冲突和争议。构建和谐劳动关系机制，是希望通过成本最低且有效的方式化解潜在冲突。目前，我国建立了以党为领导核心、政府以立法调整为主导的干预机制，形成了劳动关系双方沟通协商机制和劳动争议处理机制，具有显著的中国特色。目前已经建成的机制在处理个别劳动关系方面相对完善，在处理集体劳动争议特别是职工集体行动方面的政策机制和相关立法尚不完备。有的地方政府采用了以高压管制或出警维稳为特点的治理方式，这种高压管制的方式如果单纯地以维稳为前提，则很难从根本上解决劳动关系自身的矛盾。一定数量的集体劳动争议，劳动关系双方在法律规定范围内的博弈行为，不应该和社会稳定直接画等号。

第三章
新时期加快构建农民工和谐劳动关系

新时期构建农民工和谐劳动关系，要考虑到我国经济社会发展的大背景，同时也要把握农民工自身及其群体结构特点。当前，中国特色社会主义进入新时代，社会主要矛盾已经转化为人民日益增长的美好生活需要和不平衡不充分的发展之间的矛盾，正处在迈向高质量发展的新阶段，不仅包括经济发展的高质量，而且包括社会发展的高质量。本章着重针对农民工群体的特殊性，分析新经济、新业态快速发展对农民工劳动关系产生的影响，提出构建农民工和谐劳动关系的核心是实现农民工市民化。政策上需要构建以平等为核心的战略保障体系，完善政府、工会和企业共同参与的农民工劳动关系协商协调机制，建立农民工工资支付长效机制，实现基本公共服务待遇均等化，完善新经济下劳动关系的政策规制。

一、农民工劳动关系概述

（一）农民工劳动关系的特殊性

劳动关系被称为劳工关系、劳资关系、雇佣关系等，是管理者与劳动者个人及团体之间合作、冲突、力量和权利关系的总和。[①] 常凯认为，劳动关系是指劳动者与劳动力使用者以及相关组织为实现劳动过程所构成的社会经济关系。[②] 王裕明、吴国庆等认为劳动关系是劳动者从用人单位领取劳

---

① 程延园. 劳动关系［M］. 北京：中国人民大学出版社，2011.
② 常凯. 劳动关系学［M］. 北京：中国劳动社会保障出版社，2005.

动报酬和受劳动保护所产生的一种法律关系。① 劳动关系，也指用人单位招用劳动者为其成员，劳动者在用人单位的管理下提供有报酬劳动而产生的权利义务关系。② 中国特色社会主义市场经济下的农民工劳动关系，其实质是经济关系，派生延伸的是社会关系和法律关系，由于其自身及群体结构特点，农民工群体在劳动关系方面与其他群体既有相同之处，也有一定的差别。

1. 数量及规模程度决定了农民工是我国劳动力的主体成分

改革开放以来，农民工规模逐渐扩大、增速较快。根据劳动部与国家统计局联合调查数据，1988 年农村转移劳动力约 9 500 万人，占当年第二、第三产业就业人口的 43%，其中，5 415 万人在城镇就业，占当年城镇就业人口的 26.2%。2008 年年底，国家统计局建立了农民工统计监测调查制度，发现 2019 年农民工总量 29 077 万人，占第二、第三产业就业人口的 49.9%，占城镇就业人口的 65.7%。③ 2013—2019 年全国农民工总量如图 3-1 所示。

根据《中国劳动统计年鉴》调查统计，2016 年共发生劳动争议案件 828 410 件，其中，由于劳动报酬引发的争议案件为 345 685 件，由于社会保险引发的争议案件为 145 671 件，由于解除、终止劳动合同引发的争议案件为 188 642 件，这三种原因引发的劳动争议案件数占总体案件数的 82%。关于农民工劳动争议尚没有公开数据，而拖欠农民工工资、签订劳动合同是争议主要发生的领域。

2. 劳动报酬与基本权益保障是农民工和谐劳动关系的重点

依法保障职工基本权益是中共中央、国务院《关于构建和谐劳动关系的意见》中重点提出的内容，农民工进城是为了提高收入，进城务工的前提就是基本权益能够得到保障。从农民工劳动报酬来看，2019 年农民工月平均收入为 3 962 元④，而城镇职工月平均收入为 7 542 元，农民工月平均

---

① 王裕明，吴国庆，等. 劳动关系与争议处理：政策与实务 [M]. 北京：北京大学出版社，2008.
② 《劳动合同法实施条例》（草案）第三条，https://zhuanlan.zhihu.com/p/323316669.
③ 国家统计局. 2019 年农民工监测调查报告，http://www.stats.gov.cn/tjsj/zxfb/202004/t20200430_1742724.html.
④ 人力资源和社会保障. 2019 年度人力资源和社会保障事业发展统计公报，http://www.mohrss.gov.cn/gkml/ghtj/tj/ndtj/202009/t20200911_385449.html.

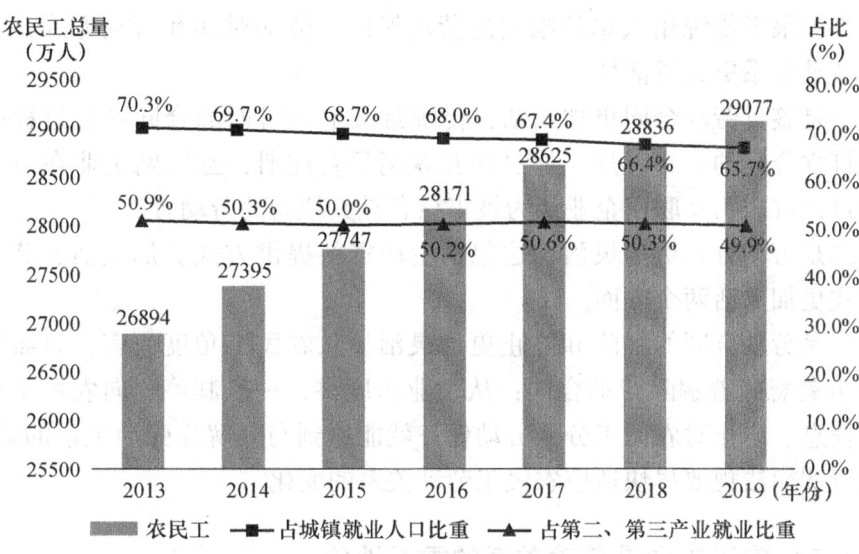

图 3-1 2013—2019 年全国农民工总量

数据来源：根据 2013—2019 年国家统计局《农民工监测调查报告》整理所得。

收入仅为城镇职工的 52.5%；拖欠农民工工资情况依然存在，2016 年被拖欠工资的农民工人数为 236.9 万人，被拖欠工资的农民工比重为 0.84%。[①] 从农民工休息休假权利来看，2016 年日从业时间超过 8 小时的农民工占 64.4%，周从业时间超过 44 小时的农民工占 78.4%[②]，在劳动密集型企业、私营企业和个体户打工的农民工工作时间更长，同时因超时工作而造成绩效下降、工作失误甚至伤残事故的案件屡见不鲜。从农民工获得职业培训权利来看，2017 年接受过农业或非农职业技能培训的农民工占 32.9%，其中，接受非农职业技能培训的占 30.6%，比上年下降 0.1 个百分点。

3. 就业行业与方式的变化使得农民工的劳动关系更具灵活性

从就业行业看，从事第二产业的农民工比重持续下降，而从事第三产业的农民工比重则不断上升。从事第二产业的农民工占比从 2013 年的 56.8%，下降到 2019 年的 48.6%；从事第三产业的农民工占比在 2019 年达到 51%。在行业内部，制造业和建筑业的农民工比重下降明显。同时，在新经济、新业态的推动下，农民工就业的边界和范围不断延伸，工作场所任意化、工作时间碎片化、雇佣模式多样化，催生了新的职业领域，农民

---

①② 国家统计局. 2016 年农民工监测调查报告，http://www.stats.gov.cn/tjsj/zxfb/201704/t20170428_1489334.html.

工不再局限于传统用人单位限定的劳动场所、劳动时间和劳动方式，农民工的劳动关系更具灵活性。

一是签订劳动合同更加灵活，传统意义上面对面的合同签订过程已经不是订立合同的必经程序，通过在互联网平台注册，互联网企业在后台审核通过，就表明互联网企业认为被审核者是其拟聘的劳动者。

二是劳动方式更加灵活，这包括生产资料提供方式更加灵活、劳动提供方式更加灵活两个方面。

三是劳动合同的解除和终止更加灵活。从农民工角度而言，只需要卸载 App 就意味着解除劳动合同；从企业角度讲，一旦其停止向农民工输送工作信息、终止对农民工分派劳动任务就能达到与其解除劳动关系的效果，故现行法律法规要尽快适应农民工劳动关系的变化。

（二）农民工和谐劳动关系的重要地位

农民工和谐劳动关系涉及民生保障和改善，是建设中国特色社会主义和谐社会的重要基础；关系到亿万农民收入的增加与提升，是经济由高速增长转向高质量发展的重要保证；关系到农民工最关心、最直接的利益问题，是解决劳动关系领域突出问题的迫切需要；关系到亿万农村人口进城，是实现城乡融合发展的基本任务；关系到社会发展稳定和社会主义现代化进程，是巩固党的执政地位的必然要求。

一是建设中国特色社会主义和谐社会的重要基础。当前，农民工就业人数和规模不断扩大，已成为我国劳工群体的主体成分，农民工劳动关系是否和谐事关整个社会发展的和谐与否。当前农民工劳动关系存在着主体间不平衡、制度供给和协调机制发展不充分的问题。加强农民工和谐劳动关系建设，保障农民工群体进城务工的各项权益，是推动和谐劳动关系健康发展和建设中国特色社会主义和谐社会的重要基础。

二是实现经济高质量发展的重要保证。当前我国正处在经济转型升级的新阶段，劳动关系作为重要的生产关系，在经济活动中处于核心地位。面对高质量发展的新要求，需要处理好结构调整、转型升级中企业与农民工的利益关系，解决好农民工在进城务工中的利益诉求，实现农民工主体、机会、结果三方面平等，让农民工进城务工无后顾之忧，这样才能调动农民工积极性、主动性和创造性，为企业创新发展提供不竭动力，促进经济高质量发展。

三是解决劳动关系领域突出问题的迫切需要。我国正处于经济社会转型时期，劳动关系的主体及其利益诉求越来越多元化。构建农民工和谐劳动关系，就是要把握农民工自身及群体特点，解决他们最为关心、最为直接的收入水平、公共服务、社会保障等利益问题。同时，还要充分关注新生代农民工对于学习培训、职业发展空间等方面的需求，激发农民工群体的积极性和创造性，促进社会和谐稳定。

四是构建农民工和谐劳动关系是实现城乡融合发展的基本任务。改革开放以来，随着城乡劳动力流动限制逐渐被放开，农民工进城务工成为一种趋势。但是，城乡二元症结依然存在，全国统一的劳动力市场尚未完全形成。统筹处理好农民工权益与企业发展之间的关系，充分调动双方主体的积极性，推动双方协商共事、机制共建，让农民工愿意来城市，为工业发展提供人力资源基础，这对于改变城乡资源配置、缩小城乡差距、实现城乡融合发展具有重要意义。

（三）农民工和谐劳动关系面临的新要求、新挑战

党的十八大以来，全国劳动关系总体保持了和谐稳定，农民工收入水平、权益保障都取得了明显成就。进入改革发展新阶段，社会治理水平、就业方式、信息技术发展、国际环境变化对我国加强农民工和谐劳动关系建设提出了新要求和新挑战。

一是改革发展新阶段对农民工和谐劳动关系提出更高要求。当前我国正处在转变发展方式、优化经济结构、转换增长动力的关键时期，对加强农民工和谐劳动关系提出了更高要求。新时期农民工利益诉求越来越多元化，对基本公共服务均等化诉求逐渐提升，维权法制化要求不断提高，劳动关系更加灵活。如何加强农民工和谐劳动关系建设，成为预防和化解社会矛盾的关键。

二是社会治理水平不高对农民工和谐劳动关系提出更多挑战。随着城镇化进程加快，农民工已经成为城镇地区劳动力市场数量最大的主力军，农民工市民化已成为当前的重要趋势。2019年农民工总量约为2.9亿人，占城镇就业人口的65.7%，其中外出农民工为1.74亿人。[①] 现阶段，存在

---

① 国家统计局. 2019年农民工监测调查报告，http://www.stats.gov.cn/tjsj/zxfb./202004/t20200430_1742724.html.

城市社会管理与农民工难以融入城市的问题，深刻影响着我国农民工劳动关系，影响着社会的稳定与高效发展。这就要求加强社会治理水平，加快农民工在经济层面、社会层面、政治层面和心理层面的融入。

三是就业方式变化要求创新农民工劳动关系治理模式。新经济、新业态的快速发展，极大地改变了农民工的就业方式，就业的边界和范围也不断延伸，就业方式更加灵活。同时，随着新经济、新业态的快速发展，工作契约虚拟化、订立与解除合同简单化、工资支付模式单次化的现象明显增加，用人单位用工管理也逐渐扁平化，用人单位与劳动者之间层级较少，这对劳动法保护以及劳动关系双方协商制度提出更大的挑战。这需要创新农民工劳动关系的治理模式，完善法律法规以适应新经济下农民工劳动关系的新变化，构建规范有序、公正合理、互利共赢、和谐稳定的农民工新型劳动关系。

四是信息技术发展需要加强农民工劳动关系治理创新和提升适应能力。信息技术的突飞猛进既制造了机遇，又带来了挑战。社交媒体、电子商务、信息消费、共享经济等新模式快速普及，无一不冲击着传统的公众参与、合作协商、行为约束、信用监管和矛盾协调模式。例如，自媒体时代的到来使得互联网信息传播更加私人化、平民化、自主化和灵敏化，个别的、局部的劳动争议事件可能被迅速传播、扩大、变异与升级，这给加强和谐劳动关系建设提出了新挑战。这就要求持续加强农民工劳动关系治理创新和提升适应能力，以适应信息技术发展的趋势。

五是农民工和谐劳动关系面临着更加不稳定的外部环境。世界已经进入深度全球化时代，中国的改革、发展和稳定日益受到国际经济、政治形势的影响。当前，世界经济持续低迷，一些发达国家"反全球化"逆流汹涌，贸易保护主义强化，全球贸易持续低迷，给中国经济带来严峻挑战，也给中国劳动关系带来了挑战。一方面表现在外资企业在我国引发的农民工劳动关系冲突，另一方面表现在我国"一带一路"投资建设的开展，以及到海外务工的农民工劳动关系冲突问题。新冠肺炎疫情影响以及国际经贸关系的复杂变化，使我国企业在外投资面临安全、环保、用工等方面的风险。这都考验着我国农民工劳动关系建设的应对能力，需要加强劳动关系法律法规体系的建设，以应对更不稳定的外部环境。

二、农民工劳动关系发展的历史阶段

农民工是我国经济社会转型过程中所形成的一个特殊群体,一方面由于城乡户籍制度放松为农村富余劳动力流动创造了环境,以及家庭联产承包责任制让农民获得了自己自由支配的权利;另一方面则是我国城市化水平不断提高,城市第二、第三产业不断发展,需要大量的富余劳动力。与此同时,城镇更多的高收入机会、优越的医疗和教育资源成为农民工来到城镇的内在动力。改革开放以来,我国农民工劳动关系伴随着经济制度改革,经历了曲折的历史变迁过程。以下主要回顾我国农民工劳动关系的发展历程,阐释我国农民工劳动关系的阶段性特征,总结我国农民工劳动关系发展的历史经验。

(一) 1978—1991 年:农民工劳动关系建立初期

1978 年党的十一届三中全会胜利召开,家庭承包责任制在农村普遍推行,农村劳动力富余的情况逐渐突显出来。同时,随着人民公社制度解体、乡镇企业登上历史舞台,国家开始对户籍制度作出调整,放宽农民进城务工、经商的政策限制。20 世纪 80 年代初,农村劳动力流动已经开始显现,不过规模很小、范围也较小。进入 20 世纪 80 年代后期,中国经济快速发展,农村劳动力流动也逐渐加快。这主要有两方面原因:一是乡镇企业快速发展,大量农村富余劳动力被吸纳进去,大部分是本地农村劳动力,跨省农村劳动力流动比较少。二是中国经济的发展中心转向了城市,城市体制机制改革步伐加快,特别是城市第三产业对外来农村劳动力政策的放宽,为农村劳动力进入城市创造了新空间。①

这一时期农民工劳动关系的特征表现在以下几个方面:一是劳动关系主体渐趋明晰。企业逐渐开始拥有用工权,农民工获得了职业和就业支配权力。二是劳动关系确立契约化。劳动合同制度的实施,使劳资双方关系通过签订劳动合同来实现。三是劳动关系冲突开始萌芽。1986 年国务院颁布了《国营企业实行劳动合同制暂行规定》,企业招工范围扩大,农民轮换工和合同工在纺织、建筑等行业出现。由于户籍制度没有根本改革、各种

---

① 刘铭秋. 改革开放以来农民工的城市权利:演进逻辑与未来进路 [J]. 中共福建省委党校学报,2019 (3).

社会保障制度尚未建立和完善，农民工就业的稳定性不能保障，且无法与城镇居民享有同等的社会福利，劳动关系冲突开始显现。四是市场经济条件下劳动关系雏形开始形成。一方面劳动关系从计划经济体制下的单一走向了双重，即以资本国有为主体的劳动关系和以资本私有为主体的劳动关系并存；另一方面传统的劳动用工制度、分配制度逐渐被打破，劳动关系中企业法人、劳动者两个主体开始出现，形成了我国市场经济条件下的劳动关系雏形。

(二) 1992—2002 年：农民工劳动关系问题逐渐显现

1992 年党的十四大确定了社会主义市场经济体制的改革目标，我国进入从计划经济向社会主义市场经济转型时期。政府对农村劳动力转移逐渐放宽，从限制为主转向规范管理，全面放开了县级以下的城镇户口，户籍登记制度得到完善，这对于农村劳动力流动有很大促进作用。同时，随着经济快速发展，农村劳动力在本地区转移转向跨区域转移，跨区域外出务工的规模迅速扩大，农村劳动力大规模转移成为不可逆之势。同时，乡镇企业尤其是沿海地区乡镇企业进入高速发展时期，各种开发区建设出现热潮，这对廉价的农村劳动力具有强烈需求，中国农村劳动力流动进入一个快速增长期。

由于城市承载力有限，庞大的农村富余劳动力使得城市超负荷运转，也带来了一定的社会问题，同时，农民工也面临着经济收入少、劳保福利缺乏、居住环境差等问题①，农民工劳动关系的问题逐渐显现，主要集中在工资拖欠、超时工作、同工不同酬等方面。如 1994 年乳源瑶族自治县引外资改建国道，工程完工后承建商没有及时兑现农民工工资，劳动争议进入诉讼程序，直到 2000 年媒体曝光后，才引起了各方重视。农民工在户籍制度和保险、失业保护、子女教育等方面都无法与城镇人口相比，这一阶段农民工社会保障几乎空白，而且在城镇中受到歧视和不公正待遇比较普遍。同工不同酬等问题，引发了农民工与用人单位的摩擦，也引起了农民工对城市的不满。②

---

① 蔡禾, 李超海, 冯建华. 利益受损农民工的利益抗争行为研究——基于珠三角企业的调查 [J]. 社会学研究, 2009 (1).
② 朱力. 群体性偏见与歧视——农民工与市民的摩擦性互动 [J]. 江海学刊, 2001 (6).

(三) 2003—2012 年：农民工劳动关系开始走向规范

随着社会主义市场经济体系的不断完善，原先劳动力无限供给的特征逐渐减弱，政府对于农村劳动力转移进行了新的调整：由限制性的管理变为保障农民工合法权益，为农民进城务工经商创造良好环境。农民工在开始意识到自身价值的同时，也对自身权益有了较为合理的认识[1]，开始争取自身的合法权益。2004 年 9 月党的十六届四中全会召开，第一次明确提出"构建社会主义和谐社会"的战略任务，强调把发展和谐劳动关系作为构建和谐社会的重要内容。2006 年 10 月，党的十六届六中全会进一步提出了社会和谐是中国特色社会主义本质属性的重要论断，农民工劳动关系开始走向规范发展。

这一时期农民工劳动关系的特征主要表现在以下几个方面：一是农民工劳动关系市场化。由原先利益一体化的劳动关系变为企业和劳动者构成的雇佣劳动关系，由政府行政调节手段转变为企业市场机制调节手段。二是劳动关系法制化。2007 年被称为劳动保障的立法年，《劳动合同法》《就业促进法》《劳动争议调解仲裁法》相继颁布，2008 年开始施行，农民工劳动者身份被合法化，并明确了农民工劳动法律关系的主体地位。这对于实现公平与正义、促进农民工劳动关系和谐具有积极作用。三是农民工劳动关系趋于全球化。农民工劳动关系的主体结构、劳动标准、调整方式等逐渐受到国际经贸规则和国际劳工标准的影响和制约。

(四) 2013 年至今：逐步构建农民工和谐劳动关系

党的十八大以来，和谐劳动关系受到党和国家的高度重视，把农民工劳动关系摆在了相当重要的位置。2015 年 3 月，中共中央、国务院印发了《关于构建和谐劳动关系的意见》，明确提出加强调整劳动关系的法律、体制、制度、机制和能力建设，加快健全党委领导、政府负责、社会协同、企业和职工参与、法治保障的工作体制，加快形成源头治理、动态管理、应急处置相结合的工作机制，实现劳动用工更加规范、职工工资合理增长、劳动条件不断改善、职工安全健康得到切实保障、社会保险全面覆盖、人

---

[1] 胡依武，杨康. 我国农民工问题研究 40 年：脉络、特征与趋势 [J]. 华南理工大学学报，2019 (4).

文关怀日益加强的目标任务，有效预防和化解劳动关系矛盾，建立规范有序、公正合理、互利共赢、和谐稳定的劳动关系。

构建农民工和谐劳动关系，保障农民工在进城务工中的合法权益，推进农业转移人口市民化成为新时期党和国家的重点工作。党的十八届三中全会明确指出要推进农业人口市民化，要处理好农民工的落户与社会保障等问题，完善城乡务工人员社会保障体系衔接。随后，国务院相继出台了《关于全面治理拖欠农民工工资问题的意见》《关于进一步推进户籍制度改革的意见》《关于进一步做好为农民工服务工作的意见》《推动1亿非户籍人口在城市落户方案》等重要文件，提出全面改革现行户籍制度，推进基本公共服务覆盖城镇全部常住人口，重点治理拖欠农民工工资问题，构建和谐的农民工劳动关系。

2017年10月，党的十九大报告指出，要完善政府、工会、企业共同参与的协商协调机制，加快构建和谐劳动关系。2017年12月，人力资源和社会保障部部长在全国人力资源和社会保障工作会议上指出，要构建和谐劳动关系，特别是要继续做好为农民工服务工作，促进劳动关系共建共享。2020年10月，党的十九届五中全会再次把"劳动关系协调机制"放到了重要位置，以在"十四五"时期继续推进农民工劳动关系和谐发展。

三、农民工劳动关系中的事实描述

农民工劳动关系中最为重要的是权益保障问题，这主要表现在农民工的收入分配、工作时长、签订劳动合同率、接受技能培训、享受城市基本公共服务以及维权情况等方面。

（一）农民工与城镇职工工资比较：收入分配不均衡

根据国家统计局统计数据，2019年农民工月平均收入为3 962元，城镇职工月平均收入为7 542元，农民工月平均收入仅为城镇职工的52.5%。不仅如此，农民工工资收入增长速度在2015年后开始下降，且低于城镇职工工资增长速度。究其主要原因，农民工与非农民工由于身份不同获取岗位的容易度和收入待遇仍有差距，这导致大多数农民工进入城市后只能进入"二级劳动力市场"，从事城市居民不愿意从事的脏、累、差的行业，这些行业门槛低，工资待遇也差。农民工与城镇职工月平均收入对比如图3-2所示。

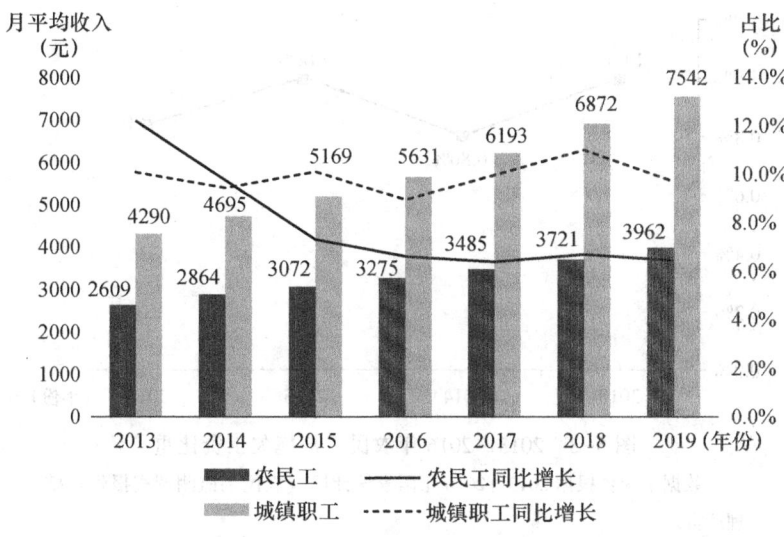

图 3-2　农民工与城镇职工月平均收入对比

数据来源：根据 2013—2019 年人力资源和社会保障部《人力资源和社会保障事业发展统计公报》和 2013—2019 年国家统计局《农民工监测调查报告》整理所得。

（二）农民工被拖欠工资情况：有所缓解但仍未根除

随着国家各项治理制度不断出台，2013 年以来农民工被拖欠工资数量占农民工总体数量比重有所下降，但拖欠工资现象仍然存在。2016 年被拖欠工资的农民工人数为 236.9 万人，被拖欠工资的农民工比重为 0.84%，比 2013 年下降 0.16 个百分点，2016 年建筑业、制造业、批发和零售业、交通运输仓储和邮政业被拖欠工资的农民工比重分别为 1.8%、0.6%、0.2% 和 0.4%。[①] 这是引发农民工劳动关系冲突最为集中的领域，如何建立长效的讨薪机制，成为解决这一问题的核心。2013—2016 年农民工被拖欠工资比重如图 3-3 所示。

（三）农民工签订劳动合同情况：低于全国劳动合同签订率

2012 年以来农民签订劳动合同的比例一直处于下降趋势，2016 年签订

---

① 国家统计局. 2016 年农民工监测调查报告, http://www.stats.gov.cn/tjsj/zxfb/201704/t20170428_1489334.html.

中国特色和谐劳动关系：演进路径与机制构建

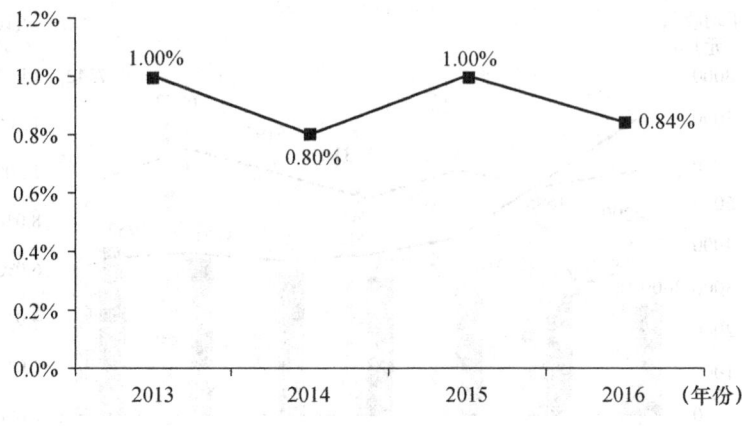

图 3-3　2013—2016 年农民工被拖欠工资比重

数据来源：根据 2013—2016 年国家统计局《农民工监测调查报告》整理所得。

劳动合同比例为 35.1%，比 2012 年下降 6.2 个百分点，也与全国劳动合同签订比率上升的趋势相反。农民工劳动合同签订对比情况如图 3-4 所示。

图 3-4　农民工劳动合同签订对比情况

数据来源：根据 2012—2016 年人力资源和社会保障部《人力资源和社会保障事业发展统计公报》和 2012—2016 年国家统计局《农民工监测调查报告》整理所得。

（四）农民工工作超时情况：仍为普遍现象

我国《劳动法》《劳动合同法》对劳动时间作出了明确规定，法定标准工时界限是日工作 8 小时、周工作 40 小时，同时《劳动法》对延长工作时间作出了规定，用人单位应当保证劳动者每周至少休息一天，劳动者每日延长工作时间不得超过 3 小时。2015 年中国劳动保障科学研究院对全国 13 个省份的农民工开展调查，发现与城镇就业人员的平均周工作时间相比，农民工多了将近 7 个小时。《2016 年农民工监测调查报告》显示，日工作时间超过 8 小时的农民工占 64.4%，周工作时间超过 44 小时的农民工占 78.4%，农民工普遍存在超时工作现象。

（五）农民工接受技能培训和教育情况：增速较为缓慢

随着新生代农民工逐渐成为农民工主体，他们更加看重自身发展前景与空间，对于教育和技能培训的诉求更为强烈。2017 年新生代农民工在农民工群体中首次占比过半，2018 年新生代农民工占全国农民工总量的 51.5%。从接受技能培训的农民工来看，虽然近几年随着新生代农民工接受培训的意愿增强，接受非农培训数量农民工的大幅提升，但所占比重仍然较低，2017 年仅有 30.6% 的农民工接受过非农技能培训[①]，如图 3-5 所示。2018 年高中文化程度的农民工所占比重为 16.6%，大专及以上文化程度的农民工所占比重为 10.9%。需要进一步鼓励农民工参加学历教育和继续教育，提高农民工文化知识水平和技能水平。

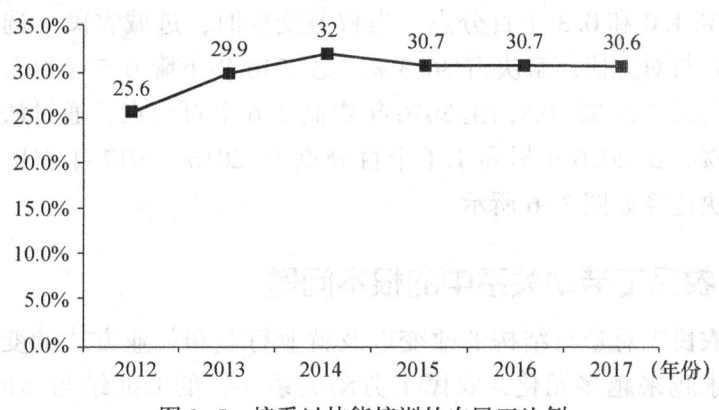

图 3-5　接受过技能培训的农民工比例

数据来源：根据 2012—2017 年国家统计局《农民工监测调查报告》整理所得。

---

① 谌利民，王皓田，郝思思. 以平等为核心构建新时期农民工和谐劳动关系［J］. 宏观经济研究，2019（9）.

（六）农民工享受城市基本公共服务情况：住房保障仍不充分

随着新生代农民工、举家迁徙农民工与长期进城农民工日益成为农民工的主力群体，他们对住房保障等公共服务的诉求逐渐提升，这也是农民工与用人单位最容易产生的纠纷之一。虽然我国出台了一系列政策措施，但在落地中仍然面临很多问题，如农民工收入普遍较低、流动性强、住房保障供给不足、住房保障申请门槛偏高等。2018年进城农民工中，单位或雇主提供住房的仅有12.9%，享受保障性住房的仅为2.9%，其中租赁公租房为1.3%，自购保障性住房为1.6%。①

（七）农民工维权情况：依靠政府和法律的维权意识在增强

随着我国法律法规体系不断健全，以及新生代农民工数量逐年增多，农民工依靠政府和法律维权的意识在增强。根据2017年《农民工监测调查报告》，在工作和生活中遇到困难时，60.9%的进城农民工想到的是找家人、亲戚帮忙，找老乡的占28.3%，找本地朋友的占24.6%，找单位领导或同事的占10.7%，找工会、妇联和政府部门的占7.8%，找社区的占2.6%。其中，找工会、妇联和政府部门以及找社区的农民工比重分别比2016年提高1.0和0.3个百分点。当权益受损时，进城农民工选择解决途径依次是：与对方协商解决占36.3%，比2016年下降0.5个百分点；向政府相关部门反映占32.7%，比2016年提高2.6个百分点；通过法律途径解决占28.3%，比2016年提高1.1个百分点。② 2016—2017年农民工权益受损时的解决途径如图3-6所示。

四、农民工劳动关系中的根本问题

随着农民工总量与结构的改变以及就业行业和就业方式的变化，农民工利益诉求越来越多元化，农民工劳动关系存在的旧症结与新问题交织，导致集体停工和群体性事件时有发生，构建农民工和谐劳动关系的任务仍然艰巨繁重。

---

① 国家统计局.2018年农民工监测调查报告, http://www.stats.gov.cn/tjsj/zxfb/201904/t20190429_1662268.html.

② 国家统计局.2017年农民工监测调查报告, http://www.stats.gov.cn/tjsj/zxfb/201804/t20180427_1596389.html.

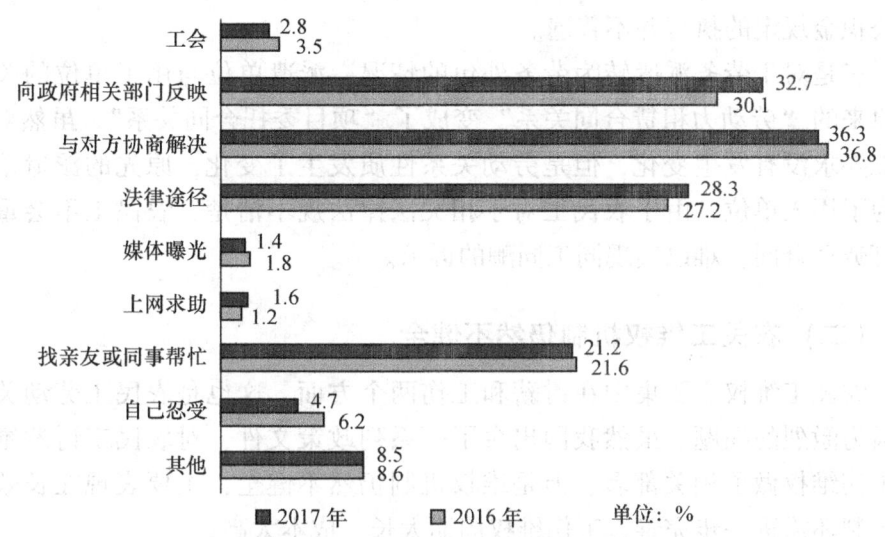

图 3-6 2016—2017 年农民工权益受损时的解决途径
数据来源：根据 2016—2017 年国家统计局《农民工监测调查报告》整理所得。

（一）劳务派遣中农民工基本权益保障问题依然严重

劳务派遣是指由劳务派遣机构与派遣劳动者订立劳动合同，把劳动者派向其他用工单位，再由其用工单位向派遣机构支付一笔服务费用的一种用工形式。① 当前，我国劳务派遣工数量已超过 4 000 万人，其中大多数为农民工群体。虽然我国劳务派遣法律法规不断优化，2012 年 12 月新修正的《劳动合同法》也对劳务派遣用工作出了规定，但是农民工在劳务派遣中的基本权益保障仍然存在一些问题。

一是同工不同酬现象依然严重。虽然新修正的《劳动合同法》有了明确规定，但对于同工同酬并没有具体的实施细则，导致其认定和操作都存在困难，特别是对于"同工"问题没有具体标准。

二是五险一金缴纳问题。虽然新修正的《劳动合同法》有明确规定，用人单位也迫于法律压力给劳务派遣农民工缴纳了社会保险费，但是社保与工资不同，工资是要同工同酬，社保法并没有规定所有员工的社保要一样多，导致用人单位基本都按照最低标准来缴纳，而且对于住房公积金，劳动法没有相关规定，只是《住房公积金管理条例》有规定，目前来看住

---

① 杨佳颖. 我国劳务派遣三方法律关系辨析 [J]. 法制与社会, 2017 (7).

房公积金规定的执行并不普遍。

三是对于劳务派遣转为劳务外包的情况，派遣单位与用工单位的关系由原来的"劳动力租赁合同关系"变成了"项目委托合同关系"，虽然对于用工要求没有发生变化，但是劳动关系性质发生了变化，原先的派遣单位成为了用人单位，由于农民工对于相关法律法规不清楚，农民工不会重新签订劳动合同，难以实现同工同酬的诉求。

（二）农民工维权机制仍然不健全

农民工维权主要集中在讨薪和工伤两个方面，这也是农民工劳动关系中最为激烈的问题。虽然我国出台了一系列政策文件，对农民工讨薪维权与工伤维权做了相关部署，但是维权机制仍然不健全，主要表现在长效讨薪机制还需进一步完善，工伤维权周期太长、成本太高。

一是农民工长效讨薪维权机制仍需进一步完善。因克扣与拖欠农民工工资造成的群体性事件时有发生。自2003年以来，国家出台了一系列政策文件推进拖欠农民工工资问题的治理。2016年国务院办公厅发布《关于全面治理拖欠农民工工资问题的意见》，从规范企业工资支付行为等五个方面提出十六条治理措施。2019年国务院公布了《保障农民工工资支付条例》，明确用人单位主体责任、政府属地责任和部门监管责任，要求按约定及时足额支付农民工工资。通过制度的不断完善和持续推进，拖欠势头得到有效遏制，但拖欠事件仍时有发生，且人均拖欠额度有所上升。

二是农民工工伤维权周期长、成本高。过去劳动仲裁处理大概需要3个月，如果走法律程序往往需要一年时间，农民工工伤维权走法律程序需要足够的时间、财力，周期长、成本高往往使得农民工被迫放弃维权。① 同时，诉讼时需要农民工向工伤认定机构递交资料加以认定，由于农民工法律意识淡薄、法律知识欠缺，往往忽略证据的收集。

（三）农民工劳动关系协调机制需进一步完善

一是三方协商机制效力不足。我国政府方代表为人力资源和社会保障部及各级劳动行政管理部门，资方代表为中国企业联合会与地方企业联合会，劳方代表为全国总工会与地方总工会。劳动相关部门权威性不足，难

---

① 杨宜勇，魏义方. 农民工融入城市社会的政策机制研究［J］. 人民论坛，2017（2）.

以代表政府整体的声音，需政府予以充分授权；国有、集体企业作为企业联合会的多数成员，难以较好代表整个资方声音，需要充分吸纳不同所有制性质、规模企业的代表参与；企业工会干部往往由上级机关任命，经费来源是企业拨付和政府补贴，工会与会员代表的作用大大削弱。

二是政府各部门间沟通不畅。农民工劳动关系等问题不仅涉及劳动行政管理部门，而且涉及其他相关部门。现行体制下各部门条块分割仍然较为严重，相互连接不畅，维权资源尚未有效整合，使部分职能作用难以充分发挥。这使得农民工在遇到维权问题时，各部门之间无法形成合力，虽然有小范围的协作与配合，但无法在总体上满足农民工的维权需求。[①] 例如，拖欠农民工工资的问题，仅仅是劳动行政管理部门很难较好地解决，一些情况是企业遇到资金周转困难，需要地方政府出面建立一套担保机制，银行为企业贷款，支付农民工工资。而且在财力、人员配备、维权经费等方面缺口仍然存在，不利于农民工维权。同时，一些地方政府担心严格执行劳动法律法规影响投资环境，影响当地 GDP、财政收入和就业率，在执法中有所偏离，甚至在劳动争议协调处理时压制农民工的正当利益诉求。

三是农民工工会组织尚未较好发挥作用。虽然目前工会组织对农民工的覆盖率逐年提高，截至 2017 年年底我国农民工工会会员人数达到 1.4 亿，占当年农民工总人数的 48%。然而真正参与到工会组织而不仅仅是名义上加入的农民工并不多，工会组织也未较好发挥作用。以集体协商为例，工资集体协商是集体协商的重要内容，农民工工资协商机制并没有真正落实，关键原因是协商双方不对等，工会不敢谈。中国社会科学院与上海市人民政府上海研究院调查数据显示，2018 年上海市被调查的某区中，非公企业工资集体合同签订率仅为 71%，远远低于全市 90% 的整体覆盖率水平，工会主席中担任经理以上的管理职务干部和总监以上的高级管理职务干部（含副总经理）的比例分别为 46% 和 22%[②]，这与维护职工利益的法律要求形成了尖锐的角色冲突，同时职工普遍担心保护力度不够，怕遭受企业打击报复，因而无法坚定地依法提出集体协商要求。而且，集体协商没有被确定为法定的强制性义务，这就导致工会没有足够的底气与企业进行集体协商，而且对于工会主席的身份、保护也没有明确具体的规定。

---

① 杨宜勇，魏义方. 农民工融入城市社会的政策机制研究 [J]. 人民论坛，2017 (2).
② 汤乃飙. 我国非公企业劳资关系中集体协商问题的研究 [J]. 人民论坛，2019 (4).

(四) 新经济对劳动关系法律法规提出挑战

一是多样化的用工方式导致劳动关系认定难。传统的劳动关系是指劳动者与用人单位为实现劳动生产活动建立的契约关系。这其中包含两个方面，一方面是劳动者与自身所有劳动力相分离，与用人单位生产资料相结合；另一方面是用人单位接收劳动力，并给予劳方以生活资料（工资、补贴等）。随着新经济的兴起，用工方式多样化导致劳动关系在很多方面与传统劳动关系具有很大区别。① 以网约车为例，车主与网约车平台签订协议，以自有车直接与乘客完成营业活动，直接从乘客处取得报酬。这一过程中，劳动者自己持有生产资料，并未与用人单位生产资料相结合。同时，利益收入直接由乘客转移到了劳方，省去了先转入用人单位、用人单位再将收入的一部分转向劳动者的环节。新型劳动关系已经打破了传统法律与逻辑框架的劳动关系循环，劳动关系认定与以往有了很大不同。②

二是扁平化的管理方式容易引发纠纷。传统的管理模式与管理结构是劳动者与用人单位间隔层级较多，属于细长型的结构；而在新经济下，劳动者与用人单位之间层级较少，属于下线数量巨大且扁平型的结构。在扁平化的管理方式下，用人单位不可能将管理延伸到每一个农民工身上，大大增加了引发纠纷的可能性。

三是法律对兼职劳动者保护较弱。工作时间碎片化，法律对兼职劳动者保护较弱。农民工外出务工也会利用零散时间进行其他劳动，如闪送等快递业务的出现，使农民工可以利用闲暇时间为客户同城输送物品，以赚取费用。目前我国还没有关于兼职劳动保护法及相关法律，《劳动法》《劳动合同法》以合同期限为依据处理争议，劳动关系具有持续性，而当前工作时间碎片化、工作兼职性与法律规定的劳动期间相冲突③，不便于处理这方面产生的纠纷，需进一步调整。

五、构建农民工和谐劳动关系的政策建议

针对新时期农民工劳动关系的新特点与新问题，把握农民工和谐劳动

---

① 魏益华，谭建萍. 互联网经济中新型劳动关系的风险防范 [J]. 社会科学战线，2012 (2).
② 朱海龙，唐辰明. 互联网环境下的劳动关系法律问题研究 [J]. 社会科学，2017 (8).
③ 王全兴，王茜. 我国"网约工"的劳动关系认定及权益保护 [J]. 法学，2018 (4).

关系的内涵特征，从构建农民工和谐劳动关系的问题、原则、路径出发，首先需要以平等为核心建立劳动关系的保障体系，实现农民工主体、机会、结果三方面平等，促进农民工市民化，这是构建新时期农民工和谐劳动关系的根本。同时，重点把握农民工劳动关系协商机制、工资支付保障长效机制，促进基本公共服务均等化，优化法律法规对新经济下劳动关系的规制，从而实现农民工劳动关系的契约诚信与和谐发展。

（一）新时期构建农民工和谐劳动关系的思路

基于农民工自身及群体结构特点，农民工群体在劳动关系方面与其他群体具有明显的差异性。构建农民工和谐劳动关系的原则是实现共建共享，而根本路径是推进农民工市民化。

一是农民工和谐劳动关系的构建：着力解决不平衡不充分问题。农民工劳动关系主体间的不平衡，主要表现在农民工与其他劳动群体权益保护的不平衡，不同类型的用人单位遵守劳动法律程度不平衡，各地政府对于农民工劳动关系治理能力不平衡，工会、工商联等组织发展程度不平衡，以及农民工与城镇职工就业公平性不平衡、与城镇职工收入分配不平衡等。农民工劳动关系的不充分，主要表现在劳动法规范层次与农民工流动性强、灵活就业形式等非标准劳动关系就业制度供给不充分；劳动关系协商机制强调冲突、劳动争议解决，而忽视合作和事后处理；劳动关系维持注重劳动管理，忽视农民工作为主体的协商参与。

二是农民工和谐劳动关系构建的原则：实现共建共享。构建农民工和谐劳动关系就是要统筹处理好促进企业发展和维护农民工权益的关系。这既包括区域性、行业性集体协商，又包括国家宏观层面的三方协商机制，还包括企业微观层面的协商机制；既包括民主参与和利益分享的协商，又包括劳动合同缔结和劳动争议处理的协商。这就要求要坚持政府主导，完善协调机制，充分发挥政府在农民工劳动关系中的主导作用；强调合作共赢，构建我国基于信任的合作劳动关系；强化农民工参与，推进民主协商。

三是农民工和谐劳动关系构建的路径：推进农民工市民化。构建农民工和谐劳动关系的根本路径是农民工市民化，需要以平等为核心建立劳动关系的保障体系，推进基本公共服务均等化，实现农民工主体、机会、结果三方面平等。具体而言，一方面是要稳步推进城乡协调发展，以户籍制度改革为契机,打破城乡二元结构,形成以工促农、以城带乡、工农互惠、城乡一体的新型工农城乡关系;另一方面是要完善基本公共服务供给制度,着力实现义务教育制度、社会保障制度、公共卫生制度、劳动就业制度和财税制度等的城乡一体化,切实保障农民工劳动报酬、休息休假、劳动安全卫生保护、社会保险等各项基本权益,让农民工进城务工无后顾之忧。

(二) 以平等为核心完善农民工权益保障体系

一是破除户籍制度梗阻,使农民工平等参与市场主体竞争。按照城市政府的落户压力和农民工落户意愿与能力,将城市落户政策供给与农民工差别化需求相匹配。各地区都要按照规定尽快完善落户政策,出台居住证实施办法,在落户门槛设置和居住证"含金量"上不打折扣。具体而言,按照农民工集聚规模分为大城布、特大城市和北上广深超大城市,落户政策制定要因地制宜,分区域差异化推进。① 同时,按照农民工落户意愿和落户能力,以五年以上长期进城农民工、举家迁徙农民工、新生代农民工三类群体为落户重点,摒弃技能"贴标签"认定的准入门槛。同时,弱化附加于户籍制度上的福利功能,将身份证制度与居住证制度相结合,强化户籍政策人口信息管理功能,吸纳农民工进城落户。

二是建立城乡统一的劳动力市场,农民工平等参与要素交换。建立城乡统一的就业标准,给进城务工的农民工群体与城市劳动力群体同等的待遇,实现由市场具有决定性作用的劳动力资源配置,使农民工能够平等参与竞争。完善农民工非正规就业制度,加强非正规就业农民工的权益保障,降低就业成本及流动风险。建立城乡平等的农民工就业机制,推进城市公共就业服务发展,为农民工提供免费就业咨询、就业指导;健全县乡就业服务网络,规范就业中介、劳务派遣和企业招工行为。

三是完善社会保险政策,农民工平等享有基本社会保障。当前,一些学者提出为农民工建立独立的社会保障体系,这一思路并不可取。农民工市民化是农民工融入城市社会的根本路径,也是构建农民工和谐劳动关系的最终途径。在当前社会保障体系的基础上,需要不断探索推进城乡居民与城镇职工保险体系并轨,重点关注灵活就业、新就业形态的农民工。同时,政府应充分发挥二次分配的作用,缩小一次收入分配差距,使农民工

---

① 欧阳慧,等. 农民工群体差别化落户思路与政策研究 [J]. 宏观经济研究, 2018 (2).

在分享经济发展成果方面更加公平和谐。

（三）强化法律法规对农民工劳动关系的规制

农民工的劳动合同签订率较低，导致农民工维权面临不利地位，农民工在劳务派遣中基本权益保障较难，同时新经济、新行业的快速发展带来农民工劳动关系的变化，需要完善法律法规以加强对农民工劳动关系的规制。

一是加强对口头劳动合同的法律效力。农民工群体由于其特殊性和弱势地位，在没有书面合同、相关证据的情况下，要加强口头合同的法律效力，由农民工自身承担举证责任。从国际上来看，有不少国家承认口头合同法律效力，并规范、加强口头合同的立法保护，这样能够更好维护农民工群体的权益。

二是以从属性和继续性的用工关系为原则，应对新经济中劳动关系灵活多样的特点。依据事实劳动关系从属性和继续性的用工准则，不论新经济带来的工作场所任意化、雇佣模式多样化、劳动条件无形化等特点，只要用人单位对农民工劳动质量与劳动行为进行控制，那么就存在从属性，将达到一定程度的从属性与有继续性的农民工认定为具有实质性劳动关系，以抗辩合同上的"合作关系"而非"劳动关系"。

三是使劳动协议与劳动合同具备同等效力。扁平化的管理导致间或性和一次性劳动关系的产生，隐形劳动者与用人单位往往签订协议而非合同，这已经成为新型劳动关系成立的要件。这需要完善规制结构，使劳动协议与劳动合同具备同等效力。从意思表示来看，双方在签订协议时对各自权利义务进行协商，并无欺诈行为；从明确内容来看，签订协议内容基本与合同内容一致，包括工作内容、报酬等；从法律依据来看，协议与合同在劳动主体、客体及权利义务方面所依据的法律法规一致。

四是加强劳动法律法规的宣传。劳动监管部门要大力宣传，组织研究劳动法律法规政策问答，以通俗易懂的语言将法律条文普及给农民工，解决农民工不懂法、不了解法律程序等问题。同时，农民工作为劳动主体，要主动学习相关法律法规，不断培养证据意识、维权意识，积极加入工会等劳动者集体组织，运用法律武器维护自身合法权益。

（四）健全农民工劳动关系协调机制与仲裁机制

一是充分强调三方主体的代表性。劳动行政管理部门是处理劳动争议的主要部门，地方政府要予以充分授权，增强其在劳动关系协商中的权威性；企业联合会要充分吸纳不同性质、规模的企业代表参与，充分代表资方的声音；工会组织要切实做到代表由包括农民工在内的全体职工中选举，维护农民工最关注、最直接的利益，让工会成为包括农民工在内的全体职工的真正代言人，增强农民工与工会的凝聚力。

二是提高农民工组织化程度。工会是被法律赋予为唯一代表职工利益的组织，要加强基层工会职能建设，推进工会制度改革，不断提高工会的凝聚力和代表性。同时，要发挥工会组织在农民工集体协商方面的作用，通过集体协商维护农民工劳动权益，提高农民工就业质量，有效避免劳动关系冲突，建立和谐劳动关系。要明确工会的经费是加入工会的会员缴纳的会员费，要解决一些非公企业工会依赖企业拨付工会活动经费的问题。此外，要限制工会会员身份，企业高层管理者不宜加入工会成为工会会员，在一些非公企业中，只有真正代表职工利益的成员加入工会，才能真正实现劳动关系双方平等的集体协商。各级总工会既要提高自身集体协商的能力，又要主动代表基层工会直接与企业进行集体协商。

三是建立农民工仲裁申诉绿色通道。目前，劳动关系协商机制时间周期较长，而且政府各部门间条块分割，沟通协调不畅，不利于解决农民工劳动纠纷。建立农民工仲裁申诉绿色通道，推行农民工案件优先原则，特别是对于涉及劳动报酬、工伤事故等案件要优先审理，处理争议过程要简化程序，加快立案、加快审理、加快结案，同时履行释明义务，切实保护农民工合法权益。

四是加大劳动监管力度。中共中央、国务院在《关于构建和谐劳动关系的意见》中明确指出，要健全劳动保障监察制度。对于农民工群体，劳动监管部门要重点关注农民工劳动合同的订立与履行，特别是在劳动合同发生纠纷时，要妥善解决农民工存在维权丢工的症结问题，加强有关事项的用人备案，防止用人单位钻法律空子。同时，要把部分权利赋予工会等劳动者组织，让工会起到协作配合的作用。

（五）建立农民工工资支付保障长效机制

农民工进城务工的第一要求便是按时足额拿到自己的劳动报酬，这也是农民工劳动纠纷最容易发生的方面。完善农民工的工资与用工管理制度，这对于构建和谐的劳动关系尤为重要。

一是全面落实《保障农民工工资支付条例》。《保障农民工工资支付条例》明确指出，规范农民工工资支付行为，保障农民工按时足额获得工资。其一，明确政府责任，"县级以上地方人民政府对本行政区域内保障农民工工资支付工作负责"；其二，对拖欠农民工工资频发的工程建设领域给予特别规定，要建立农民工专用工资账户，实行分包单位农民工工资委托施工总承包单位代发制度，实施工资保证金制度、实名制用工管理制度及施工现场维权信息公示制度；其三，加大对拖欠农民工工资行为的惩戒力度，如支付拖欠工资的利息、行为限制和取消资格、实施诚信制度和重大违法行为社会公布制度、实行失信联合惩戒制度等。

二是健全并落实最低工资制度，指导各地适时合理调整最低工资标准，加强对不执行最低工资标准、工时过长、压低克扣职工工资等行为的监察。同时，研究实行劳动密集型小微企业工资税收优惠政策，鼓励企业增加就业和提高农民工工资水平。

（六）加强和完善对农民工基本权益的保障

一是促进农民工高质量就业。要提高农民工的就业质量和生活质量，让他们进城务工适度劳动、体面劳动，要从法律层面保障农民工的休息休假权利，加大对超时工作、过度劳动危害的宣传力度，明确企业的侵权赔偿责任，帮助农民工树立适度劳动观。同时，从制度层面切实保障农民工取得劳动报酬的权利、获得劳动安全卫生保护的权利以及享受社会保险的权利，实现农民工与城镇就业人员同工同酬同待遇。

二是加强对农民工的职业培训和就业服务。加快推进职业教育、技能培训体制改革，建立以企业为依托，以职业学校、技校和其他正规培训机构为中心的"三位一体"职业培训体系，满足新生代农民工对高职业技能和自身发展空间的需求。同时，完善公共就业服务体系，健全全国就业信息公共服务网络，为农民工免费提供就业岗位信息服务。

三是努力提高城市基本公共服务水平。在城市中"有所居"是农民工避免短期流动、有归属感的重要标志。目前我国不少地方在城市管理过程中，对城中村等违章建筑集中进行改造，但没有相关的配套措施，使得农民工很难自己解决低成本的居住问题，在城市没有立足之地。政府应该根据农民工特点和收入状况，鼓励用工单位为农民工提供标准化宿舍，采取无偿提供、廉价租赁、住房租金补助等多种形式改善农民工住房问题。同时，政府应为农民工提供公共租赁住房或者提供住房补贴，通过提供公租房、廉租房、经济适用房和限价房等多种形式，解决不同层次农民工的住房需求。①

---

① 谌利民，王皓田，郝思思. 以平等为核心构建新时期农民工和谐劳动关系［J］. 宏观经济研究，2019（9）.

第四章
新经济形态对和谐劳动关系的影响

目前我国以新产业、新业态、新商业模式为主要表现形式的新经济异军突起并迅猛发展,在释放发展新动能、缓解经济下行压力、稳定和促进就业、满足人民多样化美好生活需要方面发挥了巨大作用。特别是在"互联网+"等新经济引擎的助推下,我国的经济格局正在发生前所未有的新变化,并有效激发了经济活力。新经济带来新就业形态,在新经济总量不断增加的背景下,我国劳动力市场也发生了巨大变化,就业领域和用工方式都发生了改变,自主创业、平台就业、无人工厂等新就业形态不断出现,传统实体店受到很大冲击,资本替代劳动、机器代替工人,新经济形态正在引发就业的重大转型与变革。这些变化将对劳动关系产生何种影响、未来劳动关系如何应对,成为当前亟须深入研判并提出相应对策的重要课题。

一、新经济形态的一般性分析

(一) 新经济形态的理论分析

1. 新经济

"新经济"一词最早被美国经济学界使用,指在经济全球化背景下,信息技术革命以及带动的高新技术产业,进而引申为在高新技术产业等新经济业态支持下,经济达到高增长、低通胀、低失业的稳健发展状态。此后,随着美国新技术泡沫破裂,新经济的经济学含义发生了一定变化,从宏观经济的新稳态形式逐步具体化为产业发展的新业态和新动能。

新经济是相对于传统经济而言的,主要指在经济全球化与信息化背景下，以新一轮技术革命和产业革命下高科技创新及相关一系列其他领域的创新为支柱，以互联网、人工智能、智能制造等技术进步为依托，以新产业、新业态和新模式为核心，由信息技术革命带动的、以高新技术产业为龙头的经济，包括"互联网+"、先进制造业和新能源、新材料、新业态等重要内容，旨在推动经济发展动能转换和产业结构调整升级。目前对新、旧经济的理解多是从技术角度展开，认为新经济往往具有较高的技术水平或者较为先进的商业模式。客观而言，新经济是新兴事物，正处于快速成长阶段，还在不断发展变化，本身还没有定型。

2. 新经济形态

经济形态是对人类文明史上不同历史时期的代表当时先进生产力水平的经济活动以及它的结构和特点的一种抽象表述，每种经济形态都包括自己独特的生产要素、生产模式、主导产业、基本结构、基本制度和基本观念等。因此，新经济形态意味着更高级的一种经济形态，是对原有经济形态的替代。经济发展表现为经济形态的演变和交替，经济现代化表现为一种或多种新的经济形态的转换和逐步形成。

"互联网+"是新经济形态的主要表现形式之一，具有较强的典型性和代表性。"互联网+"是依托互联网信息技术实现互联网与传统产业的联合，以优化生产要素、更新业务体系、重构商业模式等途径来完成经济转型和升级。"互联网+"的目的在于充分发挥互联网的优势，将互联网与传统产业深入融合，以产业升级提升经济生产力，最后实现社会财富的增加。

（二）新经济形态的实践分析

1. 新经济概念的提出

"新经济"的内涵和覆盖面非常广泛，涉及第一、第二、第三产业，不仅包括第三产业中的"互联网+"、物联网、云计算、电子商务等新兴产业和业态，而且包括工业制造中的智能制造、大规模定制化生产等，还涉及第一产业中推进适度规模经营的家庭农场、股份合作制，以及农村第一、第二、第三产业融合发展等。在我国传统经济增长动能支撑能力减弱的背景下，要积极推动新技术、新产业、新业态加快成长，加快发展各类以"互联网+"为支撑的新经济形态，培育壮大新动能，实现经济发展新旧动能平稳转换衔接。

2. 平台经济的含义和特点

平台经济是新经济形态的主要形式之一。平台经济的最新发展是分享经济。根据国家发展改革委等部门印发的《关于促进分享经济发展的指导性意见》，分享经济在现阶段主要表现为利用网络信息技术，通过互联网平台将分散资源进行优化配置，提高利用效率的新型经济形态。分享经济强调所有权与使用权的相对分离，倡导共享利用、集约发展、灵活创新的先进理念；强调供给侧与需求侧的弹性匹配，实现动态及时、精准高效的供需对接；强调消费使用与生产服务的深度融合，形成人人参与、人人享有的发展模式。分享经济的类型如图4-1所示。

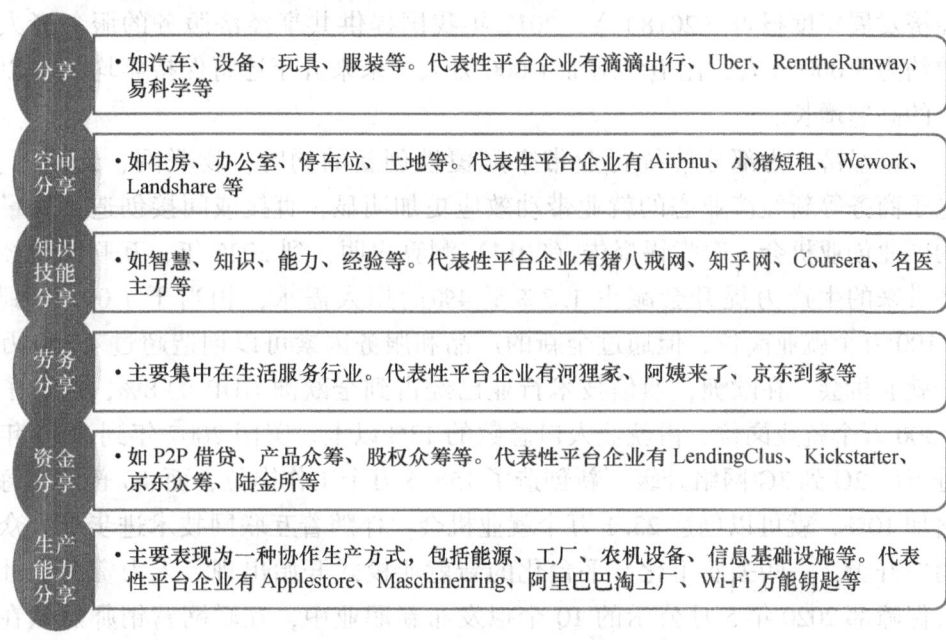

图4-1 分享经济的类型

二、新经济形态对劳动关系影响的机制和主要特征

（一）新经济背景下的就业形态

新技术、新经济和新业态的蓬勃发展，带来新就业形态的普遍出现，依托互联网平台创造出的新需求衍生出了数以千万计的工作岗位，而产业结构调整深化和互联网经济的"快钱"效应，进一步释放了新经济、新产

业和新模式的就业促进"红利",使新就业形态成为拉动就业的新动力。

1. 新技术、新经济和新业态蓬勃发展,带来就业形式深刻改变

技术进步推动大量依赖于工业化集中大生产的劳动过程,可以"去中心化"并分散至灵活就业岗位,减少对固定劳动用工岗位的依赖,催生非正规就业对正规就业的替代。而我国对于新经济、新业态支持政策以及各类"双创"扶持政策,进一步激发劳动者更加积极接受各类平台就业等新就业形态,通过更加灵活的方式参与社会生产和价值交换,"慢就业"等不充分就业情况和非标准就业形式越来越普遍。同时,新经济浪潮形成巨大的劳动力蓄水池。以共享经济为例,根据国家信息中心发布的《中国共享经济发展年度报告(2018)》,2017 年我国提供共享经济服务的服务者人数约为 7 000 万人,比上年增加 1 000 万人,未来五年还将保持年均 30%以上的高速增长。①

新经济在为部分传统行业带来颠覆性创新的同时,物联网、云计算、电子商务等新经济业态的就业带动效应更加明显,直接或间接创造了大量的就业创业机会。麦肯锡报告(2014)测算表明,到 2025 年,互联网新经济带来的生产力提升会减少 1.3%至 4%的用人需求,相当于 1 000 万到 3 100 万个就业岗位,但通过全新的产品和服务因素可以创造超过 4 600 万个就业机会。在欧洲,通信技术行业已经占到全欧洲 GDP 的 8%,创造了 1 300 万个就业岗位,占就业人口总数的 13%以上。美国 2007 年到 2011 年进行的 2G 到 3G 网络升级,新创造了 158.5 万个工作岗位,而 4G 普及率每增加 10%,就可以创造 23.1 万个就业机会。伴随着互联网技术进步与大众消费升级,一些去雇主化、平台化的新就业模式开始出现。人力资源和社会保障部 2020 年 5 月公示的 10 个拟发布新职业中,互联网营销师赫然在列,互联网营销师职业下增设"直播销售员"工种。人力资源和社会保障部、国家市场监管总局、国家统计局于 2019 年 4 月和 2020 年 3 月分别发布了 13 个和 16 个新职业,包括人工智能工程技术人员、虚拟现实工程技术人员、电子竞技员、网约配送员、全媒体运营师等。

2. 产业结构深化带来就业挤出效应,部分职工转向从事新就业形态工作

新经济兼具就业挤出与就业拉动的双重效应,其新增加的就业岗位具有更多的灵活性,并形成了大量新型就业形式,对于劳动市场用工结构产

---

① 关博. 加快完善适应新就业形态的用工和社保制度 [J]. 宏观经济管理, 2019 (4).

生深刻影响,如正规就业占比下降,非正规就业大幅增加。产业结构调整进一步加剧了部分地区和行业企业就业结构性矛盾,倒逼新就业形态替代传统正规就业岗位。据测算,2019年钢铁、煤炭、水泥、造船业、炼铝和平板玻璃等结构调整产业化解产能累计影响职工数量约300万人,并对上下游部分配套行业就业岗位形成挤出,安置任务繁重。由于相关行业企业职工工作技能单一,大量职工不能实现稳定的正规就业分流,转而利用新经济平台通过新就业形态实现就业。《滴滴出行平台就业研究报告》显示,仅在滴滴网约车平台上,2016年6月至2017年6月就有393万去产能行业职工,超过178万复员、转业军人,以及133万失业人员和137万零就业家庭实现了就业增收。同时,互联网平台经济在发展过程中重塑了零售业、金融业等一批传统行业,相关企业大幅削减销售类、行政类岗位,增加服务外包用工,使就业结构性非正规化现象进一步加剧。①

一是新经济改革了生产流程和生产要素分配结构,减少了对固定劳动要素的依赖。新经济催生了非正规就业对正规就业的替代。由于技术对人工的取代,业务外包将更为便捷,新经济也会减少一些传统领域的就业机会。这种劳动力需求的结构性调整并非只针对互联网,既是技术不断进步产生的结果,又是对原有的生产要素进行重新分配,是旧的经济方式和流程向新的方式转变产生的结果。新技术提高了劳动生产率,减少了传统工人所做的一般性工作,这就带来了外包和境外生产的可能性,使正规就业比重下降。②

二是新经济依托互联网平台实现价值交换,在带动就业的同时会造成相关行业就业岗位的平台化和非正规化。中国就业促进会对淘宝网进行了全样本调研,发现全网共有339.71万家活跃网店,若按平均每个网店雇佣员工数2.55人计算,淘宝平台创造了866.22万个就业机会。同时,被调查网店中有30.7%的网店在未来一年有扩招计划,平均每个网店计划招工3人。以此推算,淘宝平台每年增加313万个新的就业机会。此外,围绕着这300多万家活跃网店,从网店经营到物流配送,乃至为平台运营提供网络基础设施,淘宝平台衍生出一个完整的生态圈,这当中有根据淘宝网店

---

① 关博. 加快完善适应新就业形态的用工和社保制度 [J]. 宏观经济管理, 2019 (4).
② 关博, 朱小玉. 新技术、新经济和新业态劳动者平等参加社会保险的主要制约与建议——基于320名"三新"劳动者的典型调研 [J]. 中国人力资源开发, 2018 (12).

发展需求不断细分的新行业，如淘女郎、网店代运营、网店装修等，先后撬动就业岗位近 1 000 万，但普遍为非正规就业形式。根据美团研究院发布的报告《生活服务业新就业形态和灵活就业的发展特征和发展趋势》，2019 年通过美团平台获得收入的骑手总数达到 398.7 万人，比 2018 年增长 23.3%；2020 年上半年通过美团平台获得收入的骑手总数为 295.2 万人，相比 2019 年上半年增加 41.5 万人，同比增长 16.4%。以骑手为代表的新就业形态是一种灵活就业方式，满足了从业者时间自由、补充家庭收入等多方面的需求，成为扩大就业的重要组成部分。①

3. 新经济红利带来了全行业的增收效应，大幅提升新就业形态工作吸引力

随着电子计算机信息技术和大数据系统的广泛应用，各类新经济与互联网密切结合，技术进步带来行业发展红利，社会需求与供给有效对接，产出效率有所改善，单位劳动生产率不断提高，带动收入增长基数处于高位。再加上新经济行业处于产业发展红利期，"长尾"利润丰厚，行业龙头企业在生态初创阶段对全产业链实现补贴，进一步推动新经济平台就业人员收入快速增长。BOSS 直聘发布的《2017 互联网人才趋势白皮书》数据显示，2017 年互联网等新经济行业平均招聘薪酬达到 1.06 万元/月，同比上升 3.1%，约为全国私营单位就业人员年平均工资的 3 倍。依托平台经济效应，即使普通体力劳动者的收入也远高于其他一般行业。根据美团点评公共政策研究院的数据，北京美团骑手月平均收入是 8 000~9 000 元人民币，业绩较好的可以达到 13 000~16 000 元。普遍性的高收入基数和高收入增幅，切实提高了新就业的吸引力，引导一部分劳动者从正规就业向各类新就业形态流动。

（二）新经济背景下就业形态的主要特征

早在 2011 年，国际劳工组织就提出了"非标准就业"的概念，指不同于标准就业的、更加灵活的就业形式，主要包括临时工、兼职、临时机构、分包、依赖性自营职业以及伪装的雇佣关系等。从生产活动组织、价值交换方式、劳动场所和劳动参与等方面来看，我国近年来涌现出的新就业形

---

① 关博，朱小玉. 新技术、新经济和新业态劳动者平等参加社会保险的主要制约与建议——基于 320 名"三新"劳动者的典型调研 [J]. 中国人力资源开发，2018 (12).

态具备显著的"非标准"特征。

1. 生产活动非正规化

技术进步为部分传统行业带来颠覆性创新，改革了生产流程和生产要素分配结构。在原有生产要素进行重新分配特别是旧的经济活动方式和流程向新的方式转变的过程中，大量生产性活动减少了对固定劳动要素和规范化劳动程式的依赖，使相关经济活动可以从传统生产流程线中分离出来成为独立外包模块，部分生产活动转由个人或者临时组建的工作团队承接，造成正规就业比重下降。

2. 劳动价值交换平台化

传统正规就业模式下，由企业特定岗位和专职受雇人员来提供相关服务，劳动者以用人单位为依托，围绕固定职位开展经济活动。在新经济、新业态和新模式下，劳动者转向依托各类平台作为劳动价值交换媒介，以具体工作任务为轴心融入经济活动。随着分享经济的兴起，大量分享经济平台提供了服务众包就业和按需服务就业机会，前者如外卖订餐平台，后者如滴滴和民宿租赁平台。这些依托终端优势涌现出的大量虚拟互联网平台直接进行高效的供需匹配，由发包方把产品和服务需求发布在平台上，让劳动资源供给方或者劳动者本人能够通过精确筛选直接搜索到就业和服务需要，快速实现劳动和服务价值交换，使劳动者不再受传统组织的约束。①

3. 劳动场所非固定化

由于摆脱了对正规就业岗位的束缚，新就业形态劳动往往不存在固定的、实体的或单一的劳动就业场所，而是围绕劳动任务、生产工具或便利条件来低成本地开展经济活动，出现了大比例居家就业和流动就业的情况，难以进行稳定就业行为管理和监测。同时，互联网经济催生异地就业的比例大幅提高，劳动者就业地与户籍地分离、劳动活动发生地与平台注册地分离的情况非常普遍，对劳动者的劳动行为认定、经济权益保护和社保权益的落实提出了更高要求。

4. 劳动方式多元化

由于新经济业态多处于行业初创期，经济组织不规范，劳动者参与经济活动的形式灵活多样。灵活就业形式越发多元，工作内容、工作岗位、工作形式、雇佣形式就越灵活多变，从而工作层次涵盖高中低端，新职业

---

① 关博. 加快完善适应新就业形态的用工和社保制度 [J]. 宏观经济管理, 2019 (4).

类型不断涌现。从过去集中在低端、简单的劳动用工领域，发展到覆盖各个层次方面，既包括从事临时工、季节工等劳务活动，从事建筑、装修、家政服务及其他服务性职业，又有通过自身知识或技能从事各类自由职业，通过各类创业创新平台实现网店就业、创业就业等。① 既有传统正规就业方式，与企业签订长期稳定劳动合同，又存在自雇、雇佣、合伙创业等多种方式，很多就业形式未被纳入正规就业统计范围，也无法按照劳动关系来进行约束管理。特别是在国内"双创"大潮的推动下，以合伙创业方式参与新经济的劳动者比例增加，创业者获得了一定比例的股权，作为公司合伙人参与生产经营活动，不领取薪酬，也不享有其他法定福利。

在新就业形态下，经济活动参与方式不局限于与用人单位建立正规劳动关系，而是呈现出多元化特征，自雇、雇佣、众包、众扶、众创等多种方式越来越普遍。在部分情况下，劳动者甚至不直接领取薪酬，而是通过合伙创业形式参与用人单位业务。各类新的劳动参与方式在法律主体关系明确和权责义务界定等方面的规定并不明晰，劳动者与用人单位相互之间没有法律从属关系。同时，多重就业者等非单一职业人群在显著增加，劳动者在多重职业、多个身份间灵活转换，与劳动者同时发生经济关系的可能涉及多个企业单位，导致单位对劳动者的劳动保护和经济权益实现责任边界认定难度加大。②

5. 劳动参与低门槛化

新就业形态职位有新经济带来的专业技术类工作，即需要一定资本和智力投入的创业活动，但更多就业机会是传统就业方式所挤出的基础性劳动岗位，既不设学历、年龄门槛，又对劳动者专业技能没有过高要求，为各类低学历、低技能转移就业人员和"4050"等就业困难群体提供了就业增收机会。以电子商务最活跃的杭州市为例，截至2018年5月底，主城区享受灵活就业补贴政策的人约为7.6万人，以灵活就业形式缴纳社会保险费的人员为47.94万人，35岁以上劳动者占比85%，大专及以下文化水平人员占90%，文化程度整体偏低。

6. 职业周期短期化

新经济业态尚不成熟，经济商业模式和产品迭代速度快，也由此带来

---

① 卞文志. 积极促进新产业新动能为扩大就业提供动力 [J]. 劳动保障世界，2017 (11).
② 关博. 加快完善适应新就业形态的用工和社保制度 [J]. 宏观经济管理，2019 (4).

了劳动关系短期化倾向。波士顿咨询2014年的研究发现，28%的互联网等新经济从业人员会在任职1年内离职，艾瑞咨询的研究数据显示，32%的新经济从业人员会在2~3年内离职。人员的快速变动，对以稳定劳动关系为存在基础的职工福利和社会保障制度形成了明显挑战。利用互联网平台，即便没有全职正式工作的人也可以实现一天8小时的全时工作，这使得个人的工作和雇佣相分离。

7. 全职就业兼职化

在新就业形态快速发展的背景下，全职就业出现了兼职化倾向，许多有正式工作的人利用空闲时间兼职，如公司职员下班后开滴滴专车。这使得个人的工作和职业的边界越来越模糊，一个开淘宝网店的人本身可能是高校教师，经营淘宝店则是他的兼职工作。①

8. 学历和工资水平高

由于互联网等新经济代表了先进生产力的发展方向，加上新技术和新工具的广泛应用，使互联网企业从业人员具有明显的"高智"特征。《2017互联网人才趋势白皮书》显示，互联网企业对人才教育背景更加关注，职位与专业匹配要求占全部求职需求的90%以上。

目前，国内主要互联网企业的入职门槛甚至需要硕士以上，并对毕业院校有明显要求。同时，新经济行业处于产业发展红利期，从业人员收入高于社会平均水平。《2017互联网人才趋势白皮书》抽样发现，2017年互联网等新经济企业新入职人员平均月薪达到1.06万元，约为全国私营单位就业人员年平均工资的3倍。

（三）新经济对劳动关系的影响

随着互联网技术的蓬勃发展，新经济新业态大量涌现，劳动者就业方式和企业用工方式发生了深刻变化。特别是平台经济的迅猛发展，一些有别于传统用工的方式大量出现，并且无法纳入现有劳动法调整范围中，企业和从业人员的关系发生了深刻变化，对劳动关系的认识以及对和谐劳动关系的构建都形成了挑战。

同时，许多新经济并未改变劳动关系的本质，新技术、新产业、新业态推动了产业转型升级，但生产组织方式并没有发生根本性变化，仍然是

---

① 卞文志. 积极促进新产业新动能为扩大就业提供动力 [J]. 劳动保障世界，2017 (11).

传统的组织雇佣个人的方式。当然，新经济也确实对部分行业的就业岗位产生了冲击。新经济对劳动者个人的技能要求更高，部分劳动者因为新经济而失业或转岗，但新经济也创造了新岗位。从岗位变动的角度来看，新经济确实影响了原有劳动关系的稳定性，但这种变动总体上还是渐进的、可控的。以智能制造为例，尽管机器替代人效率更高，但雇主考虑到替换工人的补偿成本等因素，这种替换将不会是突然发生的，而是逐步消化的，因此不会对整体劳动关系和谐带来冲击。

新经济中的部分行业尤其是平台经济存在对传统劳动关系挑战的问题，但其规模还十分有限，其涉及的就业人数占我国总就业人数的比重偏小，平台经济对劳动关系的影响主要还是体现在它是以灵活就业为主、用人单位小微化为特征，并没有超出对传统劳动关系界定标准本身。同样是平台经济，各领域的特点不一样，劳动关系问题也存在差异。分享经济中的C2C模式会产生平台企业和平台从业人员的劳动关系认定纠纷，而B2C模式则不会。还有部分分享经济是B2B模式，虽然它是真正的分享经济，但由于双方都是企业或机构，并不涉及劳动关系问题。

三、新经济形态下劳动关系的现状和主要问题

具体地说，劳动关系是指劳动者与劳动力使用者以及相关组织为实现劳动的过程所构成的社会经济关系。劳动关系这一概念包含三个方面的内容：一是劳动关系的目的，实现劳动过程是劳动关系的直接目的。二是劳动关系的主体，劳动者和雇主是基本主体，但相关的组织机构如政府、工会、雇主组织也发挥重要作用。三是劳动关系的性质，劳动关系是以经济关系作为基本构成的社会关系。

在传统劳动关系中，劳动者和雇主作为不同生产要素的所有者，立场和目标是截然不同的，劳动者通过让渡自己劳动力的使用权，与雇主的生产资料相结合，获取雇主向其支付的劳动报酬。在这个过程中，劳动报酬是连接劳动者和雇主的最基本要素，劳动者为获取劳动报酬接受雇主的雇佣并为其付出劳动力。在整个过程中，劳动者处于从属地位，劳动者必须遵从雇主制定的企业规章制度、员工管理制度等劳动管理规则，以及合法的劳动报酬、劳动时间、职业安全等劳动标准。

新经济对传统劳动关系的冲击主要是两个方面：一是对传统劳动关系运行环境的冲击，但没有对劳动关系的认定标准这一本质问题产生影响，

仍然在原有劳动关系框架内,由于新经济发展带来的用人单位、劳动者、就业形式等新特点,而从外部对劳动关系产生冲击。但这种冲击不是新问题,是一直就存在的,只是在新经济发展规模不断壮大情况下,问题会得以放大。二是对传统劳动关系实际运行产生的冲击,包括劳动关系的认定标准,以及后续的劳动关系协调等。由于涉及劳动从属性这一根本标准,这种冲击是内部的,是新经济带来的全新挑战,会对劳动关系认定的传统理论产生影响。但目前相对于我国庞大的就业人口来说,这种冲击涉及的就业人口数量还相对有限。

(一) 新经济形态下的就业现状

1. 我国就业形势总体良好,就业结构不断改善

在近年经济增速有所放缓的形势下,就业不降反增,总体保持稳定,每年城镇新增就业 1 300 多万人,城镇登记失业率一直控制在 4.3% 以下,2017 年城镇登记失业率下降到 3.95%,为 2011 年以来的最低水平,如图 4-2 所示。同时,在经济增长动能转化、产业结构不断优化调整的情况下,我国就业结构不断完善,第一、第二产业就业占比不断降低,第三产业就业占比逐年增高,见表 4-1。

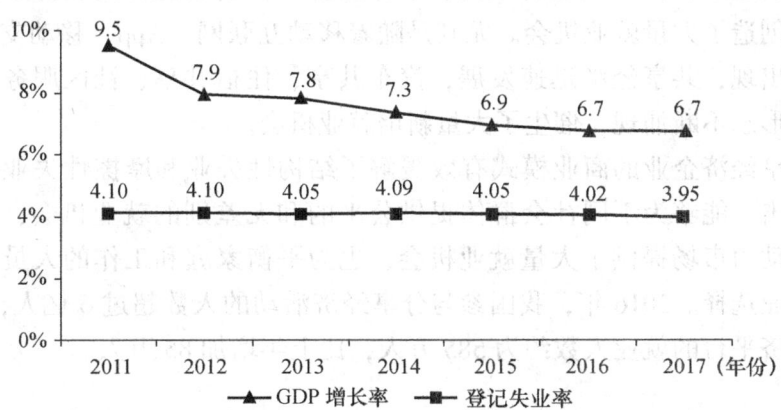

图 4-2 2011—2017 年我国 GDP 增长率和城镇登记失业率变化情况

数据来源:2011—2016 年数据来自《中国统计年鉴 2017》,2017 年数据来自相关部门新闻发布会。

表 4-1　2011—2016 年我国按三次产业划分的就业构成

年份	第一产业（%）	第二产业（%）	第三产业（%）
2011 年	34.8	29.5	35.7
2012 年	33.6	30.3	36.1
2013 年	31.4	30.1	38.5
2014 年	29.5	29.9	40.6
2015 年	28.3	29.3	42.4
2016 年	27.7	28.8	43.5

数据来源：《中国统计年鉴 2017》。

2. 新经济形态为就业增长打开新空间

近年来，国家实施创新驱动发展战略，大力推进"放管服"改革，大力推动大众创业、万众创新，有效激发了市场活力和创新动力，市场主体大量涌现，新产业、新业态、新模式快速发展，创造了大量新职业、新工作、新岗位，成为就业增长的重要源泉。2016 年全国新登记市场主体 1 651 万户，比上年增长 11.6%，其中新登记企业 553 万户，同比增长 24.5%。①

各种新业态、新经济层出不穷，极大释放了民间的创新创业潜力。新经济的快速发展在调整经济结构、培育经济增长新动能方面发挥了重要作用，也创造了大量就业机会。尤其是随着移动互联网、App、移动支付等新技术的出现，共享经济迅速发展，汽车共享、住宿共享、社区服务共享等新经济形态不断涌现，催生了大量新增就业机会。

分享经济企业的商业模式有效缓解了结构性失业和摩擦性失业带来的就业冲击，能够为不同社会群体提供公平的和无差别的就业机会，不仅为低端劳动力市场提供了大量就业机会，也为平衡家庭和工作的人员提供了新的就业选择。2016 年，我国参与分享经济活动的人数超过 6 亿人，其中，分享经济平台的就业人数约为 585 万人，比上年增加 85 万人。

（二）新就业形态对传统劳动用工和社保管理带来巨大冲击

1. 就业岗位不稳定性风险加大

一是各类岗位变动频繁，失业风险加大。我国《劳动法》和《劳动合

---

① 吕星星，张学亮. 习近平就业思想主要内容及时代价值略论 [J]. 南昌师范学院学报，2018 (1).

同法》对于职工合同周期、离职期都作了详细规定，并约定了带薪假期、医疗期，有力地保护了劳动者稳定就业的意愿。而各类新就业形态因为不存在明确的用人单位，无法确定劳动关系主体，适用于《民法通则》中的雇佣关系或者自雇关系，当所对应的经济活动结束时，相关法律关系自动解除。劳动者无法长期从事某一职位或者工作项目，劳动者转岗频繁，工作转换压力较大。在相关产业出现结构性调整或者行业发生重大变化时，无法实现多方风险共担，新就业形态劳动者面临工作不保的压力，失业风险加大。[1]

二是工作收入波动大，经济保障性不稳定。虽然短期来看，新经济发展红利带来了新就业形态人员收入阶段性较快增长，但从中长期来看，受行业规范性等因素影响，非正规就业岗位缺少稳定的工作价值与成长路径，低门槛带来的激烈竞争进一步挤压了人力资本溢价，而劳动者本身又无法通过集体协商等劳动权益保护机制落实工资权益保障，新就业形态劳动者收入低于正规就业岗位依然是普遍性趋势。同时，新就业形态收入存在明显的"看天吃饭"特征，劳动者收入取决于行业发展和平台所提供的价值交换机会的充分程度，当行业面临波动或者商业模式进入衰退期间，收入会随之出现比较剧烈的波动，又不能获得基本的最低收入保障来维持基本生活。[2]

三是岗位法定保障缺失，兜底支持力度削弱。由于对新就业形态的劳动方式缺少明晰法律界定，经济参与主体法律权益关系模糊，造成新就业形态岗位不能获得与传统正规就业方式相一致的法定经济权益保障。一方面，最低工资制度主要适用于用人单位明确、劳动时长可测量的正规就业群体和劳务人员，对于劳动行为边界模糊的新就业形态劳动者，劳动报酬权益缺少法定刚性保障。另一方面，新就业形态劳动者无法享有各类与职业关联的经济权益，在面临失业、孕产、重特大疾病、工伤等离开劳动就业岗位和劳动能力恢复期间，缺少对应的社会化补偿和单位福利机制，无法获得相应的收入代偿。

2. 劳动关系管理规范性有所弱化

一是传统劳动关系认定机制失灵。根据《劳动法》，劳动关系是指劳动者与用人单位之间以依法签订劳动合同为依据而产生的法律关系。在劳动

---

[1][2] 关博. 加快完善适应新就业形态的用工和社保制度［J］. 宏观经济管理，2019（4）.

关系确立后，劳动者接受用人单位管理，完成相关工作任务并接受经济报酬和劳动保护。因此，劳动关系一方必须为用人单位，并形成稳定的管理与被管理、监督与被监督、指挥与被指挥的隶属关系。而在各类新就业形态下，新经济平台作为经济活动供需对接中介角色，雇佣方与劳动者针对完成特定工作任务为目的相结合，劳动者工作自由度大，与合作单位、雇佣者不存在明确的经济隶属性和管理依附性。因经济活动性质、多方主体责任、工作方式存在明显差异，导致新就业形态所创造的就业岗位和所开展的经济活动难以被认定为正式的劳动关系，也无法获得相应的劳动保护。

二是新就业形态劳动者缺少顺畅的权益保障渠道。一方面，在现行法律规范下，新就业形态普遍难以被视为劳动关系，导致《劳动法》《劳动合同法》及其他法律法规中对经济权益保障、劳动保护条件、劳动争议处理等方面的规定难以适用，劳动者遇到不法侵害申请维权时会遇到于法无据的情况。另一方面，新就业形态下，劳动者与雇佣方和网络平台关系松散，发生纠纷后当事主体不易跟踪，权责难以清晰判定，相应的争议纠纷处理机制也不完善，权益保障实施难度较大。

三是新就业形态劳动者组织方式松散。我国工会组织采用单位工会、地区工会和行业工会相结合方式，但均以用人单位为工会组织最小建立单元，工会会员关系也以劳动关系为依托，造成各类工作自由度大，没有稳定劳动或者雇佣关系的新就业形态劳动者事实上脱离了工会组织。一方面，工会在表达职工诉求、回应职工关切、协调多方关系、化解劳动关系矛盾等维护和发展职工合法权益方面所取得的积极进展，不能平等惠及新就业形态劳动者。另一方面，因为没有稳定的工会组织和会员关系为前提，工会对新就业形态劳动者利益代表和权益保护缺少着力点，相关工作无法有效开展。①

3. 社会保障公平性受到损害

一是新就业形态就业灵活化增强使参保公平性难以落实。在新就业形态中，灵活就业、平台就业占比较高，而我国目前灵活就业人员平等参加职工社保制度还存在明显政策障碍。各类平台就业、灵活就业的新就业形态劳动者如出现就业地与户籍地分离情况，普遍不能以灵活就业人员身份参与职工基本养老保险和基本医疗保险，事实上被排斥在了制度之外，无

---

① 关博. 加快完善适应新就业形态的用工和社保制度[J]. 宏观经济管理, 2019 (4).

法与传统正规就业职工享有均等的保障权益。为解决老有所养、病有所医需求，大量新就业形态劳动者以居民身份在户籍地参加居民基本养老保险和基本医疗保险。但居民基本养老保险待遇水平总体过低，缴费与激励关系模糊，不能提供与新就业形态劳动者经济负担能力和风险分担需求相适应的保障供给。在户籍地参加居民基本医疗保险异地就医结算不畅问题一定程度上依然存在，特别是一般门诊费用无法报销，就医自由度受到较大限制，再加上城乡间"一制双档"问题依然存在，为新就业形态劳动者就医造成了较多不便。

二是新就业形态岗位流动性增加使平等享受社保制度方面存在风险。新就业形态下，劳动者流动更加频繁，异地就业情况增加，对社保制度适应灵活性提出了更高要求。而除职工基本养老保险外，我国目前大部分社保项目统筹层次还不高，即使在同一统筹单元内部，普遍是通过调剂金机制实现调盈补亏，也没有完全实现制度规定、经办管理、基金运行等方面一体化。在此背景下，社保异地转移接续面临较多经办方面的障碍，制约了新就业形态劳动者频繁职业转换和异地就业的流动性需要。

三是新就业形态的"去单位化"导致劳动者无法有效构建补充保障。我国企业年金、补充医疗制度依然以工作关联为主要参保路径，依托稳定劳动关系实施保障供给，不能很好适应就业多元化形式。对于大部分新就业形态劳动者而言，因未曾签订劳动合同建立合法稳定的劳动关系，难以在企业年金和补充医疗保障层面形成保障供给。业已启动的个人养老金制度虽同时面向正规就业和非正规就业群体，但税收递延环节依然需要单位开展操作，使各类非单位就业人员事实上不能建立社保计划。同时，各类市场购买产品金融回报水平偏低，管理通道费用过高，核保后置和道德风险问题突出，造成有负担能力和保障需求的新就业形态劳动者缺少可选择的多层次保障产品。[①]

（三）新经济形态下劳动关系运行环境发生变化

1. 新经济加剧了用人单位的非正规化和小微化

新技术的蓬勃发展以及国家支持"双创"政策推陈出新，使得新经济形态发展迅猛。新经济形态发展为个人、家庭等各类非法人实体参与经济

---

① 关博. 加快完善适应新就业形态的用工和社保制度 [J]. 宏观经济管理, 2019 (4).

活动提供了史无前例的机会，客观上促进了经济繁荣和就业机会增加。根据原国家工商总局数据，近年创业创新热潮持续高涨。2017年，全国新设市场主体1 924.9万户，同比增长16.6%，比上年提高5个百分点，平均每天新设5.27万户。全年新设企业607.4万户，同比增长9.9%，平均每天新设1.66万户，而2016年是1.51万户。新设个体工商户1 289.8万户，增长20.7%，较2016年5.7%的增速大幅提升。相对来说，初创的小微企业发展稳定性不如大企业，劳动关系正规性和稳定性都存在问题。

同时，除了正规注册的市场主体，还有大量没有经过登记注册的非法人实体参与到经济活动中来，非正规经济活动大量增加，给政府监管带来了挑战，劳动合同实施、劳动保障监察困难重重。

2. 新经济下的企业变更较频繁

当前部分新经济形态如平台经济仍处于发展初期，创业者和企业一开始就携着大量资本跑马圈地，真正实现盈利的很少。这种依靠资金投入的残酷竞争是不可持续的，必然会出现大量企业被淘汰或者兼并重组。根据有关数据，2016年是共享单车元年，2016年年底共有20家左右的共享单车平台，但2017年已经有悟空单车、3Vbike等共享单车平台倒闭。共享e伞、享睡空间、沙发旅行等各领域共享平台都出现无法维持的信息。网约车方面，在通过大量补贴积累大量用户后，滴滴、uber中国烧钱似的竞争难以持续，最终实现了合并。共享单车方面，以前最大两家单车平台摩拜和ofo也最终分别归入美团和滴滴。因此，平台企业快速设立、变更、合并、倒闭等十分普遍，这也意味着劳动关系的变化，很容易引发劳动争议甚至群体性事件。

3. 新经济下劳动者文化素质更高

新经济特别是平台经济的服务提供者和平台劳动者都较为年轻，知识水平更高，对互联网技术以及新兴事物接受程度更高，可以接收到互联网时代各种各样的知识，对自身的权益要求也更高。他们的维权意识要远高于上一辈劳动者。同时，虽然平台经济下许多服务提供者不在同一工作场所工作，线下互不认识，但由于沟通交流的便利，并不意味着不可能出现群体性聚集和维权活动，其规模甚至超过以前。滴滴出行发布的《移动出行与司机就业报告》显示，滴滴平台上的司机以拥有家庭和孩子的"70后""80后"男性为主，他们是社会的中坚力量和家庭的中流砥柱。以专快车为例，"80后"成为司机主力军，占比达到46%，"70后"占比达到32%。

4. 新经济下劳动者灵活就业更加普遍

在新经济下，劳动者就业渠道更加多元，就业方式更加灵活，临时就业、非全日制就业、弹性工作等灵活就业方式更加普遍、更加流行，平台就业、网络就业创业等就业方式容量不断扩大，各种灵活就业方式成为拉动就业增长的重要渠道。在共享经济发展下，每个人依托一个平台就可以实现自由自主就业。个人可以自由选择在什么平台工作，可以自由选择做什么样的工作，还可以自由选择在什么时间、什么地点工作。例如滴滴专车司机，既有兼职又有全职，他们可以灵活机动地自由选择工作的时间和地点、安排工作的强度，甚至还可以在使用滴滴平台实现就业的同时也使用优步、易到等平台。个人就业的组织界限完全被打破，也没有了所谓的"雇主"。根据有关数据，仅阿里巴巴零售平台2015年就创造就业机会约为1 522万个，其中淘宝、天猫平台上网店创造的就业机会就达1 104万个，提供的电商物流领域就业机会达203万个（基本都是新增就业），电商服务相关就业机会超215万个（基本都是新增就业）。滴滴出行平台司机超过1 500万人，其中大多数属于兼职司机。

我国现行的劳动权益保障法律法规基本都建立在劳动合同或者正式劳动关系的基础上，都需要有用人单位的依托。以社会保险为例，参保缴费一般都是用人单位和职工个人共同承担，其中，用人单位是重要的缴费主体，缴费按照劳动者收入水平为基数。灵活就业者由于就业方式灵活，没有固定的雇主和劳动关系，收入水平不好确定，很难纳入现有的社会保险制度。灵活就业日益普遍，权益保障难度明显加大。

5. 新经济对部分行业劳动关系形成对比效应

新经济下劳动者就业方式更加灵活、收入水平更高，会影响部分行业传统劳动关系的和谐稳定，尤其是出租车行业。网约车影响了传统出租车收入水平，引发两大群体的冲突，同时，网约车与平台之间相对灵活的关系，对传统出租车行业司机有重要影响。传统出租车行业一直以来实行的运营模式以及劳动关系会在新经济下受到一定冲击。

（四）新经济对劳动关系实际运行产生的冲击

1. 对劳动关系认定标准提出了挑战

在传统经济模式下，劳动关系主体相对简单，包括用人单位和劳动者双方。劳务派遣用工方式兴起后，劳动关系的主体扩展到了用工单位、劳动者和劳务派遣机构三方，劳动法律法规已经明确了三方的权利义务关系，劳动关系归属也是明确的。但平台经济兴起后，市场主体更加多元化，不同主体之间的关系更加复杂。例如，电商平台就涉及平台企业、平台企业员工、入驻商户、商户员工以及消费者等多个主体，外卖平台则涉及平台企业、外卖加盟商或代理商、商户、骑手等多个主体，劳动者与平台企业之间的关系如何定性十分复杂。

平台企业与平台从业人员之间的关系认定，主要在于平台从业人员的经济从属性和人格从属性。目前，广泛引用的标准是2005年劳动和社会保障部发布的《关于确立劳动关系有关事项的通知》。该文件首次从立法上规定了劳动关系认定的三项标准：①用人单位和劳动者符合法律、法规规定的主体资格；②用人单位依法制定的各项劳动规章制度适用于劳动者，劳动者受用人单位的劳动管理，从事用人单位安排有报酬的劳动；③劳动者提供的劳动是用人单位业务的组成部分。但随着平台等新型用工方式的不断出现，上述文件的不适应性逐渐显现。目前，已经出现了大量劳动关系认定的法律纠纷。

2. 对部分劳动基准适用提出了挑战

新经济以客户需求为导向，服务时间覆盖全天24小时，对劳动者提供服务的时间也提出了相应要求，必然导致从业人员劳动时间远远超过传统劳动关系下相对固定和相对集中的劳动时间。新经济下的劳动者相对于传统劳动者有更大的工作时间自主权，导致有关劳动时间的劳动基准无法适用。同时，平台经济打破了空间壁垒，在不同区域可以提供同质服务，但不同区域的劳动基准存在差异，导致不同从业人员在最低工资标准等方面存在差异。

3. 对劳动关系协调机制带来了挑战

在传统经济形态下，劳动者有明确的用人单位，劳动者可以组建工会，并通过民主协商的方式与雇主就劳动条件等进行谈判，签订集体合同。还有更高层次的工会联合会可以与雇主联合会进行协商谈判。代表劳动者利益的工会，可以有效协调劳动者和雇主的利益，减少劳动关系冲突。但在平台经济下，劳动者都是分散的，没有固定的工作场所和工作时间，相互之间很可能也没有协作关系，很难形成代表劳动者利益的组织。但是在互联网时代，一旦发生纠纷，劳动者又很容易在网络上聚集并发出声音，影响社会舆论和社会稳定。同样，对于政府而言，平台经济增加了劳动监察难度，如何制定有效的规则、减少劳动纠纷也是很大挑战。

4. 劳动者社保权益保障更加困难

一方面，部分新经济形态对劳动关系认定标准、部分劳动基准提出了挑战，劳动关系是否存在、劳动基准是否适用等问题将直接影响劳动者的社保权益，产生相应的法律纠纷。另一方面，大量灵活就业方式的出现，对社保制度覆盖范围产生影响。目前，五项社保项目对灵活就业人员的参保要求都是奉行自愿原则，灵活就业人员将会游离在社保制度范围外，无法享受到相应的保障。

（五）新经济劳动关系变化对社会保障、职工福利制度形成的新需求

新经济下，劳动者就业方式平台化、就业形式灵活化趋势更加明显，劳动关系的表现和结构出现改变，使以劳动合同为依据的工作关联型社会保障、职工福利稳定性和有效性面临挑战，要求对社会保障和福利制度的供给方式进行改变，提高对新经济劳动关系形态变化的适应性。

1. 更加公平的保障

由于新经济从业人员就业形式多元，签订劳动合同比例较低，职业转换周期短，劳动者无法依赖长期稳定的劳动合同实现参保和福利获取，这就要求社会保障和相关福利制度均等保障，使新经济各类灵活就业、平台就业人员能够与传统行业正规就业人员享有均等的社会保障和福利保障权益，确保他们能够获得与自身经济特征和保障需求相一致的福利供给。

2. 适应流动性的保障

由于新经济企业多为民营、初创企业，员工流动性高，异地就业成为从业人员的重要特征，新经济企业员工普遍存在工作地与户籍地分离情况。一方面，要求政策能够充分适应流动性，使从业人员在工作地顺利参保或者实现社保关系转续。另一方面，由于家庭成员生活分离，主要成员长期外出，导致了空巢家庭、留守儿童等社会现象，新经济从业人员家庭容易发生家庭功能失衡，家庭的情感支持、子女抚育、养老等功能出现残缺。社会保障政策在设计上应充分考虑新经济流动性所产生的影响和冲击，建立更加具有灵活性的保障方式，使社会保障可以成为异地就业人员的可靠安全网。

3. 更高质量的保障

新经济从业人员收入水平普遍高于社会平均水平，并有着较高的教育背景，在服务获得方面与低收入群体有着明显边界，对于社会保障、员工福利制度有着高质量的期待。受互联网"去中心化"等思维影响，新经济企业经营者和员工在福利供给内容上不单纯满足于法定福利，供给方式上不再依赖于政府垄断式提供，应努力通过市场渠道获得更有质量的生活保障。

（六）新经济从业人员社会保障的突出问题

1. 新经济灵活就业人员参保入口存在障碍，制约了保障公平性

在新经济就业形态中，灵活就业、平台就业占比较高，而我国目前灵活就业人员平等参加职工社会保险制度还存在政策障碍。平台就业、灵活就业关系下的新经济从业人员，普遍仅能在户籍地按照灵活就业身份参保。广东等省份虽然试点扩大参保范围，但也要求为本省户籍。对于就业地与户籍地分离的从业人员，事实上被排斥在职工基本养老保险、职工基本医疗保险制度之外，不能与传统行业企业正规就业人员享有均等的保障权益。

为此，大量新经济从业人员以居民身份在户籍地参加居民基本养老和基本医疗保险。其中，基本养老保障待遇水平过低，不足城镇居民人均可支配收入的1/10。虽然异地就医结算逐步便利，但各地基本医疗保险制度结构差异明显，很多地方没有门诊待遇政策，户籍地参加基本医疗保险仍然面临着异地就医实际保障可及性不足的困境，不能提供与其经济负担能力和风险分担需求相适应的保障供给。

2. 社会保险统筹层次偏低，制约了保障适应流动性

目前，我国仅有城镇职工基本养老保险实现了省级统筹，其他社会保险项目统筹层次还不高。即使在同一统筹单元内部，普遍是通过调剂金机制实现调盈补亏，也没有完全实现制度规定、经办管理、基金运行等方面的统一。

在此背景下，社会保险异地转移接续面临较多经办方面的障碍，制约了新经济从业人员频繁职业转换和异地就业的流动性需要。从养老保险来看，待遇转移接续政策不断顺畅，但统筹层次制约了经办效率，在未纳入"提速办"地区，转移接续流程往往达45个工作日以上，纳入提速办地区也需要15个工作日左右，实际经办时间达到1个月。特别是新经济从业人

员往往是个体经营或者灵活就业，没有单位集中办理的优势，经办时间成本更高。同时，养老保险既得权益确定机制不完善，不同地区的参数认定方式不一致，也为关系转移接续工作造成了障碍。在基本医疗保险方面，退休医疗待遇异地认定尚无统一办法，各地对享有退休医疗待遇的最低参保年限规定不一，不同地方的参保年限不能累加或者视同，也没有相应的权益转换机制。这些都导致参保者的关系转移接续权难以得到保证。

3. 补充养老和医疗保障发展滞后，制约了新经济从业人员获得充足保障的可及性

截至2015年年底，我国企业年金参加职工2239万人，仅占企业参加职工基本养老保险人数的6.55%，建立企业年金的企业为7.55万户，不足全国企业单位总数的0.35%。相当比例新经济企业虽然具备了建立年金计划的经济实力，但是由于年金产品供给形式单一，计划建立流程繁复，再加上互联网"去中心化"思想渗透形成的自主理财理念，年金计划在新经济企业覆盖面甚至低于传统行业。

第三支柱养老保障虽然提议较早，但组织形式还有待于进一步厘清。2017年7月，国务院办公厅印发《关于加快发展商业养老保险的若干意见》，明确提出发展安全性高、保障性强、满足长期或终身领取要求的商业养老年金保险，积极参与个人税收递延型商业养老保险试点。以此为依据，个人税收递延型商业保险等商业养老保险安排成为我国养老保障第三支柱目前落地的主要形式，并在福建省、上海市、苏州工业园开始试点，但实际覆盖人数仅4.7万人。而由于大额险资基金投资限制较多，再加上产品设计不合理，商业养老险产品目前年化回报率集中在2%到2.5%，低于其他稳健型中长期投资产品5个百分点左右，造成有负担能力的新经济从业人员缺少可选择的第三支柱产品。目前，对于第三支柱发展已经形成了以账户制为基础的共识，但是在个人账户组织方式、税收优惠享有方式、不同类型产品内涵范围方面还存在讨论空间，除养老金产品、养老目标基金产品外，也缺少更有竞争力的其他三支柱产品配套。

4. 企业举办福利设施面临隐性天花板，制约新经济从业人员享有高质量职工福利

在公共服务体系建设尚存在空白点领域下，企业办服务机构是拓展职工福利边界解决新经济企业职工各类生活服务需求的主要途径。尽管我国已经出台多项政策，支持企业举办相关幼托等内部设施，并平等参与市场

竞争，但因为相关政策障碍和监管困境并未全面破除，部分关键要素资源约束问题严重，市场机制在相关领域作用发挥受到明显制约。一方面，企业举办养老、医疗、幼托等服务机构面临严格的经营场所、医保管理等限制，制约了机构提供中高端服务的现实能力。另一方面，监管机构、企业主体与机构运营者之间责任不清晰，企业与职工之间在附加福利设施权益方面契约关系模糊，导致企业对自办福利设施承担无限责任，影响了相关经营者投资的积极性。

四、构建新经济形态和谐劳动关系的政策建议

（一）新经济下劳动关系认定标准不能急于下结论

传统劳动关系认定标准不能适应新经济发展用工需要，在部分行业引发劳动纠纷，是世界各国面临的共同问题。欧美发达国家也发生了大量的法律诉讼，引发了广泛的学术讨论，至今都没有明确的定论，大多数国家都将劳动关系认定问题留给司法具体个案判断。

我国在处理新经济对传统劳动关系认定标准冲击时，也应该借鉴国外经验，主动适应新经济发展潮流，本着支持技术创新和新经济发展的原则，多看到其繁荣经济和扩大就业的正面效应，以发展的眼光对待新经济、支持新经济、促进新经济，以开放包容的心态看待与新经济相关的就业形态，密切观察其用工特点、问题和发展趋势，不要急于下结论、谈立法。目前，主要由司法部门对有争议的个案进行裁决，等待条件成熟之后再进行相关立法。

（二）制定专门的非标准劳动关系调整法律，规范灵活用工关系管理

我国现行的《劳动法》《劳动合同法》等是传统就业方式下以劳动关系作为调整对象的一系列法律，新经济下的灵活用工模式对现有传统劳动关系规制方式提出了挑战，一些平台型、网络型就业的新关系并未被纳入劳动法律规范中，仍然属于规制的空白。但是，由于标准劳动关系绑定了较高的劳动标准和劳动者权益，并不符合灵活用工的现实情况，因此也不宜纳入现行劳动关系法律体系中。对此需要加强顶层设计和系统研究，制定出台非标准劳动关系调整的相关法律，探索具有中国特色、适应新经济模

式发展、符合灵活就业本质要求的多元化用工关系调整模式立法，推进规范灵活用工发展体制机制和方法创新。并且制定符合灵活就业特征的劳动标准体系，使其有别于正规就业，建立多元化劳动标准法律制度。明确用工方和劳动者各自的权利义务，规定用工方对劳动者相关权益的保障机制，规范有关劳动争议的协调办法。①

此外，要加快劳动基准的专门立法，为各类劳动者提供基本的劳动保障。我国现行劳动基准与劳动关系捆绑过紧，适用范围窄，保障对象相对有限。如果认定为劳动关系，则劳动基准全部适用，否则全部不适用，本来仅是劳动保障权益的纠纷最终导致是劳动关系的争议。在新经济新业态快速发展情况下，就业方式日益灵活，新的就业形态不断增多，劳动关系认定更加困难，由此导致的劳动关系争议也将越来越多。建议加快制定修订劳动基准法，加强劳动基准的建设，这样就可以对"不确定"劳动关系等问题进行有效管理。重点之一是要扩大法定劳动基准的适用范围，采取底线保护思维，为各类劳动者提供最基本的劳动权益保障。

（三）加强基本保障，平衡眼前利益与长远利益矛盾

在现行法律调整无法一步到位、部分从业人员社会保障缺失的情况下，建议从底线思维出发，从多个层次优先解决新经济从业者职业伤害、基本医疗和养老保障等相关问题。通过行业规定由互联网新业态平台企业为劳务提供者缴纳商业保险，解决劳务提供者在提供服务过程中受到的职业伤害等风险保障问题。如北京、上海等地网络预约出租汽车经营服务管理实施细则中就明确规定，平台企业应当为驾驶员购买人身意外伤害保险，或签订意外伤害保障条款等。

有效利用现有灵活就业、自主创业参保以及居民参保等多种参保政策，打破户籍身份、地区统筹等壁垒，允许新经济下劳务提供者以灵活就业人员等身份参保缴费，并通过订立契约条款、设置从业门槛等方式，由互联网新业态平台企业监督劳务提供者办理缴费事宜，鼓励或确保其纳入基本社会保障范畴，努力平衡眼前收入与长远养老、医疗保障之间的矛盾。

---

① 孟续铎. 新业态发展中劳动关系面临的问题及对策 [J]. 中国人力资源社会保障，2018（4）.

(四) 充分发挥互联网平台企业在协调劳动关系中的作用

互联网平台企业是新经济发展的受益者,应当充分履行企业社会责任,主要是两个方面:一是作为一家企业,应当遵守现行相关劳动法律法规制度,履行雇主责任,同时对于平台上目前无法认定劳动关系的从业者,应当配合政府和行业政策,通过购买商业保险等形式做好从业者基本权益保障。二是作为平台,对于平台上运行的小微企业的劳动关系可以发挥监督作用。平台相对于平台上的经营企业居于绝对强势地位,能够即时掌握平台上经营企业的相关信息,包括交易量、现金流等,也可以通过登录准入、暂停交易、登录注销等方式制衡平台上的经营企业。充分发挥平台企业的监督作用,改善平台上小微企业的劳动管理和守法状况。①

(五) 规范新就业形态劳动关系认定和协调机制

一是及时调整劳动关系认定方式,将各类灵活就业方式视同劳动关系管理。在充分考虑企业承受能力、尊重劳动者意愿基础上,把长期依托平台从事专项服务的餐饮递送、物流、家政等劳动者和以众包形式参与服务的劳动者纳入视同劳动关系管理的范围内,将新经济平台作为劳动关系中用人单位责任方。根据新就业形态岗位灵活度大、劳动者自由度高的特点,妥善界定视同劳动关系下新经济平台与劳动者的权利和责任,不过度增加新经济平台经营成本,兼顾劳动者高质量需求和平台经济聚合、开放、连接、共享的内在要求。②

二是建立适应灵活就业形态劳动关系协调机制,维护劳动者合法权益。及时调整相关法律法规,扩大劳动关系协调机制适用范围,对依托互联网平台形成稳定劳务关系、雇佣关系的以及采用众包方式组织生产的,推动签订三方合同,作为劳动关系协调的法律依据。当多方主体发生利益纠纷时,政府劳动部门要积极参与、有所作为,促进新就业形态劳动关系和谐稳定,维护劳动者合法权益。

三是创新工会组建和工作方法,搭建新就业形态劳动者服务和维权平台。进一步丰富工会组建形式,发展"互联网+工会"建会方式,以新经济

---

① 王文珍,李文静. 平台经济发展对我国劳动关系的影响 [J]. 中国劳动, 2017 (1).
② 关博. 加快完善适应新就业形态的用工和社保制度 [J]. 宏观经济管理, 2019 (4).

平台为依托，推动新就业形态劳动者网上登记入会，并接受属地地方工会业务指导，扫清工会组织覆盖的障碍和盲区。利用新技术手段了解劳动者诉求和关切，打通联系和服务职工"最后一公里"。创新工会集体协商方式，推动平台规范新就业形态劳动者的费用标准，抑制恶性竞争对劳动者权益损害，鼓励新经济平台加大对劳动者职业技能培训、劳动保护标准等方面投入，形成平台高质量发展与劳动者高质量就业的良性互动格局。

四是鼓励新兴行业成立行业协会，推动建立规范统一的行业用工标准。新就业形态所涉及的行业领域广泛，岗位性质和从业者特征不尽相同，统一规范岗位标准和薪酬制定等基本制度具有较大难度和较高成本。应充分激发行业自身动能，鼓励业内"领头羊"和"独角兽"企业发起成立行业协会，率先制定符合本行业劳动者特点的招募、培训、薪酬管理、劳动关系管理及劳动保护等标准，利用其影响力推广至全行业，促进行业整体劳动用工质量的普遍提升。

（六）完善新经济下就业风险托底机制

一是完善最低工资保障制度，适应新就业形态劳动者需要。推广小时最低工资标准适用范围，根据各类平台经济活动实际人力成本投入标准小时数确定劳动者的最低收入水平。建立小时最低工资科学核定和调整机制，综合考虑经济发展和宏观经济形势，并从鼓励支持新经济和新就业形态实际出发，根据劳动者及其赡养人基本生活所需，包括劳动者所必须缴纳的社会保险费等福利成本，合理制定小时最低工资标准。

二是改革失业保险制度，扩大失业保险金给付范围。鼓励新就业形态从业人员以平台为单位参加失业保险制度，在劳动者因商业模式转型、新技术替代等原因无法继续从事相关经济活动、出现阶段性收入减少乃至丧失收入进入事实失业状态时，允许其领取一次性的失业补助，作为失业阶段的经济代偿。

三是提高工伤保险制度参与率，在部分高危行业建立互助基金。鼓励部分劳动强度大、工作危险度高的子行业从业人员以平台为单位参加工伤保险制度。如鼓励交通事故发生率较高的快递、速配、网店仓储和物流、网约车等行业企业建立覆盖全平台的工伤保险或商业交通意外险，积极倡导企业社会责任和雇主责任。对于参保能力不足的行业或企业，可建议其自发建立小额互助基金，作为劳动者遭受重大风险后的救助金。

（七）构建适应灵活化趋势的就业服务制度

一是对接新经济发展需要加强新成长劳动力培养。增强高等教育对地方经济社会发展的服务能力和所需人才培养的支持能力，根据新经济发展趋势和社会需要联动调整招生计划和专业，优化新成长劳动力供给结构。建立职业技能精准培训政策体系，推进培训模式由粗放型向精准型转变。建立重点产业发展需求和职业技能培训联动机制，推动职业培训课程设置、培训内容与产业发展紧密结合，根据现代产业体系构建和新经济发展所需重点人才和重点岗位要求，加强订单式人才培养。推行终身职业技能培训制度，围绕就业创业重点群体和新就业形态劳动者，打造以人为中心的培训方案，探索建立个人公共就业服务账户，实现劳动就业服务与劳动者灵活性、流动性相适应，延伸至各类新就业形式。重点建立规范的劳动预备制培训，做好高技能人才培养，使新成长劳动力加快提升为适应新经济发展需要的"大国工匠"。

二是树立正确的就业职业观。一方面，培养劳动者正确的职业观，针对部分劳动者过多关注短期回报和工作时间灵活自由、忽略对自身长期人力资本投资和稳定职业生涯规划的问题，引导劳动者不断提高自身劳动技能，增强市场竞争力，争取长期可持续的高质量就业机会；另一方面，营造全社会尊重非标准就业的氛围，不因岗位不稳定、高风险、劳动保护差而歧视、忽略其从业者的合法权益和劳动贡献。

三是规范去产能企业的职工消化方式。坚持企业主体责任，扩大内部安置渠道，利用现有资金、技术和生产经营设备开展多种经营，调整主辅分离经营方式，将新增岗位用于安置职工。在企业内部通过优化劳动生产组合，调整劳动员额等方式，扩大既有产能就业吸纳能力。建立企业内部创新创业中心，鼓励分流职工通过创业带动方式实现就业。注重在分流安置去产能职工基本生活的同时，提高安置质量，减少不必要以及违背职工意愿的非正规就业安置。

四是建立劳动力市场新就业监测体系。加强对新经济领域内新就业形态的调研和监测，及时掌握其发展动态、成长规模、风险事件和劳动者诉求。建立灵活高效的信息传播和沟通反馈机制，设置科学合理的监测指标和预警机制，避免风险聚集酿成群体性事件。加强数据收集和跟踪研究，为新时期实施更加积极有效的就业促进和保障政策提供依据。

（八）构建适应新经济和新就业形态变化的社会保障政策体系

1. 以职工基本养老、基本医疗保险制度和职业伤害保障为重点，确保新经济从业人员平等参保

要在"全民参保计划"中把互联网就业创业人员作为社会保险制度的扩面重点，深入研究专项政策，组织实施扩面措施。全面打破户籍限制，允许新经济从业人员在实际就业、居住地以灵活就业人员身份参加职工基本养老、基本医疗保险。同时，完善参保缴费办法。一方面允许有参保能力的新经济灵活就业者和平台就业者按照社会统筹加个人账户的模式参加职工基本养老和医疗保险，费率参照个体工商户确定；另一方面为保护大多数灵活就业劳动者的社会保险权益，允许实行更加灵活的缴费参保政策，即只缴纳养老、医疗保险的统筹账户缴费部分，不再建立个人账户，而且缴费方式上允许按年、按季度缴费，根据其缴费额折算社会保险缴费年限。①

探索把改变社会保险缴费基数和降低费率作为降低参保门槛的重要抓手。把按照"城镇非私营单位在岗职工社会平均工资"为缴费基数，改变为按城镇各类单位人员平均工资作为缴费基数，以适当降低城镇灵活就业人员缴费负担。同时，加快落实各项社会保险降费率政策，明确低费率享有低待遇的参保原则，避免发生"低进高出"的道德风险。

形成适应新经济从业人员的职业伤害保障方案。以强制参保为前提、以互助共济为基础、以平台合作为支撑，在新经济主要行业领域形成强制性的职业伤害保障制度。坚持社会保险的根本性质，强化互助共济作用，委托商业保险机构经办，提高运行效率。在筹资方面，按照以支定收的原则，以平台服务为单元确定缴费水平，根据递送、外卖、通勤等行业特征进行浮动调整，在工伤保险基金下单独建账管理。在支付范围方面，重点保障因职业伤害发生的医疗、康复、生活护理费用和伤残津贴、死亡补助等。根据职业伤害保障运行成熟程度和新就业形态发展情况，适时将职业伤害保障制度与现行工伤保险政策并轨。

2. 以提高统筹和便利经办为实施路径，构建适应新经济劳动关系变化的灵活社会保险体系

加快推进养老保险全国统筹改革。进一步完善养老保险省级统筹，确

---

① 关博. 加快完善适应新就业形态的用工和社保制度[J]. 宏观经济管理，2019（4）.

保在省级统筹单位内做到基金的统收统支统一管理。落实企业职工基本养老保险基金中央调剂制度，在此基础上，完善中央与地方养老保险责任分担机制，明确各级财政养老保险支出责任，加快养老保险全国统筹改革步伐。对于医疗、工伤等保险制度，考虑不同地区人口年龄结构、疾病谱系、自然环境、生活成本的差异，以及大数法则基数过大会产生边际无效率的问题，建议在省级或者地市级范围内合理确定统筹层次。同时，提高统筹管理质量，全省范围内实现社会保险基金的统一管理、业务经办统一管理，并在统筹区域内统一各类社会保险待遇计算方式，缩小因地区经济社会发展水平而产生的社会保险待遇差距，强化社会保险制度的互助共济作用。加强基本医疗保险区域协同，提升跨统筹单位医疗保障水平和民生资源共享程度，更好地增强医疗保险制度适应流动性。

以全国统一的社会保险信息平台和医疗保险信息平台为依托，改革社会保险经办服务，实行全国统一的社会保险登记、缴费记录表，使新经济灵活就业群体无论在哪个城市哪个单位，只需要办理一次社会保险登记，就可以以社会保险关系作为依据，不间断进行记录、接续和转移。加快人社、医保业务事项的提速快办，设置社会保险个人服务窗口，简化参保程序，改进服务手段。推动管理向下延伸，使个人参保更加便利。

3. 以构建多层次社会保障体系为手段，为新经济从业人员提供丰富的保障选择

合理确定税收优惠水平，提高新经济企业和个人供款比例。建立弹性缴费机制，允许有条件的企业上调企业年金缴费阶段税收优惠比例至18%，确保在目前投资收益率下，缴费水平能够支持约20%的退休收入替代，鼓励更多有负担能力的新经济企业和个人建立并参加年金计划。同时，建立起健康保险税惠调整机制，根据城乡居民收入增长情况和保险成本变动及时调整税惠额度，避免定额税收减免方式引发政策激励效应弱化。

积极发展养老第三支柱，适应新经济劳动关系短期化、灵活化趋势。针对新经济下劳动关系短期化、灵活化的特征，传统的以单位制和固定劳动关系为基础建立补充养老保障的组织方式已经不能有效覆盖新经济劳动者。为此，应加快发展以账户制为基础，个人自愿参加、国家财政从税收上给予支持、资金市场化投资运营的个人养老金制度，由劳动者根据自身需要自愿选择包括养老金产品、目标基金产品、养老储蓄或者其他类型的养老金融产品，并平等享有税收优惠支持，鼓励新经济从业人员提高保障水平，提供更加丰富的保障选择。

以相互保险制度为基础，以平台和行业为单元，发展新经济从业人员的健康互助基金，由劳动者按照意愿缴纳互助保险费，对本人及家庭成员罹患重特大疾病，以及劳动者因长期从事递送、外卖、通勤工作造成的未纳入职业病目录的颈椎、腰椎伤害，予以一定的医疗费用补偿，实现新就业形态劳动者共担大病医疗和职业伤害风险。推动平台企业与各地总工会对接，确保平台就业劳动者参加属地职工互助保障。鼓励新经济从业人员参加各地举办的"惠民保"，提高重特大疾病目录外高额用药费用的分担能力。

4. 以改善基础制度环境为方向，支持新经济企业拓展职工福利范围

进一步放宽市场准入，为新经济企业举办优质职工福利服务创造条件。精简养老、医疗、托幼等企业内设服务机构审批条件，放宽企业以职工福利为目的举办相关机构的准入门槛。完善经营和价格形成机制，对于各类企业以及具有公共服务性质类的机构，服务收费项目和标准由经营者自主确定，并适度允许富余服务能力开展市场经营，减轻企业压力。加快破除新经济企业举办职工福利事业的监管约束，落实企业出资人责任，对服务设施实际运营者纳入合规经营主体统一监管，避免企业陷入无限责任陷阱。

第五章
中国海外投资企业的劳动关系问题

20世纪90年代后期,随着"走出去"国家发展战略的实施,大批中国企业带着资本走出国门。经过20多年的发展,中国在世界直接投资市场的地位显著提升,逐步成为世界海外投资强国。2020年官方公布的统计数据显示,2019年中国对外直接投资流量规模达1 369.1亿美元,蝉联全球第二,仅次于日本的2 266.5亿美元。① 2019年年末,中国对外直接投资存量达2.2万亿美元,保持全球第三,次于美国(7.7万亿美元)和荷兰(2.6万亿美元)。② 同时,中国企业在海外经营过程中的劳资纠纷等劳动关系问题不断见诸中外媒体。

近年来,如何有效解决中国海外投资企业长期存在的劳工问题已经引起了政府和企业的共同关注。在政府监管方面,2018年以来,中国不断创新对外投资方式,提高对外投资质量效益,加强对外投资合作的监管和服务,提升企业国际化经营水平,指导企业增强境外风险防范应对能力,保护企业海外合法权益。在规范企业海外经营行为方面,2017年以来相关政府部门先后出台《关于规范企业海外经营行为的若干意见》《关于改进境外企业和对外投资安全工作的若干意见》《关于进一步引导和规范境外投资方向指导意见》等政策。③ 其中,中国海外投资企业的劳动用工问题成为近年来政府监管的重要领域。为进一步规范企业海外经营行为,2018年商务部印发《关于开展企业走出去合规经营排查工作的通知》,要求进一步加强对

---

①② 商务部,国家统计局,国家外汇管理局. 2019年度中国对外直接投资统计公报,2020.
③ 商务部. 中国对外投资合作发展报告2018,2019.

企业海外经营的事中事后监管和行业协调自律，对本地区、本行业及所属行业走出去经营行为合规性进行全面排查，防范海外经营风险。[①]

在企业自律层面，越来越多的中国海外投资企业开始携手政府、国际组织、劳工团体以及社会部门等利益相关方，以积极履行企业社会责任的方式来缓解海外投资过程中出现的劳工问题。例如，2008 年中钢集团加入"联合国全球契约"，并于同年发布《中钢集团可持续发展非洲报告》，成为我国海外投资企业首份面向非洲地区发布的企业社会责任报告，又于 2010 年发布《中钢集团可持续发展澳洲报告》，成为我国海外投资企业首份面向发达国家发布的可持续发展报告。中国有色集团在 2011 年发布了《赞比亚社会责任报告》，这也是我国企业首次面向非洲单个国家发布的社会责任报告，其中介绍了中国有色集团在赞比亚的发展情况，尤其是在劳工问题上作出的显著改善，比如提高员工薪酬、修改雇佣协议、与员工签订正式雇佣协议、支持员工发展等。越来越多的中国海外投资企业开始以履行企业社会责任的方式回应劳工问题，这表明企业社会责任可能为中国企业在海外投资过程中构建和谐劳动关系提供新的理念、路径和模式。

本章分析中国海外投资企业劳动关系问题的具体表现形式，探讨中国海外投资企业构建和谐劳动关系的途径与措施，并探究企业社会责任对于促进海外投资企业和谐劳动关系建构的理论与实践意义。

一、中国企业海外投资发展简况

（一）投资规模

中国对外直接投资活动始于 20 世纪 70 年代末期，2000 年政府"走出去"发展战略以及 2001 年加入 WTO 进一步加速了海外投资的发展过程。商务部、国家统计局数据显示，自 2002 年建立对外直接投资统计制度以来，中国对外直接投资流量持续快速增长 14 年，截至 2016 年，年均增速高达 35.8%[②]，如图 5-1 所示。2012—2018 年间，中国连续 7 年对外直接投资流量位列全球前三，2016—2018 年间连续 3 年在全球对外直接投资流量中

---

① 商务部，中国对外承包工程商会. 2018—2019 中国对外劳务合作发展报告，2019.
② 商务部，国家统计局，国家外汇管理局. 2019 年度中国对外直接投资统计公报，2020.

的比重超过10%①，如图5-2所示。截至2019年年底，中国超2.75万家境内投资者在全球188个国家（地区）设立对外直接投资企业4.4万家，全球80%以上国家（地区）都有中国的投资，年末境外企业资产总额7.2万亿美元。②

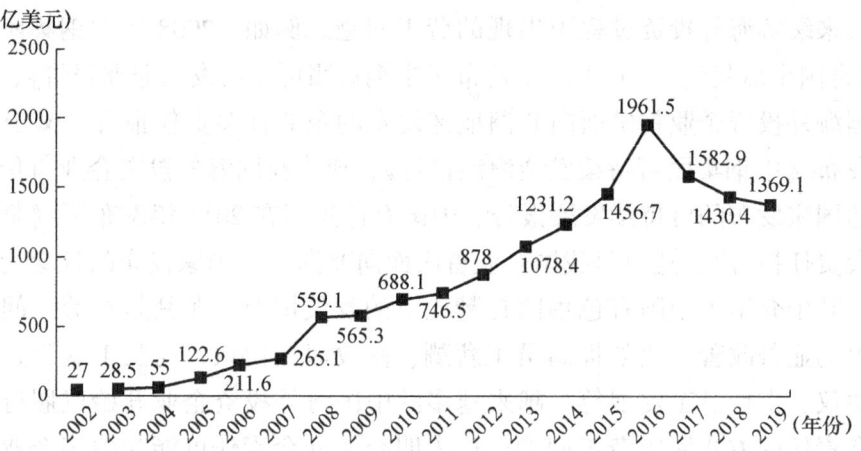

图5-1　中国对外直接投资流量（2002—2019年）

数据来源：商务部，国家统计局，国家外汇管理局. 2019年度中国对外直接投资统计公报，2020.

（二）发展历程

从关于中国对外直接投资的研究中可以看出③，中国对外直接投资大致经历了三个阶段，每个阶段具有不同的特征。

1. 初始阶段（1978—1991年）

1978—1986年间为中国对外直接投资发展的初始阶段，这一阶段内的对外直接投资存量只有约13.5亿美元。投资主体以在国外开展贸易的国有企业为主，投资目的限于谋求国际合作、获取国际商业运作经验、开辟海

---

①② 商务部，国家统计局，国家外汇管理局. 2019年度中国对外直接投资统计公报，2020.

③ Davies K., 2009, "While global FDI falls, China's outward FDI doubles", Transnational Corporatiogns Review; Gu J., 2009, "China's private enterprises in Africa and the implications for African development", European Journal of Development Research, 21（4）; Lemoine F., 2013, "From foreign trade to international investment: a new step in China's integration with the world economy", Economic Change and Restructuring, 46（1）; Yang Y., S. Xu, 2012, "Analysis of Industrial Trends in China's Overseas Direct Investment", China: An International Journal, 10（2）.

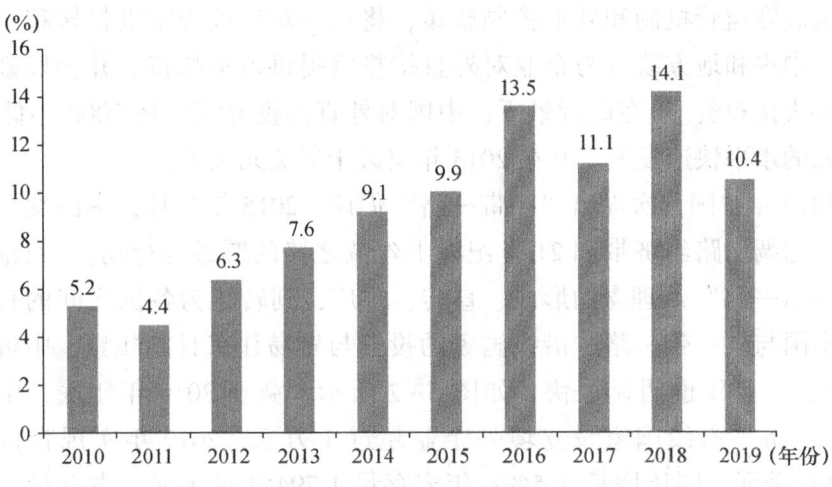

图 5-2　中国对外直接投资流量占全球份额（2010—2019 年）

数据来源：商务部，国家统计局，国家外汇管理局. 2019 年度中国对外直接投资统计公报，2020.

外市场、拓展进出口渠道。1987—1991 年间，中国政府开始鼓励中国企业到海外开展非贸易类经济活动，将投资领域拓展至服务业以外。然而，政策支持却伴随着中国企业海外投资的盲目发展，虽然这段时间内的中国对外投资有了小规模增长，但是对外直接投资的收益却非常低。①

2. 缓慢增长阶段（1992—1999 年）

对外投资规模在 1992—1993 年达到一个短暂的峰值，这两年的年对外直接投资流量维持在 44 亿美元左右。但是，之后受 20 世纪 90 年代末亚洲金融危机的影响，中国政府担心国家资本外流，从而加强对国有企业对外直接投资的监督，中国对外直接投资又逐渐滑落，到 2000 年时对外投资流量下降到 9.16 亿美元。②

3. 迅速扩张阶段（2000 年至今）

为了将中国国有企业打造成具有全球影响力的国际大型企业，中国政府在 2000 年将"走出去"战略上升到国家战略，积极支持、引导国有企业走出中国、进入世界市场。在"走出去"国家发展战略的背景下，中国政

---

① Yang Y., Xu S., 2012, "Analysis of Industrial Trends in China's Overseas Direct Investment", *China: An International Journal*, 10 (2).

② Kaplinsky R., M. Morris, 2009, "Chinese FDI in Sub-Saharan Africa: engaging with large dragons", *European Journal of Development Research*, 21 (4).

府再次放宽监管机制和外汇控制政策,将小额对外投资审批权转移给地方政府,中央和地方政府为企业对外直接投资提供政策扶持,并积极鼓励企业对外直接投资。① 在此背景下,中国对外直接投资流量从2000年低于10亿美元的水平快速发展,并在2013年突破千亿美元大关。

2013年中国首次提出"一带一路"倡议。2015年3月,中国发布《推动共建丝绸之路经济带和21世纪海上丝绸之路的愿景与行动》。目前,随着"一带一路"从理念的形成、宣传、推广,到转化为各国之间的具体行动,中国与"一带一路"沿线国家的投资与贸易往来日趋频繁,中资企业"走出去"步伐也明显加快,如图5-2所示。截至2019年年底,中国在"一带一路"沿线国家设立境外企业超过1万家,2019年实现直接投资186.9亿美元,同比增长4.5%;年末存量1 794.7亿美元,占存量总额的8.2%。从国别构成看,主要流向新加坡、印度尼西亚、越南、泰国、阿联酋、老挝、马来西亚、哈萨克斯坦、柬埔寨等国家。② 如图5-3所示,2013—2019年间,中国对"一带一路"沿线国家累计直接投资1 173.1亿美元。

(三) 区域分布

目前中国企业海外投资的足迹已经遍布全球各地,其中,在亚洲国家的海外投资覆盖率最高。在我国经济持续转型升级、企业不断发展壮大的过程中,企业海外投资目的也由以资源获取为主转变为技术品牌获取为主,从而增强国际竞争力并满足国内消费需求。在此背景下,中国海外投资目的地分布出现多元化趋势,即企业海外投资的区域从亚非拉等资源型国家逐步向欧美等发达国家扩展。近年来,中国对发达国家的投资增速显著超过对发展中国家的投资,2014年对美国投资增长23.9%,对欧盟投资增长1.7倍,大大高于同期对外直接投资14.1%的总体增速。③

2017年年末,中国对外直接投资存量遍布全球188个国家(地区),占

---

① Lemoine F., 2013, "From foreign trade to international investment: a new step in China's integration with the world economy", *Economic Change and Restructuring*, 46 (1).

② 商务部、国家统计局、国家外汇管理局. 2019年度中国对外直接投资统计公报, 2020.

③ 安永. 丝路扬帆 蛟龙出海:中国对外直接投资展望 [R/OL]. (2015-03-15) [2017-05-11]. http://www.ey.com/Publication/vwLUAssets/ey-china-outbound-investment-report-cn/$FILE/ey-china-outbound-investment-report-cn.pdf.

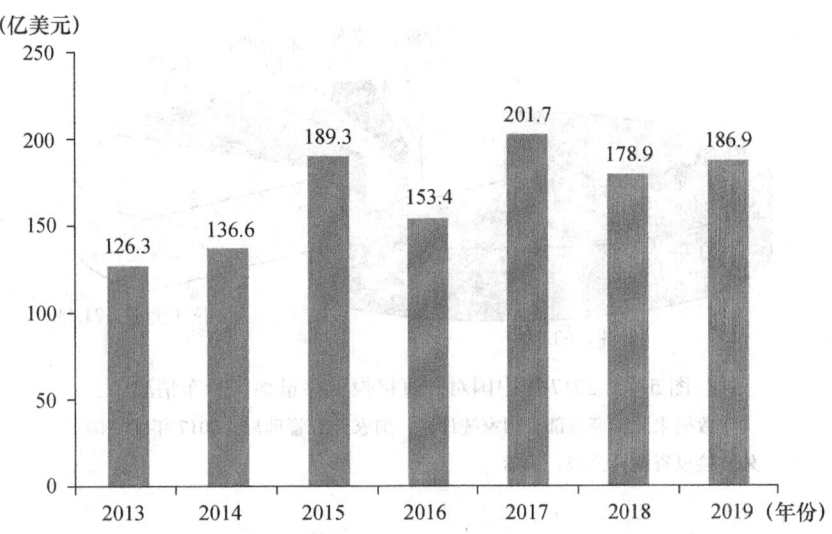

图 5-3　中国对"一带一路"沿线国家投资情况（2013—2019 年）
数据来源：商务部，国家统计局，国家外汇管理局. 2019 年度中国对外直接投资统计公报，2020.

全球国家（地区）总数的 80.8%。如图 5-4 所示，中国在亚洲的投资存量为 11 393.2 亿美元，占 63%；拉丁美洲 3 868.9 亿美元，占 21.4%；欧洲 1 108.6 亿美元，占 6.1%；北美洲 869.1 亿美元，占 4.8%；非洲 452.2 亿美元，占比为 2.4%；大洋洲 417.6 亿美元，占 2.3%。①

（四）行业分布

中国企业对外投资日趋成熟，从早期的能源矿产类转向全球战略布局，目前已扩展到金融、农业、医疗等多个领域。如图 5-5 所示，2014 年中国公司能源矿产类并购交易金额所占比重由 2010 年的 61% 下降到 16%；而科技、媒体和通信（TMT）行业的比重则由 6% 增长到 21%；农业、地产相关类行业也成为交易热点。②

2018 年，中国对外直接投资涵盖了国民经济的 18 个行业大类，当年对外直接投资流量最大的 5 个行业包括租赁和商业服务业、金融业、制造业、

---

① 商务部，国家统计局，国家外汇管理局. 2017 年度中国对外直接投资统计公报，2018.
② 安永. 丝路扬帆　蛟龙出海：中国对外直接投资展望［R/OL］.（2015-03-15）［2017-05-11］. http://www.ey.com/Publication/vwLUAssets/ey-china-outbound-investment-report-cn/$FILE/ey-china-outbound-investment-report-cn.pdf.

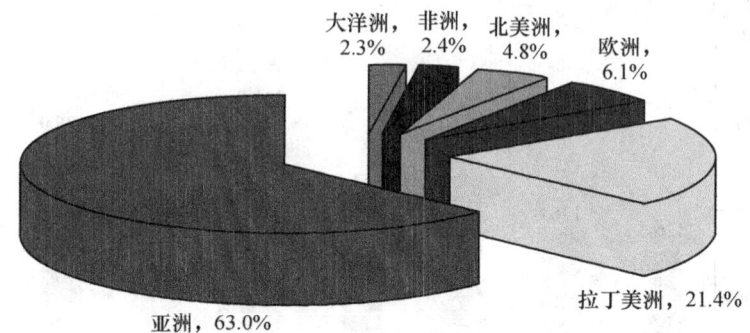

图 5-4 2017 年中国对外直接投资存量地区分布情况

数据来源：商务部，国家统计局，国家外汇管理局. 2017 年度中国对外直接投资统计公报，2018.

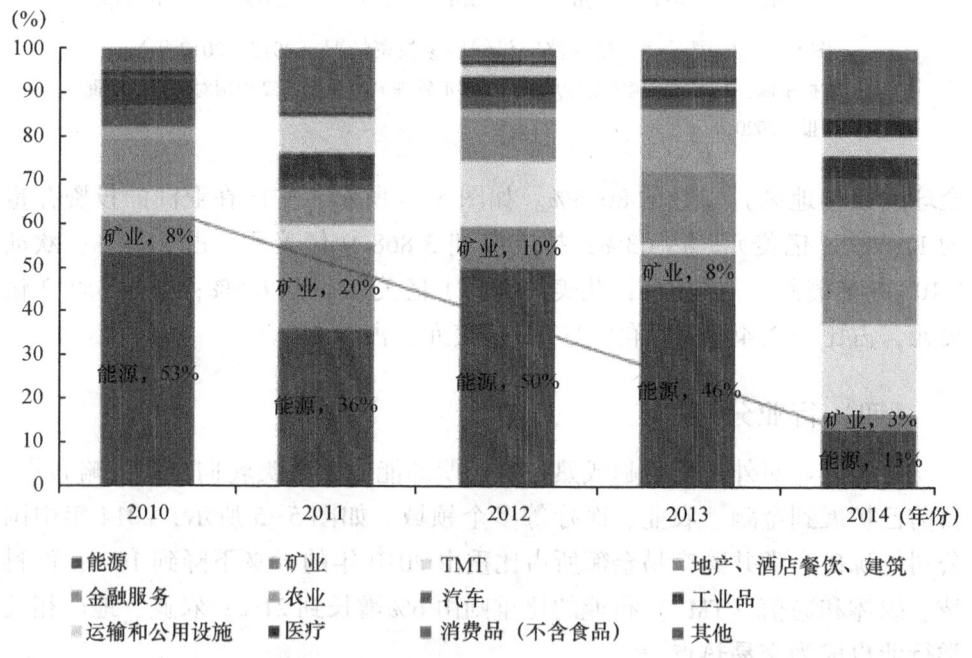

图 5-5 中国企业海外投资方向由能源和矿业主导转向多元化

数据来源：安永. 丝路扬帆 蛟龙出海：中国对外直接投资展望 [R/OL]．（2015-03-15）[2017-05-11]. http://www.ey.com/Publication/vwLUAssets/ey-china-outbound-investment-report-cn/ \$FILE/ey-china-outbound-investment-report-cn.pdf.

批发零售业、信息传输/软件和信息技术服务业，如图 5-6 所示。其中，租赁和商务服务业、金融业、制造业、批发和零售业这前 4 大行业的投资流量继续保持百亿美元规模，分别为 507.8 亿美元、217.2 亿美元、191.1 亿美元和 122.4 亿美元，整体占比分别为 35.5%、15.2%、13.4% 和 8.6%。[①]

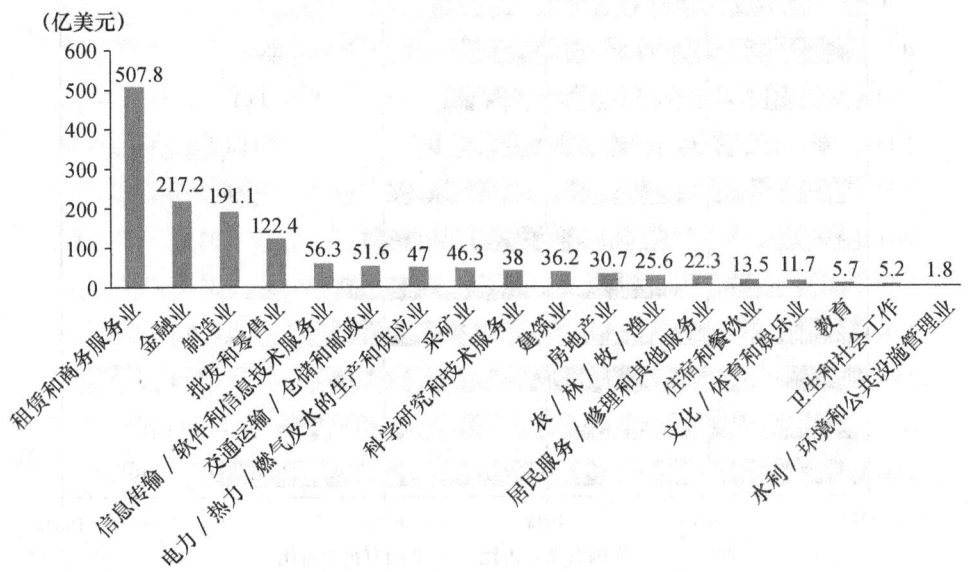

图 5-6　2018 年中国对外直接投资流量行业分布情况
数据来源：商务部. 中国对外投资合作发展报告 2019，2020.

（五）投资主体

中国对外直接投资主体由早期以国企为主导的模式逐渐转变为国企民企并驾齐驱的格局。如图 5-7 所示，截至 2017 年年底，在对外非金融类直接投资 16 062.5 亿美元存量中，国有企业占 49.1%，非国有企业占 50.9%（其中，有限责任公司占 16.4%，股份有限公司占 8.7%，个体经营占 7.4%，私营企业占 6.9%，港澳台商投资企业占 5.8%，外商投资企业占 3%，股份合作企业占 0.5%，集体企业占 0.3%，其他占 1.9%）。[②]

与国企相比，中国民营企业具有经营体制灵活、受到东道国政治审查较少的优势，因此发展势头更为迅猛，投资领域更为多元化，投资效果和收益可能更优，但遇到的劳动关系问题也可能更多。

---

① 商务部. 中国对外投资合作发展报告 2019，2020.
② 商务部，国家统计局，国家外汇管理局. 2017 年度中国对外直接投资统计公报，2018.

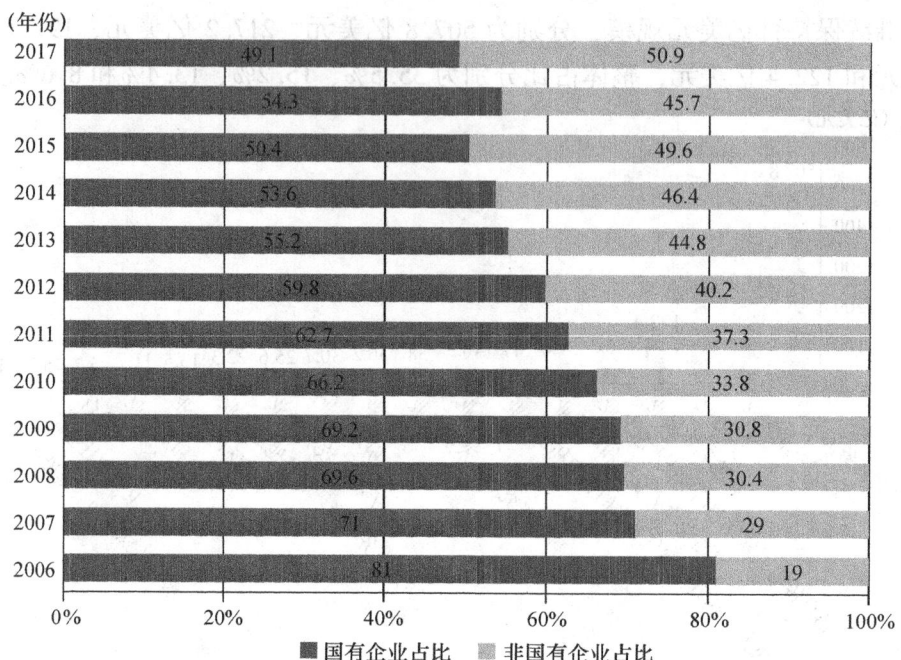

图 5-7 国有企业和非国有企业投资存量对比（2006—2017 年）

数据来源：商务部，国家统计局，国家外汇管理局. 2017 年度中国对外直接投资统计公报，2018.

二、中国海外投资企业及劳动用工基本情况

（一）中国对外直接投资企业基本特征

截至 2018 年年末，已有 2.7 万家中国企业在境外 188 个国家（地区）设立 4.3 万家境外分支机构，年末境外企业员工总数 359.5 万人，其中雇用外方员工 187.7 万人，占 52.2%。2018 年当年，中国企业向境外投资所在国家（地区）缴纳各种税金总额 594 亿美元，同比增长 58%。①

按企业工商登记注册类型分析，至 2018 年年末，在中国对外直接投资企业中，有限责任公司仍是主力军，占企业总数的 43.5%，较上一年增加 2.1%；其次是私营企业，占总数的 24.3%，比例小幅下降；股份有限公司占 11.1%；外商投资企业占 5%；国有企业占 4.9%；港、澳、台商投资企

---

① 商务部. 中国对外投资合作发展报告 2018，2019.

业占3.7%；个体经营占2.4%；股份合作企业占1.6%；集体企业占0.4%；其他企业占3.1%。①

按境外中国企业行业类别分析，截至2018年年末在境外的中国企业主要分布在批发和零售业、制造业、租赁和商务服务业中。如图5-8所示，三大行业累计企业数量26 225家，占境外企业总数的61.1%。其中，批发和零售业在境外共设立12 056家企业，占中国境外企业总数的28.1%；制造业企业8 577家，占企业总数的20%；租赁和商务服务业企业5 592家，占比为13%。②

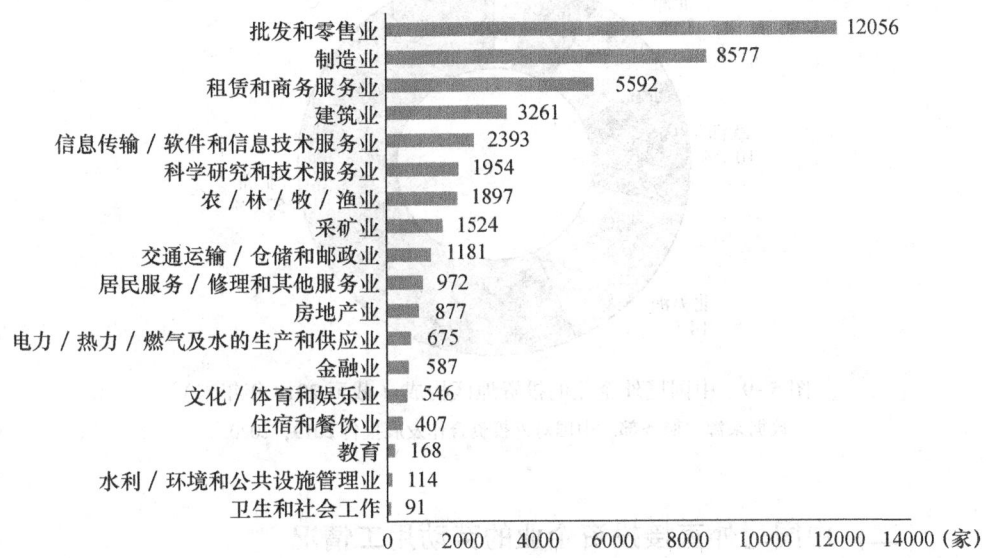

图5-8　中国境外企业的行业构成（截至2018年年末）
数据来源：商务部. 中国对外投资合作发展报告2019, 2020.

按海外投资企业所属省市分布分析，在境内投资者中，地方企业是开展对外直接投资的中坚力量。根据商务部统计，截至2018年年末，有168家中央企业及单位开展对外直接投资，仅占中国对外投资企业总数的0.6%，较上年下降0.5%，其他均为地方企业。地方企业中境内投资者数量前十位的省（自治区、直辖市）依次为：广东、浙江、上海、江苏、北京、山东、福建、辽宁、湖南和天津，共占境内投资者总数的79.2%。③

---

① 商务部. 中国对外投资合作发展报告2018, 2019.
②③ 商务部. 中国对外投资合作发展报告2019, 2020.

按境外企业海外投资的地区分布分析，截至2018年年末，中国境内投资者共在全球188个国家（地区）设立境外企业4.3万家，遍布全球超过80%的国家（地区）。如图5-9所示，中国在亚洲设立的境外企业数量最多，超过2.4万家，占投资境外企业总数的57.0%。其次是北美洲和欧洲，投资境外企业数量分别超过6 200家和4 500家，占投资境外企业总数的比重分别为14.5%和10.7%。①

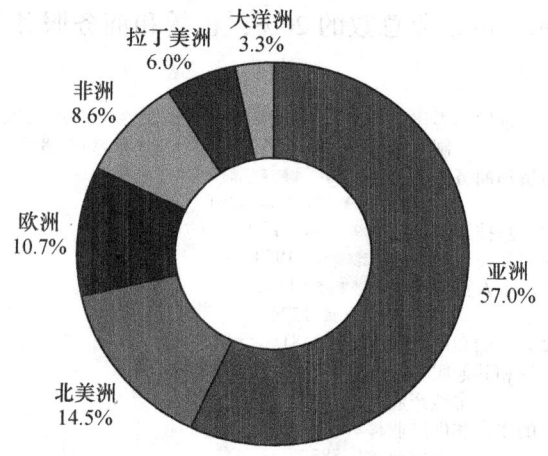

图5-9　中国境外企业的投资地区构成（截至2018年年末）
数据来源：商务部. 中国对外投资合作发展报告2019，2020.

（二）中国对外直接投资企业的劳动用工情况

目前关于中国对外直接投资企业的劳动用工类型缺乏官方分类标准。吕国泉、李佳娜等人将中国海外劳工分为五种类型：①对外承包工程的劳务输出；②境内企业法人与国外雇主签订劳务合同派出的劳务人员；③在境外投资、兴办企业派出的工作人员；④因成套设备和基础设施出口需本国劳务人员进行调试、指导、培训等产生的劳务输出；⑤民间劳务输出，即劳动者个人通过各种渠道自己联系出国谋职。②

中国海外投资企业的劳动用工主要分为三类：①企业派驻国（境）外的中国员工（简称企业外派员工）；②企业在东道国雇用的外方员工；③劳

---

① 商务部. 中国对外投资合作发展报告2019，2020.
② 吕国泉，李佳娜，淡卫军，等. 中国海外劳务移民的发展变迁与管理保护——以移民工人维权和争议处理为中心的分析［J］. 华侨华人历史研究，2014（3）.

务派遣用工。本章使用此种分类方法。由于各国对外劳工工作签证配额制度实施日趋严格,"企业在东道国雇用的外方员工"成为目前主要的用工方式。据统计,目前中国对外投资企业80%以上的人员是属地化用工。[①]

1. 用工规模

随着中国海外投资企业总量不断增长,企业劳动用工规模逐年上升。如图5-10所示,2006年以来中国对外直接投资企业的员工总数及外方员工数量逐年稳步增长。截至2019年年末,中国对外直接投资企业员工总数374.4万人,其中雇用外方员工226.6万人。[②]

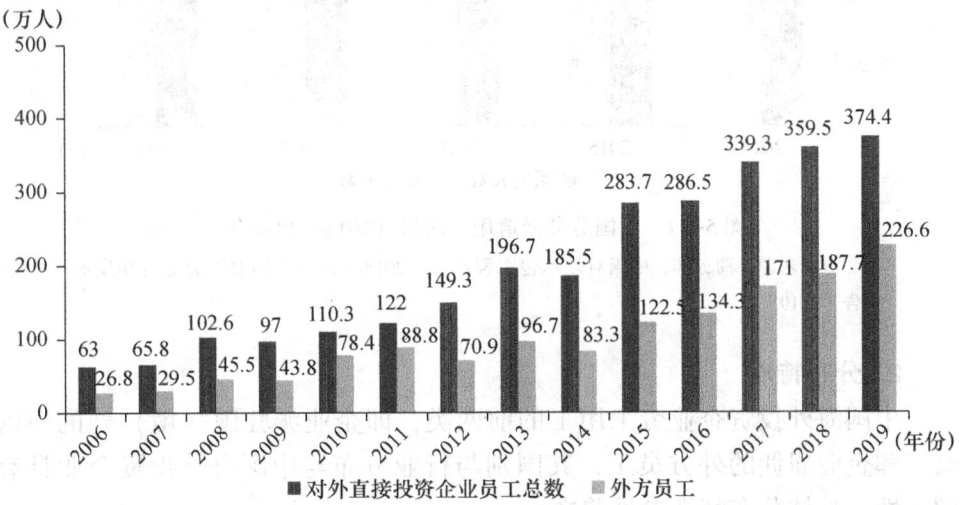

图5-10 中国对外直接投资企业的员工总数及外方员工总数(2006—2019年)

数据来源:商务部,国家统计局,国家外汇管理局. 中国对外直接投资统计公报(2006—2019).

与此同时,劳务派遣用工成为中国开展对外服务贸易的另一重要形式,初步形成了行业齐全、低中高各级劳务并存的劳务输出格局。近年来中国外派劳务的规模增长迅速,从1979年年底的1 000多人,增长为1985年的5.8万人,再到2012年上半年609万人次,是1985年的105倍。[③] 截至

---

① 乔健,李诚. 中资企业投资"一带一路"国家劳动关系风险防范研究——以巴西为例[J]. 中国人力资源开发, 2018 (7).

② 商务部,国家统计局,国家外汇管理局. 2019年度中国对外直接投资统计公报, 2020.

③ 吕国泉,李佳娜,淡卫军,等. 中国海外劳务移民的发展变迁与管理保护——以移民工人维权和争议处理为中心的分析[J]. 华侨华人历史研究, 2014 (3).

2018 年年末，我国已累计派出各类劳务人员 951.4 万人次。① 如图 5-11 所示，近年来，中国劳务派遣用工规模逐步扩大。

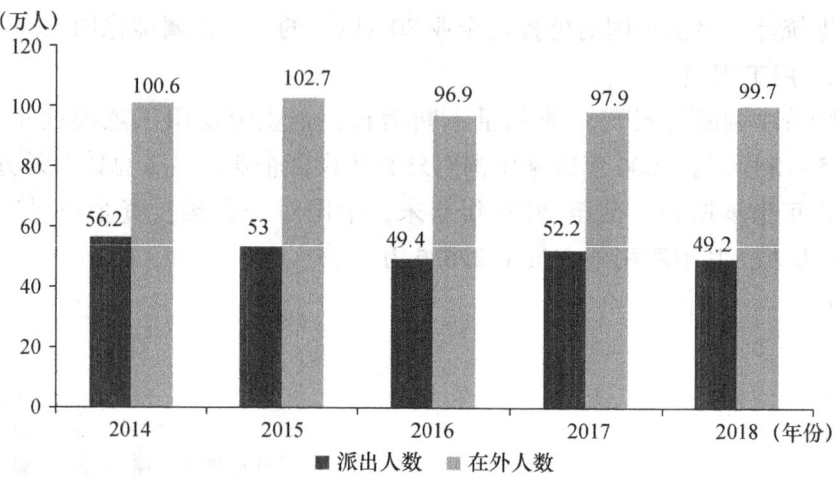

图 5-11　中国劳务派遣用工规模（2014—2018 年）

数据来源：商务部，中国对外承包工程商会. 2018—2019 中国对外劳务合作发展报告，2019.

2. 分布特点

中国海外投资企业劳工用工的前两类，即企业派驻国（境）外的中国员工和企业雇佣的外方员工，其国别与行业分布与中国海外投资企业具有同一性，具体分布特征参见前文。

中国海外投资企业劳动用工的第三类是劳务派遣用工，其分布不同于前两类。就地区分布看，中国对外劳务合作已扩展至 180 多个国家和地区。② 2018 年中国在外各类劳务人员 99.7 万人，主要分布在日本、中国澳门、新加坡、阿尔及利亚、中国香港、安哥拉、沙特阿拉伯、马来西亚、老挝、巴基斯坦等国家和地区。③

就行业领域看，2018 年年末中国在外各类劳务人员主要分布于建筑业、制造业和交通运输业三大行业，合计在外人数 72.9 万人，所占比重为 73.1%。其中，建筑业在外人数 45.4 万人，占比达到 45.5%；制造业在外

---

①③　商务部，中国对外承包工程商会. 2018—2019 中国对外劳务合作发展报告，2019.

②　吕国泉，李佳娜，淡卫军，等. 中国海外劳务移民的发展变迁与管理保护——以移民工人维权和争议处理为中心的分析［J］. 华侨华人历史研究，2014（3）.

人数15.7万人，占比为15.7%；交通运输业11.8万人，占比11.8%。① 从对外劳务合作经营企业所在省份看，2018年中国各省（自治区、直辖市）派出各类劳务人员43.1万人，其中位列前三位的省份是山东省、广东省和江苏省。②

截至2018年年初，具备对外劳务合作经营资格的企业共计820家，比2017年同期增加15家。从对外劳务合作经营企业的业务量看，2018年外派劳务人数位居前列的20家企业，外派各类劳务人员合计14万人，所占比例由上年的27.1%上升为28.4%。③ 从就人员构成看，外派劳务人员由20世纪80年代的中低端建筑工人为主，发展成为高中低端劳务兼备、高中端日益增加的格局。随着中国劳务派遣的国际竞争力不断增强，一些劳务输出国已将中国列为劳务输出市场上的主要竞争对手。④

三、中国企业海外投资过程中的劳动关系问题

目前，关于中国企业海外投资过程中的劳动关系问题，没有由相关政府部门（如人力资源和社会保障部、商务部等）公布的专项统计数据。但一些相关统计数据，能从侧面反映出中国企业海外投资过程中劳动关系问题的规模、类型与性质。

2014年，中国驻外外交和领事机构全年受理的领事保护和协助案件数量大幅攀升，与劳工权益直接相关的经济和劳务纠纷类案件全年达1 826件，较2013年983件的增长近1倍，主要涉及商业纠纷、拖欠工资等。⑤

（一）典型劳动关系问题案例

根据国际金融数据Dealogic的统计，2009年跨境收购领域中国企业失败率高达12%，2010年为11%，连续两年为全球最高，而美国和英国企业2010年的收购失败率仅为2%和1%。⑥ 中国企业海外并购的失败，很多情况下是由于未能妥善处理好劳动关系问题。以下几则海外并购的案例充分

---

①②③ 商务部，中国对外承包工程商会. 2018—2019中国对外劳务合作发展报告，2019.

④ 吕国泉，李佳娜，淡卫军，等. 中国海外劳务移民的发展变迁与管理保护——以移民工人维权和争议处理为中心的分析 [J]. 华侨华人历史研究，2014 (3).

⑤ 花勇. "一带一路"建设中的海外劳工权益法律保护 [J]. 云南社会主义学院学报，2016 (5).

⑥ 孙立军. 中国海外投资企业的人权义务与反对人权意识形态化 [J]. 法学论坛，2015 (11).

说明，中国企业海外投资过程中存在各种类型的劳动关系问题，说明构建和谐劳动关系对于海外投资企业的重要性。

1. 首钢收购秘鲁国营铁矿公司

1992年，首钢斥资1.18亿美元收购秘鲁国营铁矿公司全部股权，在首钢成功入主秘鲁铁矿之后却陷入了秘鲁工人的停工泥沼之中。秘鲁工人想要获得与中国国有企业员工相同水平的高待遇，几乎每年都会进行大型停工。由于秘鲁法律禁止开除工会领导人，但首钢对当地法律不熟悉，采取强硬的处理方式，解雇了工会领袖，导致矛盾激化。首钢管理层疲于应对一波接着一波的停工潮，铁矿一度处于停运状态。劳资纠纷造成了首钢秘鲁铁矿公司的巨额经济损失。据不完全统计，矿工停工给秘鲁铁矿公司带来的损失高达日均100万～200万元。在经历了14年的艰难经营后，2006年首钢出让秘鲁铁矿股份，宣告跨国经营失败。①

2. TCL并购法国阿尔卡特

2004年，TCL并购法国阿尔卡特，本打算利用阿尔卡特的技术优势帮助TCL在手机生产领域取得突破，却在并购后期的整合过程中遭遇滑铁卢。两大公司的企业文化存在明显冲突，阿尔卡特推崇人性化管理，工作氛围宽松自由，而TCL倡导奉献精神以及严格管理，这让阿尔卡特员工无法接受。文化冲突导致合资公司的人才大量流失，经营状况恶化，出现了严重亏损。最终并购失败，合资企业运营一年后宣告解体。②

3. 上汽集团收购韩国双龙

2005年，上汽集团为加强核心技术的研发并扩张市场份额，收购韩国双龙汽车51.33%的股份，成为中国汽车企业海外收购的首家案例。然而，收购后企业却存在持续的劳工问题，具体表现为持续工会斗争和频繁停工。随着并购完成，双龙工会怀疑上汽只是把双龙作为技术输出平台，不会履行不裁员、继续投资等收购条件。2006年7月，双龙汽车员工在韩国平泽停工，8月中旬双龙汽车员工再次停工，并向上汽集团提出加薪、停止向中国转移技术等要求。最后，双龙汽车管理层与工会达成协议：撤回解雇553人的方案，维持现有的雇佣人数；构建高效率灵活的生产体制；到2009年

---

① 金波. "一带一路"倡议下跨国并购的劳动法律风险[J]. 理论观察, 2017 (4); 姜俊禄. 走出去中国企业在全球化过程中的劳工法律风险统筹管理[J]. 中国律师, 2015 (2); 殷建平, 张琦. 中国企业跨国经营用工环境适应性研究[J]. 商业时代, 2010 (12).

② 金波. "一带一路"倡议下跨国并购的劳动法律风险[J]. 理论观察, 2017 (4).

为止每年投资约 3 000 亿韩元开发新车。之后,韩方仍不断指责上汽偷窃韩国汽车技术,2008 年年初双龙汽车工会再次组织停工,2009 年年初劳资谈判彻底失败。同年 9 月,劳资冲突最终演变成上汽退出双龙汽车,收购最终以失败告终。①

4. 复星国际收购以色列凤凰保险

复星国际有限公司(以下简称"复星国际")是中国一家综合性集团公司,旗下拥有保险、医药、旅游等多个产业链。2015 年,复星国际意图通过并购以色列凤凰控股有限公司(以下简称"凤凰保险")来拓展其全球保险业务。2015 年 6 月,复星国际向凤凰保险发出收购要约,开价 34 亿美元希望收购凤凰保险 52.31% 股权。消息一经传出,便遭遇凤凰保险员工和以色列民众的反对与抗议。凤凰保险员工担心公司被中国企业收购后,其原有的薪酬福利得不到保证,随即发起了停工。以色列民众担心养老金落入他国的企业手中,自身福利得不到保障。由于以色列国内反对声音过于强烈,以色列政府对此高度重视,以色列财政部宣布对此次交易进行评估,确保凤凰保险的收购符合国家和广大工人利益。2016 年 2 月,复星国际最终宣布放弃收购。②

5. 中远集团收购希腊港口

希腊比雷埃夫斯港是中国通往欧洲和巴尔干半岛的"新海上丝绸之路"的重要一站。2008 年,中远集团在希腊比雷埃夫斯港集装箱码头私有化项目中成功中标,以 43 亿欧元获得该港口 35 年的特许经营权。

2016 年,中远集团又与希腊方面完成了该港口 67% 股权的交割,成为该港务局的最大股东,成为中国企业在海外接管整个港口的首个案例。然而,中方的接管过程并不顺利,始终伴随着希腊码头工会对港口私有化进程的不断抗议和集体停工。③

6. 福耀玻璃美国代顿工厂

中国知名的汽车玻璃供应商福耀集团在美国的投资始于 1995 年。为开

---

① 姜俊禄. 走出去中国企业在全球化过程中的劳工法律风险统筹管理[J]. 中国律师, 2015 (2).
② 王蓓, 蒋琳瑶. "一带一路"背景下中国企业海外并购的劳动法律风险及防范[J]. 山东财经大学学报, 2018 (11).
③ 肖竹. "一带一路"背景下"出海"企业的对外劳动关系治理[J]. 中国人力资源开发, 2018 (4).

拓北美市场，2014年初福耀集团在俄亥俄州独资设立福耀玻璃美国有限公司，工厂选址该州代顿市的一个小城镇，工厂前身是通用汽车制造工厂，于2008年金融危机下关闭。

2016年，《纽约时报》一篇文章直指福耀集团在美国代顿工厂存在用工、生产安全和文化冲突等问题。随后，福耀集团通过多种途径予以回应，称该报道并不属实。2016年5月，代顿工厂的11名员工向美国职业安全与健康管理局（OSHA）提出书面投诉，称工厂存在一系列安全问题。当时，汽车工人联合会（UAW）正动员代顿工厂的员工参加工会，于是帮助11位员工提交了投诉文件，文件详述了代顿工厂的30余种安全健康风险。据OSHA通报，截至2016年11月，代顿工厂共收到投诉23项，累计罚款金额22.7万美元。2017年2月，员工再次向OSHA提出指控，详述了几起安全事故，包括员工在没有恰当呼吸防护的情况下使用危险黏合剂问题，而该黏合剂含有多种异氰酸盐，能导致气喘和其他呼吸系统疾病。

2017年3月，福耀集团、OSHA以及由UAW代表4位员工达成协议：福耀集团须在2017年5月1日前解决主要安全问题，OSHA发现的其他问题须在2017年6月1日前解决，同时违规罚款金额由原来的22.7万美元降至10万美元。协议规定，在接下来的12个月内，福耀集团每季度都要与OSHA会面，讨论公司的合规情况。2017年3月前后，该公司又支付了700万美元，用于提升安全健康水平，还与当地的代顿大学共同培训了一批监管人员，建立了内部的劳动法规队伍，并实施英汉双语安全培训。①

7. 杭州百艺服装（缅甸）公司仰光工厂

2017年，杭州百艺服装（缅甸）公司的仰光工厂遭遇停工冲击，工厂设施遭到一定程度的破坏，部分中方工作人员遭到抢劫并被限制人身自由。在该事件发生后，缅甸仰光省仲裁委员会裁定该企业解雇工会领导的行为违法，同时在缅甸的多个服装品牌公司也宣布暂时中止与百艺服装公司的供应合作。该事件表明，中资企业在缅甸投资应当严格遵守当地劳动法，特别是在缅甸工会运动和工人维权积极性高涨的情况下，同时要充分认识到，在快速民主化进程中缅甸工人维权方式处于无规则化状态，会加剧海

---

① 郁振山. 中国企业"走出去"的安全之路——福耀玻璃美国代顿工厂被投诉事件始末[J]. 现代职业安全，2017（7）.

外投资企业的劳资纠纷风险。①

(二) 海外投资企业劳动关系的特点与问题成因

海外企业劳动关系的特殊性主要表现在以下几个方面。首先，海外企业劳动关系所处的法律、经济、政治环境具有国际化特征，同时所处的文化环境具有多元化特征。其次，海外企业劳动关系中的雇员及其组织也具有多元化和国际化特征，而且海外企业劳动关系转换过程涉及国际合作与共同行动。最后，海外企业劳动关系的发展状态不仅影响企业利益与员工福利，而且涉及国家利益与国际关系。在此基础上，总结中国存在的各种海外投资企业劳动关系问题的成因主要有以下几个方面。

1. 法律调处机制

目前，有关中国海外企业劳动关系调处的法律，主要包括国际法规（即相关国际公约、国际惯例等）、中国法律与属地国法律。其中，中国法律主要涉及《劳动法》《劳动合同法》《涉外民事关系法律适用法》和《对外承包工程管理条例》《对外劳务合作管理条例》《境外投资管理办法》等行政法规规章，以及相关政府部门（商务部、财政部、外交部）颁布的一系列部门规章。然而，目前的法律调处机制存在诸多问题，如立法不全、执法不严、司法不便等。②

第一，立法不全。①立法原则定位不清是目前中国海外企业劳动关系法律调处机制各种问题的症结所在。立法原则过于注重短期效应和经济利益，缺乏战略性、系统性思考；立法时存在不同价值取向，导致劳动关系调处方式与结果存在差异甚至矛盾。②立法主体分散，层级较低。目前中国关于对外劳务输出与对外投资、工程承包立法大部分是行政立法，立法主体众多，立法零散，权限重复模糊。同时，已有立法效力位阶较低，缺乏系统性和稳定性。③立法内容粗略，范围较窄。目前与劳务派遣有关的法律大都属于一般性法律规则，没有关于劳务派遣的专项法律规定，导致

---

① 班小辉. "一带一路"沿线民主化转型国家中企业的劳工风险问题——以缅甸为例 [J]. 中国劳动关系学院学报, 2019 (1).

② 沈琴琴, 刘文军. 中国境外企业劳动关系调处机制研究 [J]. 中国青年政治学院学报, 2013 (3).

调处海外劳务纠纷时缺乏明确的法律依据。①

第二，执法不严。中国海外企业劳动关系综合协调机制已初步建立，包括涉及三十多个部委的部际联席会议制度、外交部领事保护中心和商务部驻外使领馆经商机构一线监管机制。目前的政府监管模式存在如下问题：①在海外企业劳动关系法规政策的执行过程中，突击执法的问题依然普遍存在，短期效应明显。② ②目前海外企业劳动关系协调机制更多将海外劳工纳入对外合作的框架中，将海外劳工等同于对外贸易的商品，偏重"劳务"，轻视"劳权"，从而导致海外劳工在权利受到侵害时，难以通过现有的法律途径寻求救济。③

第三，司法不便。中国海外企业劳资争议的法律适用具有国际性特点，现实中存在法律适用不明确的问题。例如，国内劳务派遣人员发生劳资纠纷存在劳动者属人法和工作地属地法的争议问题。尽管《对外承包工程管理条例》和《对外劳务合作管理条例》都强调尊重工作地的法律法规和风俗习惯，但却缺乏具体明确的行为指导，在碰到具体问题时容易产生不确定性。从实践层面来看，相关法律机制的定位不清和制度不全，直接造成裁判困难。④

2. 行政调处机制

第一，战略指导和服务力度不足。由于政府相关部门对企业的需求调研不够，未能充分整合信息、评估和服务方面的资源，导致企业获得的支持尚不充分。⑤

第二，管理和服务机制不完善。目前中国海外企业劳动关系的行政调处，在中央一级主要依靠部际联席会议制度及各部委的相关规定，而在地方一级则由各级政府及相关部门具体负责。该机制存在分散化、非常设和非专门化的缺陷。在三类海外劳动关系当中，劳务派遣用工的管理机制发展程度相对较高，但缺乏具体运作机制。例如，《对外劳务合作管理条例》对建立从中央到地方的对外劳务合作工作协调机制作出了原则性规定，但缺乏细致协调程序和工作手册。又如，在处理海外企业外籍员工的劳动关

---

①②④⑤ 沈琴琴, 刘文军. 中国境外企业劳动关系调处机制研究 [J]. 中国青年政治学院学报, 2013 (3).

③ 花勇. "一带一路"建设中的海外劳工权益法律保护 [J]. 云南社会主义学院学报, 2016 (5).

系方面，尚无专门的管理和服务机制，主要依靠部际联席会议制度以及各部委的相关规定和指导意见权宜处理，导致劳动关系调处具有不确定性。①

第三，政府间劳务合作不够深入。目前中国已与不少国家签订了劳务合作协议，但大多是在法律框架内就原则和立场问题达成共识，缺乏调处劳资纠纷的专门条款，实际可操作性不强，难以用于解决跨国间劳动关系的具体问题。

3. 企业管理模式

中国企业管理模式具有典型的"人治"特点，主要表现为企业管理制度大多只确定原则性问题，制度内容不具体，政策执行具有弹性大、随意性强的特点。资本主义国家的企业管理体制与中国企业的人治模式明显不同，企业制度较为系统全面、可操作性强，同时劳动管理注重各个岗位的责任分配，强调照章做事，企业制度的执行力度较强。中国企业在跨国经营中，对于东道国的企业管理模式和社会现状差异重视不足，在制度建设、决策机制、人员管理等方面继续沿用国内既有的企业管理模式，造成劳资矛盾日益积累，甚至演化成为停工等公开性的劳资冲突。② 中国企业海外劳动关系中，因为企业管理模式差异造成的具体问题表现在以下几个方面。

第一，企业对东道国劳动法制环境的认知不足。中国与全球化智库通过对"走出去"企业"失败样本"的分析发现，在直接由法律因素导致失败或损失的投资事件中（占16%），约1/3是由于忽视或不熟悉东道国劳工法律制度所导致。③

第二，企业"本土化"管理不到位。中国部分企业在跨国经营中，尚未完成跨国公司的角色转换，未能回应全球化背景下企业管理模式的"本土化"要求，习惯沿用国内的企业管理模式，在企业治理结构、决策机制、岗位分工、企业文化建设等方面均不能与东道国市场、社会与文化环境有效衔接。④

第三，在海外劳动关系处理上缺乏经验。中国企业在跨国经营中，当

---

①④ 沈琴琴，刘文军. 中国境外企业劳动关系调处机制研究 [J]. 中国青年政治学院学报，2013 (3).

② 高冰，张杰. 浅析我国企业在跨国经营中的劳资问题风险及解决之道 [J]. 经济问题探索，2010 (1).

③ 肖竹. "一带一路"背景下"出海"企业的对外劳动关系治理 [J]. 中国人力资源开发，2018 (4).

发生劳动关系问题时，尤其在涉及工会和停工事件时，普遍存在应对经验不足的问题。当劳动关系争议或危机发生时，中国企业往往简单地照搬国内经验，未能充分考虑在东道国的适当性，由此导致严重后果。① 此外，部分企业在海外经营中缺乏必要的沟通机制、诉求表达机制、争议调解机制和突发事件应急处理机制，致使一些小矛盾发展为大问题。②

第四，企业跨文化管理缺位。企业跨国经营中，来自不同国家的各类员工在价值观念、行为规范等方面存在文化差异。企业管理如果不能充分包容文化差异，有效化解文化冲突，就会造成企业运营文化环境不和谐，甚至会带动引发劳动关系冲突。③

第五，企业海外经营中对利益相关方关系管理缺位。中国企业在跨国经营中，普遍缺乏利益相关方管理的理念与经验。研究表明，中国的跨国企业明显缺乏与国际机构、媒体的交流，对东道国政策网络的参与程度偏低，相对于来自西方国家的跨国企业竞争者明显处于劣势。在此背景下，容易出现针对中国企业海外劳动关系的负面舆论和政策环境。④

四、"一带一路"沿线国家投资企业的劳动关系问题

"一带一路"倡议最初直接涉及沿线64个国家和地区，包括东亚10国、西亚18国、南亚8国、中亚5国、独联体7国和中东欧16国。由于"一带一路"倡议具有开放包容性，部分拉美、大洋洲国家也逐渐加入，加之中国企业早期投资非洲，目前"一带一路"倡议已惠及全球所有的五大洲。

随着"一带一路"沿线投资展开和项目进入经营阶段，劳动关系问题逐步浮出水面。早年有首钢秘鲁铁矿的千人大停工，近年来"一带一路"沿线国家投资企业中的劳资冲突也时有发生。当前中美贸易摩擦与国际经贸关系复杂变化，增加了中资企业海外投资项目在安全、环保、用工等方面的风险，涉及中资企业的劳资纠纷事件不断出现，有的甚至演变成打砸抢等恶性事件。这些事件虽然数量不多，但造成了一定社会后果。目前劳动关系风险已成为与安全风险、政治风险、经济风险、法律风险、社会风

---

①④ 肖竹. "一带一路"背景下"出海"企业的对外劳动关系治理 [J]. 中国人力资源开发，2018（4）.

②③ 沈琴琴，刘文军. 中国境外企业劳动关系调处机制研究 [J]. 中国青年政治学院学报，2013（3）.

险并列的第六大投资风险。劳动关系治理和风险防范已成为中国企业走出去、走下去、走得好的重要保证。①

(一) 劳动关系问题的表现形式

2017年，联合国开发计划署驻华代表处发布《中国企业海外可持续发展报告2017》，并于2016—2017年通过商务部国际贸易经济合作研究院和国务院国有资产监督管理委员会研究中心等渠道对在"一带一路"沿线国家进行投资的500多家企业开展问卷调查。结果显示，这些企业中不同程度存在以下劳动用工问题：缺乏与工会合作的经验、劳工权益保障、待遇和福利分歧、培训和教育、劳动关系合同争议、职业健康及安全、停工问题、工伤赔偿争议等，如图5-12所示。劳工问题成为企业海外投资过程中面临的主要风险之一，具体风险分布见表5-1。

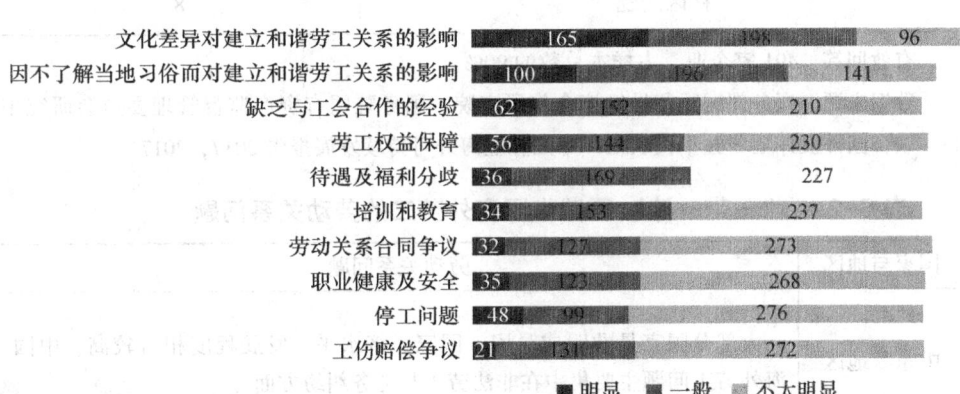

图5-12 企业在海外投资中的主要劳工问题

数据来源：商务部国际贸易经济合作研究院，国务院国有资产监督管理委员会研究中心，联合国开发计划署驻华代表处. 中国企业海外可持续发展报告2017，2017.

由于"一带一路"区域不同国家的政治经济社会状况千差万别，中国"一带一路"区域海外劳工的劳动关系问题也存在较大差异，见表5-2。

---

① 乔健，李诚. 中资企业投资"一带一路"国家劳动关系风险防范研究——以巴西为例 [J]. 中国人力资源开发，2018 (7).

表 5-1　　　　中国企业在东道国运营所面临的风险

在东道国运营所面临的风险	排序
政治局势	1
员工安全	2
当地商品价格及通货膨胀	3
劳工问题	4
腐败	5
疾病	6
环境问题	7
社区问题	8

有效回答：491 家企业，占样本总数的 90%

数据来源：商务部国际贸易经济合作研究院，国务院国有资产监督管理委员会研究中心，联合国开发计划署驻华代表处．中国企业海外可持续发展报告 2017，2017．

表 5-2　　"一带一路"区域中国海外劳工的劳动关系问题

国家与地区	劳动关系问题
中东欧地区	大部分国家是欧盟成员国，国家经济水平、发展程度相对较高，中国海外劳工问题主要集中在非法劳工与劳务纠纷方面
独联体国家	包括俄罗斯、白俄罗斯等国，中国海外劳工问题主要表现为非法劳工现象
东南亚地区	主要包括菲律宾、印度尼西亚、泰国、新加坡等国，中国海外劳工问题差异较大。在新加坡这样的发达国家，中国海外劳工主要面临的风险是被劳务中介、当地企业欺骗等；在马来西亚、泰国、缅甸等国，中国海外劳工可能遭遇劳务纠纷（拖欠工资）、因不熟悉当地的法律而导致的刑事犯罪；而在越南、菲律宾、印度尼西亚等国，中国海外劳工可能会因当地的反华情绪而受牵连

续表

国家与地区	劳动关系问题
东亚地区	主要包括韩国与日本。据统计,长期在韩国的中国公民有70多万人,超过40万人在韩国务工,主要从事建筑业、制造业和服务业中的脏累险的工作,工伤事故相对较多。此外大量存在非法劳务人员,其权益无法保障,存在拖欠工资、欺压虐待等问题。中国是日本海外劳工的最大来源国,在日本的外籍劳工又称为研修生,是不受日本法律保护的。中国研修生面临的主要劳工问题包括工作环境恶劣、工伤事故频发;一些企业的研修生往往全年无休,每天加班,严重违反日本法律;工作与生活条件恶劣;克扣拖欠工资等
南亚、西亚、中亚、北非地区	南亚主要包括巴基斯坦、印度等国,西亚、北非主要包括叙利亚、埃及、伊拉克、利比亚、也门等国,中亚主要包括乌兹别克斯坦、哈萨克斯坦、阿富汗等国。在这些地区,恐怖主义、政治局势不稳,以及某些使中国海外劳工面临人身安全受到威胁、无法实现稳定就业等问题

数据来源:章雅荻. "一带一路"倡议与中国海外劳工保护[J]. 国际展望,2016(3).

(二) 协调劳动关系的具体措施

联合国开发计划署驻华代表处2017年对"一带一路"沿线国家投资企业的调查报告显示,对于协调劳动关系的各种措施,受访企业认为"遵守当地劳工雇佣的法律法规"最为重要,其次是文化和中外雇员的融合以及与劳工组织的沟通,如图5-13所示。这说明企业在跨国经营过程中,大多意识到遵守当地法律法规和文化融合是避免劳资纠纷的根本措施。同时,和劳工组织有效沟通和尽可能考虑雇员发展需求,将更有助于促进劳动关系的和谐发展。

对于已产生的劳动纠纷,大多数企业选择基于对话和沟通的积极解决方案,即直接与受影响的个人或组织协商(84%),其中可能采取包括内部申诉机制等方式寻求共识。同时,40%的受访企业选择通过第三方协商来寻求解决。另外,还有部分企业选择直接经济补偿(24%)或终止与受影响的个人或组织的服务合同(14%)来解决劳资纠纷[①],如图5-14所示。

[①] 商务部国际贸易经济合作研究院,国务院国有资产监督管理委员会研究中心,联合国开发计划署驻华代表处. 中国企业海外可持续发展报告2017,2017.

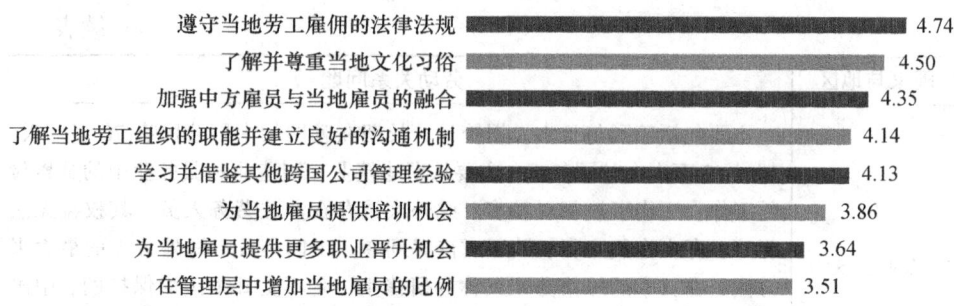

图 5-13 建设和谐劳工关系的措施及其重要程度

数据来源：商务部国际贸易经济合作研究院，国务院国有资产监督管理委员会研究中心，联合国开发计划署驻华代表处. 中国企业海外可持续发展报告2017，2017.

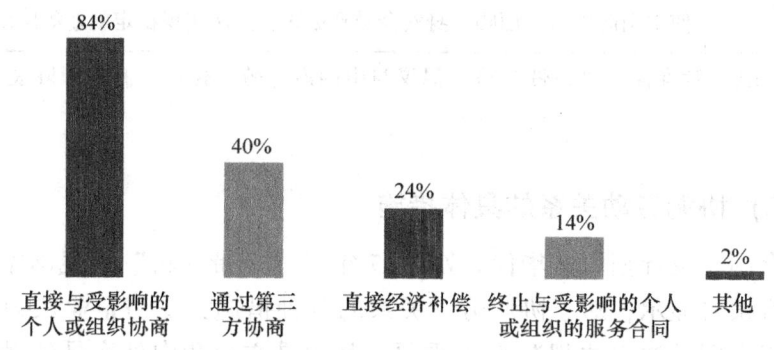

图 5-14 企业解决劳动纠纷的主要方式

数据来源：商务部国际贸易经济合作研究院，国务院国有资产监督管理委员会研究中心，联合国开发计划署驻华代表处. 中国企业海外可持续发展报告2017，2017.

（三）积极构建和谐劳动关系

1. 在充分了解"一带一路"沿线国家劳动政策的基础上构建和谐劳动关系

了解东道国的劳动政策是构建和谐劳动关系的基础，主要包括劳工成本、劳动技能、劳动关系协调机制等三个方面。

首先，在劳动成本方面，沿线国家的劳动政策不同程度地涵盖了最低工资、社会保障、劳动力移民、积极的劳动力市场政策等内容。沿线国家大多制定了最低工资与社会保障制度，部分国家按照不同行业、区域、投资渠道（内资或外资）制定了多层次的最低工资，但整体覆盖程度仍然较低。沿线国家都强调优先考虑本国就业，并不同程度地排斥非本国劳动力。

劳工成本是劳动政策与要素禀赋共同作用的结果，在无限供给的劳动力总量优势冲击下，沿线国家劳动政策在这方面的影响并不是特别突出。目前，大多数亚洲国家的劳工成本均低于500美元/月；多数中东欧国家的劳工成本均明显高于中国；新加坡等高收入国家、卡塔尔等石油国家的劳工成本也明显高于中国。①

其次，在劳动技能方面，沿线国家的劳动政策涵盖职业培训、职业流动、从学校到工作的转换等内容。目前，沿线国家的劳动技能普遍短缺且国家间的差异性较大，其中，东南亚、南亚国家的劳动力普遍只具有初级技能水平，中亚、西亚和独联体国家的劳动力技能水平略高于东南亚、南亚国家，新加坡、俄罗斯和以色列等国家在劳动力受教育程度、技术能力与研发能力等方面则具有明显优势。②

最后，在劳动关系协调机制方面，大多数沿线国家尤其是东南亚国家，正从个别劳动关系规范调整向集体劳动关系规范调整演变。在亚洲沿线国家，政府在劳动关系协调机制中的作用更为突出，强调通过政府创造有利于社会对话环境等措施，鼓励用新合作形式解决劳动者与企业之间的劳资争端。与发达国家相比，亚洲沿线国家的工会和集体谈判的作用较小，只有新加坡这样的集体谈判才具有一定程度地覆盖。尤其是在2008年金融危机之后，亚洲国家和中东欧、独联体国家等都对集体谈判采取放松管制和分散化措施，明显减少了工人的代表权，并限制劳动者停工。同时，中欧、东南欧和独联体等国家则在就业保护法规中明显削弱了就业保护措施，修改的国家比例高达60%；在东亚和东南亚、南亚，对劳动合同进行这种修改的国家也分别占到了30%、14%。③

2. 顺应劳动力市场制度安排构建和谐劳动关系

"一带一路"沿线国家劳动力市场制度安排，对劳动关系问题存在显著影响。一方面，劳动力市场制度的灵活性有助于降低劳动力流动成本，实

---

①②③ 陈瑛，张国胜，杨润高. "一带一路"倡议中沿线国家劳动政策与我国产业走出去 [J]. 广东社会科学，2019（1）.

现劳动力优化配置。另一方面，制度安全性则对降低职业风险、保护劳动者权益起到积极作用。构建和谐劳动关系需要熟悉沿线国家劳动力市场制度安排。阿尔巴尼亚、吉尔吉斯斯坦、泰国、亚美尼亚、匈牙利、孟加拉国、格鲁吉亚、塔吉克斯坦、柬埔寨、越南等国的劳动力市场制度较为宽松；而新加坡、沙特阿拉伯、阿曼、阿联酋、科威特、立陶宛、波兰、不丹、文莱和卡塔尔等国的劳工制度较为严格，对投资等商业活动影响较大。①

3. 针对工会力量的差异构建和谐劳动关系

除了与法律相关的用工制度之外，工会力量也是影响劳动关系的重要因素，工会力量的强弱会对工资调整、劳资冲突、解雇成本产生影响。在工会力量较强的国家，集体谈判的覆盖率普遍超过50%，包括希腊、罗马尼亚、塞尔维亚等中东欧国家；在工会力量适中的国家，工会密度在30%以上，包括塞浦路斯、乌克兰、哈萨克斯坦、亚美尼亚、克罗地亚、波黑和俄罗斯；在工会力量较弱的国家，工会密度和集体谈判覆盖率则基本低于10%，包括马来西亚、菲律宾、印度尼西亚、泰国、土耳其、巴勒斯坦、拉脱维亚、爱沙尼亚等国。②

五、海外劳务派遣用工中的劳动关系问题

（一）劳动关系问题的表现形式

海外劳务派遣用工大多来自中国农村富余劳动力、城镇失业及待业人员，就业人群的知识水平较低，主要集中于海外建筑、加工、农林等行业，从事脏、险、累的工作。商务部、中国对外承包工程商会2018年发布的《2017—2018中国对外劳务合作发展报告》显示，目前海外劳务派遣用工中存在的主要劳动关系问题，包括劳动用工不正规、工资纠纷等问题，如图5-15所示。

1. 劳动用工无合同保障，涉外纠纷难处置

一些不具备对外劳务合作经营资格的公司或个人，违法以商务、旅游等手段组织群众出国务工，欺骗劳务人员直接与国外公司签订劳动合同，逃避有关机构监管，造成外派劳务人员合法权益受损时，在国内投诉无门、

---

①② 张原，刘丽."一带一路"沿线国家劳动力市场比较及启示［J］.西部论坛，2017（11）.

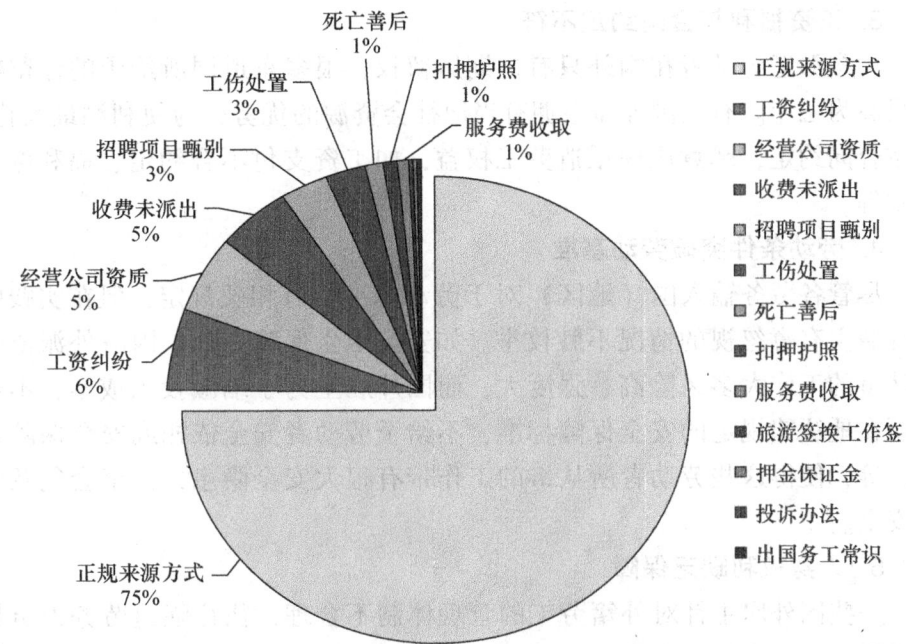

图 5-15　海外劳务派遣用工中存在的主要劳动关系问题

数据来源：商务部，中国对外承包工程商会. 2017—2018 中国对外劳务合作发展报告, 2018.

起诉无据，给劳务人员维权带来很大困难，酿成多起外派劳务人员上访事件。①

2. 订立合同知情权受侵害

在去往国（境）外工作之前，劳务派遣用工需要与国内派遣公司签订合同。作为合同的一方当事人，劳务派遣用工应该享有知情权，有权充分了解工作地点、时间、工资待遇、福利等信息。然而在实际操作中，很多对外派遣公司在与劳动者签订合同前，提供有关工作的虚假信息，如许诺丰厚的薪资、安全的工作环境、稳定的福利待遇等。在签订合同时，对外派遣公司又会利用大部分劳动者受教育水平低、法律知识欠缺的劣势，在提供虚假信息的情况下签订权益条款模糊的劳动合同。②

---

① 商务部，中国对外承包工程商会. 2017—2018 中国对外劳务合作发展报告, 2018.
② 王祥军，黄萱. 我国对外劳务派遣工权益的法律保护 [J]. 三明学院学报, 2018 (6).

3. 工资福利与合同约定不符

大多派遣劳动者在国外只有短期居留权，很多东道国所给予的停留期限最高为三年。有些国外雇主拥有当地社会资源的优势，为使利润最大化，不按合同约定，肆意压榨派遣劳工权益，如工资支付不合约定、福利保障缩水等。

4. 劳动条件突破劳动基准

尽管各劳务输入国（地区）对于劳动基准都有相关规定，但在实践中国外雇主有意忽视的情况不胜枚举。如安全卫生保障方面，因海外派遣劳工从事的工作大多风险高、强度大，而国外雇主为了缩减投入成本，不遵守所在地法律规定的安全保障标准，不给予劳动者安全依托或安全保障系数低等，使得这些劳动者所从事的工作带有很大安全隐患，甚至会危及生命安全。①

5. 人身权利缺乏保障

一些国外雇主针对外籍劳工的管理体制不合理，往往强迫劳务人员加班并限制劳务人员人身自由。另一些雇主为了不让自己的恶行暴露，以统一管理为借口，通过收缴护照等手段限制劳务人员人身自由。②

6. 集体利益缺乏保障机制

派遣劳工一般在国外只有短期滞留的权利，很难通过有组织、有秩序的方式去组建工会。国外雇主也会阻挠外派劳工加入本地工会组织，以达到分化其力量、方便控制的目的。

（二）劳动关系问题的成因

1. 法律法规不完善

《劳动法》和《劳动合同法》作为中国保护劳动者权益的主要法律，对中国企业海外经营用工的劳动者权益保护存在立法缺失。尽管《劳动合同法》对"劳务派遣"进行了专章规定，但对"外派劳务"并未具体设置条款，导致司法实践中对该法是否适用于国外派遣存在争议。长期以来，对外劳务合作主要依靠商务部等部委发布的部门规章和规范性文件来进行规制。但这些部门规章政出多门，不成体系，碎片化严重，相互之间还存在矛盾冲突之处。

---

①② 王祥军，黄萱. 我国对外劳务派遣工权益的法律保护［J］. 三明学院学报，2018（6）.

为加强对外劳务合作监管,2012年国务院颁布《对外劳务合作管理条例》,然而作为行政法规,运用于派遣劳工的权益保障依然存在以下缺陷。首先是关于涉外劳务派遣定性不清。对外劳务派遣涉及三个合同,最具争议的是外派企业和劳动者之间的合同问题。其中第二十三条规定派遣公司与派遣劳工需要签订合同,但既可以是劳动合同,又可以是服务合同,不同定性导致在后续劳动纠纷的处理上会出现不同结果。如果属于劳动合同,那么国外派遣劳工和国内派遣公司之间的法律关系则受劳动法律调整;如果定性为服务合同,则派遣劳工不受劳动法保护。此外,《对外劳务合作管理条例》中对派遣企业设定的要求较低,准入许可要求不严,易滋生很多不良派遣公司。[①]

2. 政府管理理念滞后

当前我国政府对外劳务派遣工权益保护工作并未实现国际接轨,具体表现在以下几个方面。其一,管理理念上"重劳务、轻劳权"。长期以来我国将劳务输出视为一种要素输出,将派遣劳工等同于一种生产要素,导致对派遣劳工合法权益重视不够。其二,管理理念上"重应急、轻预防"。在管理实践中,外交和领事保护是保障涉外派遣劳工权益的常用渠道,如2016年外交部会同各有关部门对领事保护与协助案件的处理已达10万余起。然而,外交和领事保护的运用大多是在劳资冲突发生之后,具有"事后救济"性质。相对而言,对派遣劳工合法权益保护的常设型机制缺失,无法前瞻性地有效预防和控制劳资矛盾。[②]

3. 配套服务机制不健全

在对外劳务派遣方面,我国政府所构建的配套服务体系并不完备。其一,海外派遣前培训服务有名无实。《对外劳务合作管理条例》第三十三条规定了培训指导和监督由商务部及人力资源和社会保障部负责,并且国家财政上给予支持。但现实情况是,国家培训补助资金短缺且资金层层流入主管部门或相关机构,劳工实际受益较少,假培训、浅培训、无用培训、无效培训居多。其二,保障派遣劳工权益的专项备用金不到位。根据相关要求,国内派遣企业需支付不低于300万元人民币的备用金,用于后续风险防控。但是现实中,部分派遣企业通过隐蔽、间接方式将这种经济成本转嫁给劳工。其三,现有的法律援助有限。当前我国对海外劳务派遣工权

[①②] 王祥军,黄萱. 我国对外劳务派遣工权益的法律保护 [J]. 三明学院学报,2018 (6).

益的保护,更多是依靠政治外交途径。事实上,外交领事保护的启动是有条件的,且领事资源有限使得在保护派遣劳工权益上无法做到有求必应。其四,归国后的安置服务缺失。主要表现为派遣劳工回国的社会保险接续问题,以及回国后的再就业问题。①

4. 劳动者自身原因

从事派遣劳动用工的劳动者多数文化程度不高,法律知识欠缺,对就业所在地劳动法并不了解,同时存在语言障碍。当国外雇主变更劳动合同条款或是降低劳动者福利待遇时,很多劳动者并不理解合同条款的意义,不明白合同上的格式条款是否违反了当地劳动法,语言不通和法律意识淡薄,致使劳动者被国外雇主欺骗签署了不利条款,加剧了后期维权的困难。②

六、企业社会责任与中国海外投资企业和谐劳动关系构建

近年来,越来越多的中国海外投资企业开始携手政府、国际组织、劳工团体、社会部门等利益相关方,以积极履行企业社会责任(corporate social responsibicity, CSR)来解决在海外投资过程中出现的劳工问题。

(一) 中国海外投资企业的企业社会责任发展概况

中国海外投资企业的 CSR 针对不同国家(地区)实践各异,内容以尊重人权和环保为主,主要为所在国创造就业、促进基础设施建设等。③ 中钢集团在遵守当地法规前提下,在非洲与当地企业合作、培育自主产业,实现员工本土化,本地员工甚至一度达到 99% 以上,对员工进行安全培训,提供健康安全的生活工作条件,施行各项环保措施。④ 中国石油公司在投资国(如苏丹)开展各类社会慈善事业,共捐助近 5 000 万美元,超过 200 万人直接受益,并进行基础设施建设、开展医疗活动等。⑤ 华为公司和三一重

---

① 王祥军,黄萱. 我国对外劳务派遣工权益的法律保护 [J]. 三明学院学报, 2018 (6).
② 林芮. "一带一路"背景下我国跨境劳动者权益保障的困境与对策 [J]. 山东工会论坛, 2018 (5).
③ 殷格非,管竹笋. 海外运营中的企业社会责任 [J]. WTO 经济导刊, 2013 (4).
④ 张春华. "授之以渔" 铺就互利共赢之路——中钢集团非洲社会责任实践 [J]. WTO 经济导刊, 2009 (3).
⑤ 张炳雷. 国有企业海外投资的困境分析:一个社会责任的视角 [J]. 经济体制改革, 2011 (4).

工等企业的部分本地员工走上管理和技术岗位，中兴通讯在非洲建立了培训中心。在赞比亚，中国有色集团建立了社会责任管理体系，不但为当地吸引投资，还为当地创造大量就业，并向政府缴纳相当规模的税收等。①

不过中国海外投资企业在履行社会责任方面也存在一些问题。例如，对社会责任的理解大多局限于传统的公益捐助，缺乏融入当地的能力，属地化经营水平较低，对环保问题重视不够，对外宣传不足②，劳工问题不少③，安全生产意识不强④。中国企业习惯于采取"多做少说"或"只做不说"的低调态度，2012 年，我国只有五家大型的国有企业发布了针对海外市场的企业社会责任或可持续发展报告。⑤

（二）企业社会责任与中国海外投资企业和谐劳动关系建构

在全球范围内，企业社会责任逐渐成为企业实现可持续发展的重要理念和实践。良好的社会责任绩效可以通过多种途径改善企业劳动关系——例如，增强员工的企业归属感与忠诚度、工作士气、工作满意度、创新能力、合作精神和健康状况等。⑥

2002 年一项覆盖 25 个国家、有 25 000 人参与的调查研究表明，80% 的

---

① 安春英. 中国在非企业社会责任案例研究——以赞中经贸合作区为例 [J]. 亚非纵横，2014 (2).
② 赵钧. 中国对外承包商会：履行社会责任，提升企业竞争"软实力" [J]. WTO 经济导刊，2011 (3).
③ 杨春宝，李梅子. 中国企业跨国经营中的企业社会责任 [J]. 特区经济，2010 (8).
④ 钟宏武，杨小科. 社会责任：海外中资企业必须应对的问题 [J]. WTO 经济导刊，2007 (8).
⑤ 吴芳芳. 中国对外投资合作中的企业社会责任问题研究 [J]. 产业与科技论坛，2013 (4).
⑥ Brammer Stephen, Andrew Millington, Bruce Rayton. 2007, "The contribution of corporate social responsibility to organizational commitment", *International Journal of Human Resource Management* 18 (10).; Buchele, Robert and Jens, Christiansen. 1995, "Worker Rights Promote Productivity Growth", *Challenge* 38 (5).; Hu Xiaoyong. 2006, "Corporate Codes of Conduct and Labour-related Corporate Social Responsibility: Analyzing the Self-regulatory Mechanisms of Multinational Enterprises and their Impacts to Developing Countries." from http://www.jil.go.jp/profile/documents/Hu.pdf.; Turban, Daniel B. and Daniel W. Greening. 1997, "Corporate Social Performance and Organizational Attractiveness to Prospective Employees", *Academy of Management Journal* 40 (3).; Valentine, Sean and Gary Fleischman. 2008, "Ethics Programs, Perceived Corporate Social Responsibility and Job Satisfaction", *Journal of Business Ethics* 77 (2).; Waheed, Ambreen (for Securities and Exchange Commission of Pakistan and United Nations Development Program). 2005, "Evaluation of the state of Corporate Social Responsibility in Pakistan and Strategy for Implementation". Available from http://www.secp.gov.pk/Reports/CSR_Study_FinalReport_November.pdf; White, Allen L. 2006, "Business Brief: Intangibles and CSR", Available from http://www.bsr.org/reports/BSR_AW_Intangibles-CSR.pdf.

大型公司雇员表示对于企业社会责任绩效好的公司具有更高的使命感和忠诚度。① 2003年一项针对澳大利亚前100名大公司的研究表明，在具有"社区参与项目"（企业公民实践的一种）的公司中，员工的工作士气普遍较高。② 最近，美国经济学家对于过去13年间大约1 000家企业的追踪研究表明，履行社会责任的企业具有较高的劳动生产率，企业社会责任绩效通过提升员工的企业认同和工作动机，从而对劳动关系、劳动生产率产生积极效应。③

如图5-16所示，现有研究从不同角度勾勒出企业社会责任绩效与和谐劳动关系之间的相关关系。根据GlobeScan 2003 CSR Monitor对北美学生的调查，70%的学生表示求职时不会选择不承担社会责任的公司，而68%的学生认为公司的社会责任绩效比薪酬更为重要。美国怀俄明大学两位学者的随机抽样调查研究显示，组织的社会责任绩效与雇员的工作满意度之间存在正向的相关关系。英国Bath大学的学者对英国一家大型金融服务业公司的员工态度调查表明，员工对于企业社会责任的认知将会影响其组织使命感，而组织使命感又会影响员工流失率、员工健康及员工绩效。

提供医疗保险的企业可能吸引高素质的优秀员工，降低员工流失率，有助于维护员工健康状况，降低旷工率，鼓舞工作士气，增强工作满意度，最终改善劳动关系。

企业社会责任本质上属于一种"志愿行为模式"，与传统的政府干预（立法和政策）和劳工运动模式不同，企业社会责任主要依赖企业志愿性采取措施，在履行法律义务的基础上承担更多有关劳动者权益方面的社会责任，而企业社会责任绩效好的企业可以通过生产过程以及投资市场、消费市场获得长期的商业回报。然而，"志愿行为模式"的企业社会责任理念具体实施起来面临较多挑战。例如，企业运行的法律机制不健全，从而使企业间存在"逐底竞争"。又如，志愿性企业社会责任运行的社会条件——媒

---

① Zappalà, Gianni. 2004, "Corporate Citizenship and Human Resource Management: A New Tool or a Missed Opportunity", *Asia Pacific Journal of Human Resources* 42 (2).

② Zappalà, Gianni and Caitlin Cronin. 2003, "The Contours Of Corporate Community Involvement In Australia's Top Companies", *Journal of Corporate Citizenship* 12.

③ Becchetti, Leonardo., Stefania Di Giacomo, Damiano Pinnacchio. 2008, "Corporate social responsibility and corporate performance: evidence from a panel of US listed companies", *Applied Economics* 40 (5).

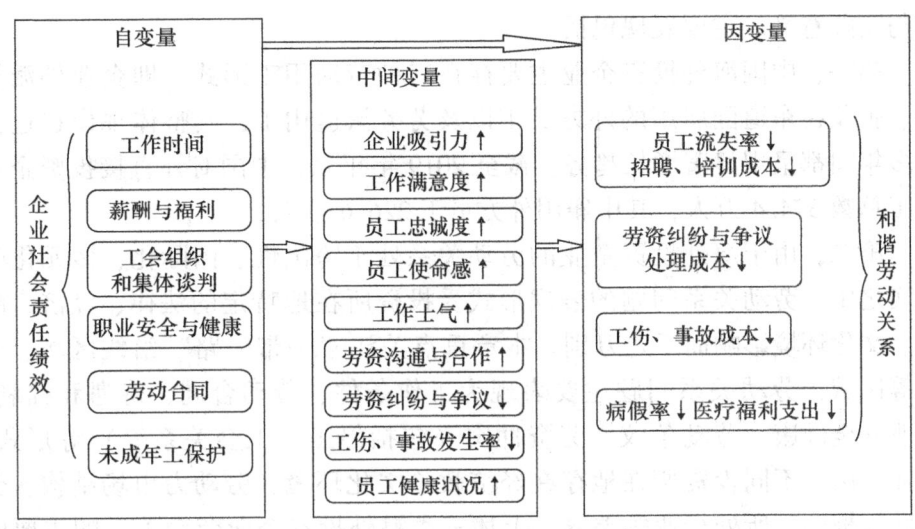

图 5-16 企业社会责任绩效与和谐劳动关系的相关关系模型

体、NGO（非政府组织）、消费者、投资机构也不具备，企业志愿性履行 CSR 的商业动机并不显著，因此，难以通过志愿性 CSR 实现劳动关系的改善。

基于以上困境，强调制定政策鼓励志愿性的 CSR 行为，即建构一种"赋能型的政策环境"，从而为负责任的企业行为培育激励机制和支持体系，以弥补"志愿行为模式"中企业社会责任缺乏原生态动力机制的问题。企业社会责任的"赋能环境模式"强调企业志愿性 CSR 与政府政策相结合、多元利益相关方的参与，以及建构适合发展中国家的 CSR 行动方案。

七、构建中国海外投资企业和谐劳动关系的政策建议

（一）主要结论

从 20 世纪 90 年代后期国家实施"走出去"发展战略以来，中国在世界直接投资市场的地位稳步提升，日渐成为世界海外投资强国。然而，中国企业在海外经营过程中也面临各种劳动关系问题，各种类型的劳资纠纷、劳资冲突不时见诸媒体。如何缓解海外投资企业中的劳资矛盾，成为政府、企业与学术界共同关注的问题。本章重点分析中国海外投资企业劳动关系问题的具体表现形式，探讨中国海外投资企业构建和谐劳动关系的途径与措施，并探究企业社会责任对于促进海外投资企业和谐劳动关系建构的理

论与实践意义。主要发现包括：

第一，中国海外投资企业主要存在三种劳动用工形式，即企业外派员工、企业在东道国雇用的外方员工以及劳务派遣用工，其整体规模在过去十多年间都呈现显著增长趋势。截至2019年年末，中国对外直接投资企业员工总数374.4万人，其中雇用外方员工226.6万人。

第二，由于海外投资企业的劳动关系处于跨国性、国际化、多元化的现实之中，劳动关系问题的表现形式受投资所在地特定的法律、经济、政治、文化环境影响而千差万别。本章重点关注"一带一路"沿线区域、非洲等区域，劳动关系问题主要表现为工作条件、劳动合同、待遇和福利、职业安全健康、劳动争议、劳资冲突（包括停工、工会关系等）等形式。然而，由于不同投资所在地存在经济政治文化环境、劳动力市场结构、劳动政策框架、所处行业等差异，上述三类海外投资企业劳动关系的主要问题各不相同。"一带一路"沿线区域各国环境制度因素差异最大，因此各类劳动关系问题分布最广；在非投资企业的劳动关系受到中外政治文化差异的影响最为明显，劳动关系问题具有明显的"政治性"，很多情况下表现为停工、工会关系等方面的劳资冲突；而海外劳务派遣用工集中于建筑、加工、农林等低端行业，其劳动关系问题具有比较明显的"经济性"，主要表现为合同合规、待遇和福利等问题。

第三，海外投资企业和谐劳动关系的构建，除了因循法律保护、政府监管、工会参与等常规路径，在企业层面还可以通过履行企业社会责任的方式来进行。良好的企业社会责任绩效可以通过多种途径促进企业劳动关系改善。

（二）政策建议

中国海外投资企业中劳动关系问题的成因，既有宏观层面的法律政策因素，又有微观层面企业管理的因素。构建中国海外投资企业和谐劳动关系需要兼顾宏观与微观视角，将跨国公司海外投资劳动关系管理的国际经验与中国企业经营的现实需求有机结合，针对不同利益相关方提出切实可行的政策建议与行动方案。

1. 健全与完善相关法律及其实施机制

首先应健全立法，明确以保护劳工权益为首要目的，兼顾经济发展效益的立法精神；提升立法位阶，建立协调系统的劳动关系调处法律体系；

丰富立法规范的范围与内容,将既有法律原则细化为切实可行的行为准则。其次应完善执法,如不断提升执法水平,建立长效执法机制;积极利用国际劳工标准,发挥政府合作机制。最后应便利司法,在充分认识国际司法"属地管辖优先"趋势的同时,明确法律适用;便利司法救济渠道,加强国际司法协助与交流。①

2. 加强和完善政府监管与服务机制

首先是完善企业海外用工管理综合协调机制。在中央层面,应完善部际联席会议制度,同时应常设专门机构负责企业海外用工管理的信息收集、技术分析、政策建议和某些决议的执行。其次是建立由政府主导的对外劳务合作公共服务体系。按照《对外劳务合作管理条例》要求,加快推进对外劳务合作服务平台建设,使之成为集"服务、促进、保障、规范和管理"为一体的政府服务机构。②再次是提高海外劳工的维权意识。为海外劳工维权创造良好条件,建立官方的劳务输出信息服务网站,提供海外就业可能涉及的风险提示,提高海外劳工的法律素养和维权意识。对于劳务输出比较密集的行业和国家,需提供专项培训,帮助海外劳工了解输入国的文化、法律、语言,帮助其控制风险并及时维权。③最后是加强对海外投资企业的战略指导和信息服务。为中资企业"走出去"提供战略指导和信息服务,帮助企业抓住机遇、规避风险,选择恰当的投资方向与管理策略。此外,政府部门可以进行海外投资的指导,分析各东道国的国家概况、投资环境、国际投资合作的法规政策、纠纷解决机制,对投资者评估风险提供帮助。④对企业在东道国所遭遇的不公平对待和面临的困境,在法律框架下积极协调各方处理,并完善海外投资企业发生劳资纠纷时向中国驻外使(领)馆、国内企业所在地政府主管部门和工商联的报告与各部门的配合解决机制。

---

① 沈琴琴,刘文军. 中国境外企业劳动关系调处机制研究 [J]. 中国青年政治学院学报,2013 (3)。

② 沈琴琴,刘文军. 中国境外企业劳动关系调处机制研究 [J]. 中国青年政治学院学报,2013 (3);肖竹. "一带一路"背景下"出海"企业的对外劳动关系治理 [J]. 中国人力资源开发,2018 (4);花勇. "一带一路"建设中的海外劳工权益法律保护 [J]. 云南社会主义学院学报,2016 (5);王黎黎. "一带一路"下集体劳动关系调整风险及适应性防范 [J]. 中国人力资源开发,2018 (12);丁芳,林小燕. "一带一路"倡议下我国劳务输出研究 [J]. 金陵科技学院学报 (社会科学版),2016 (3)。

③ 丁芳,林小燕. "一带一路"倡议下我国劳务输出研究 [J]. 金陵科技学院学报 (社会科学版),2016 (3)。

④ 王黎黎. "一带一路"下集体劳动关系调整风险及适应性防范 [J]. 中国人力资源开发,2018 (12)。

在劳动法制不太健全的东道国，还要引导和帮助企业就规则完善和制度改进表明立场、发出声音，从而争取有利的规制环境。①

3. 增强企业海外经营以及协调劳动关系的能力

其一是海外投资企业应为跨国经营做好充分准备。在对东道国的海外投资和项目建设开始之前，企业就应当做好"出海"前的系列功课，了解东道国的就业体制所涉的所有制度及非制度约束与环境。制度约束包括东道国对劳动力市场的规制与雇佣保护政策、职业培训、产业关系及社会保险等。② 其二是遵守东道国的劳动法律法规。在东道国劳动法律的框架内处理劳资关系，提高企业的运作效率。在不违反劳动法律的情况下，通过合法有效的方式处理劳资关系问题。③ 其三是实施"本土化"管理。中资企业"走出去"需要全面研究东道国的政治、经济、社会状况，实施本土化管理，积极探索企业跨文化管理的途径和方法。④ 其四是规范人力资源管理。要严格依法制定完整的人事管理文件，并通过当地的律师机构审核，避免各种文件和政策违反当地法律。依法按照工期签订规范合同，建立公平、有效的绩效考核机制，建立利益分享的激励机制，合理利用奖金制度，根据项目运作计划制定生产目标，根据目标完成情况对雇员进行奖励。⑤ 其五是遵守国际准则。从事海外投资的企业应熟悉并尊重与劳工相关的国际标准和准则，如国际劳工组织核心公约和《国际劳工组织关于工作中基本原则和权利宣言》《国际劳工组织关于跨国企业和社会政策原则的三方宣言》等。⑥ 其六是积极履行社会责任。企业在实现自身利益的同时，还应承担相应的社会责任。履行社会责任不仅是企业自身加强品牌形象与价值建设的重要方式，也是中国企业走出国门、融入世界发展潮流的必然选择。⑦

4. 有效发挥工会职能

首先是以变通的方式发挥工会职能。东道国工会组织试图进入中资企业建立工会是大势所趋。建议采取以下措施掌握主动权：①海外中资企业在中资企业总部工会的指导下，按照国际劳工标准和所在国的有关法律法

---

①② 肖竹. "一带一路"背景下"出海"企业的对外劳动关系治理 [J]. 中国人力资源开发，2018（4）.

③ 殷建平，张琦. 中国企业跨国经营用工环境适应性研究 [J]. 商业时代，2010（12）.

④⑤ 沈琴琴，刘文军. 中国境外企业劳动关系调处机制研究 [J]. 中国青年政治学院学报，2013（3）.

⑥⑦ 戴晓初. 强化劳工风险管理，促进体面劳动，实现可持续发展——国际劳工组织北京局副局长在"一带一路"建设·人力资源发展论坛上的演讲 [J]. 中国就业，2018（10）.

规探索组建海外企业工会组织,维护中外员工的合法权益;②理顺中资企业工会与所在国当地工会的关系,努力保持中资企业工会的相对独立性,掌握工会工作的主动权;③国内工会组织应为中资企业在海外开展工会工作提供指引,向中资企业介绍外国工会的运行情况和特点,努力为中资企业建立和谐劳动关系提供服务。

其次是进一步加强中外工会间双边及多边合作。加强与国外各层级工会组织的沟通与交流,增强外国工会对中国企业管理模式和工会工作的理解,促进工会间友好合作。在条件具备的情况下,探索向对外劳务合作集中的国家和地区派遣专职工会干部,作为劳务参赞进驻使领馆,与当地工会保持工作联系,协助处理海外中资企业劳资纠纷,为"走出去"战略顺利推进发挥工会应有的作用。①

---

① 沈琴琴,刘文军. 中国境外企业劳动关系调处机制研究 [J]. 中国青年政治学院学报,2013(3).

第六章
中国海外投资企业构建和谐劳动关系的实施策略
——以东非为例

基于前文对中国海外投资企业如何构建和谐劳动关系的总体理论介绍，本章进一步从实际操作出发，以中国企业在东非投资过程中碰到的问题为案例，论述在实践中构建和谐劳动关系的策略。本章先介绍东道国的劳动关系概况，分析以东非地区为代表的三方协调机制建设，讨论海外投资企业在员工招聘、雇佣合同、培训晋升、权利维护、集体合同谈判、雇佣关系终止、劳动纠纷申诉过程中可能碰到的具体劳动关系问题，介绍了与当地工会组织、雇主组织、企业商会、社会媒体等利益相关方进行沟通过程中要注意的事项，并针对性地提出了若干具体对策建议。

一、投资东非过程中的和谐劳动关系构建

（一）迅速发展的对非投资

随着非洲大陆经济的不断发展和市场的日益开放，一个全新的非洲逐渐为人们所认识。东非共同体（East African Community，EAC）（尤其是乌干达、肯尼亚和坦桑尼亚）的政治环境和经济增长比较稳定。非洲经济的振兴，以及农业、工业、基础设施、信息与通信技术等不断取得新的发展，为境外资金提供了广阔的投资机会。

非洲是中国重要的海外市场、投资目的地，在中国企业国际化经营中

的地位与日俱增。从 2009 年到 2013 年，中国连续 5 年成为非洲第一大贸易伙伴；2014 年中非贸易额首破 2 200 亿美元，达到 2 218.8 亿美元，创历史新高。在贸易政策方面，自 2012 年 1 月起，与中国建交的 30 个非洲最不发达国家全部可以享受 60% 的对华出口商品零关税待遇措施。目前已对非洲与中国建交的 33 个最不发达国家实行 97% 的对华出口商品零关税待遇措施。

中国是非洲新增投资的重要来源地。截至 2014 年年底，中国对非各种投资存量达 1 010 亿美元，在非投资的中国企业超过 3 100 家，中非贸易很大一部分就来自中国对非洲的直接投资。

(二) 广阔的发展前景

"和平、发展、合作、共赢"符合中国对外开放的基本国策。自 2013 年以来，中国传承"丝绸之路"精神，倡导共建"一带一路"，这一倡议将支持沿线国家的经济发展，同时加快中国与这些国家之间的经济融合，形成新的长期增长动力。

东非是"一带一路"倡议的实施区域之一，这将给非洲发展带来更多机遇。推进"一带一路"建设既是中国深化对外开放、产业转型升级的需要，又是非洲经济发展的需要，是中国和东非国家之间的双赢合作。

(三) 构建和谐劳动关系：投资东非的重要一环

中国企业投资东非面临着一系列劳动关系挑战，劳动关系渐渐成为中国企业面临的一个重大法律和社会经济问题。

不同的文化、历史、法律和政策，从各个方面不同程度地影响了投资东非的中国企业。一些中国企业在处理如工会、工资、劳动时间、劳动合同、工作条件、福利待遇、工作场所安全与健康等问题时产生了困惑，一些中国企业频繁发生劳动纠纷。各种冲突损害了企业的健康发展，影响了企业声誉和中国的形象。为了实现可持续发展，需要鼓励和引导投资东非的中国企业更好地认识和处理劳动纠纷。

履行企业社会责任（CSR）与构建和谐劳动关系紧密相连，关乎中国企业能否以负责任的形象立足于全球经济舞台，能否在海外赢得当地政府、商界和消费者的信任，能否获得可持续发展。

二、东非劳动关系特点及雇主组织介绍

(一) 东非国家概况

乌干达、肯尼亚和坦桑尼亚的政治、经济和文化各有其自身特征,但它们也有一些共同元素,各国正就一系列问题开展密切合作。

一是区域一体化。它们同为东非共同体(EAC)成员国,这个政府间组织旨在推动东部非洲的区域一体化。

2009年11月,EAC成员国(布隆迪、肯尼亚、卢旺达、坦桑尼亚和乌干达)签署了共同市场议定书,于2010年7月1日生效。议定书规定了"四项自由",即商品、劳动力、服务和资本在区域内自由流动。为了确保这四项自由,各成员国承诺就一系列问题协调其国内立法。

劳动力自由流动仍限于大部分东非成员国之间的管理人员和专业人员(依照国际劳工组织定义)流动。不过,有的国家也允许其他群体自由流动,并免收工作许可证费用。

二是东非国家完善的法律体系。主要的劳动法律有《劳动关系法》《就业法》《最低工资法》等。《劳动关系法》是规定劳资双方基本权利的框架性文件,包含了工人代表组织和雇主代表组织条例、劳动合同的认同、劳资纠纷的处理、停工、劳动关系法院和三方劳动协商委员会管理条例等。

三是活跃的工会组织。工会组织旨在代表特定行业的工人并接受全权委托,通过集体谈判协议磋商和快速解决纠纷,保护并促进工人的权利和利益。

四是东非雇主组织。乌干达、肯尼亚、坦桑尼亚的三个雇主组织和来自布隆迪、桑吉巴尔、卢旺达的雇主组织同为该组织的成员。该组织致力于提高东非共同体企业的生产力和竞争力。它致力于维护东非雇主的利益,推动社会对话,尤其关注三方机制。东非雇主组织为雇主组织和东非共同体提供了一个论坛,使他们能就雇佣和劳动关系问题表达观点、协商行动。该组织积极支持和参与在区域内组织的各项活动。

(二) 乌干达劳动关系概况

乌干达的劳动关系在相关法律指导下,通常比较稳定。结社自由和集体谈判权在1995年乌干达共和国宪法中得到保障,是乌干达雇佣和劳工关

系的重要组成部分。乌干达不像肯尼亚和坦桑尼亚那样设有劳动和就业部，而是由性别、劳动和社会发展部下属部门处理劳动事宜。

乌干达作为国际劳工组织成员国已经批准了若干国际劳工组织公约，并融入各项就业法中。乌干达的标准工作时间是每天8小时，一些公司基于其生产系统维持两班或三班轮班制度。乌干达有两大工会中心、40多个注册工会组织和1个雇主组织，他们代表工人和公司参与协商集体谈判等事宜。在乌干达，工会组织无需拥有特定成员人数即可得到承认，并与雇主协商集体谈判协议。乌干达工会组织代表着私营和公共部门的各类产业工人。公务员有一个中央谈判机制，以便和政府机构开展协商。

乌干达劳资法院在过去较长时间一直没有有效履行职能，不过从2014年7月起已经恢复运行，现正处于活跃状态，等待受理的劳资和雇佣关系案件较多。目前，劳资法院鼓励首先通过调解来解决劳资问题。诉诸法院的大部分案件会被驳回，拒绝承认工会组织的情形也偶有发生。

工作场所的劳资问题不可避免，那些发展到无法由管理层作内部处理的严重问题通常要提交雇主组织，以寻求建议和调解。这些问题的处理方式，通常是在代表雇主的雇主组织和代表雇员利益的工会组织之间开展对话。雇主组织通常以下列方式向雇主提供帮助：宣传本国的现行劳动法，提供有关最佳人力资源实践的培训和建议，代表雇主在劳资法院出庭。

1. 乌干达的劳资状况

由于乌干达没有最低工资标准，投资者通常在获得经营许可证时参照现有市场标准，但有些公司会有意提高薪酬结构水平以吸引雇员加入，以便能够应对竞争性市场。这最终将为该国雇员提供竞争性薪酬。

2. 乌干达的就业文化

乌干达文化并未在其就业领域扮演重要角色，因为许多部门都接受了跨文化趋势。尤其应该注意的是，雇主交办的任务通常要符合乌干达工人的意愿。与肯尼亚相比，该国劳动者的技能水准较低。2013年乌干达签署了《劳动关系宪章》，这是政府、雇主和工人通过代表机构达成的劳动和劳动关系管理协议，但现在需要在三方成员中普及宪章内容。乌干达的工会组织有时会陷入政治纷争，纠结于谁有权作为工人的议会代表，因为他们在国家社会保障基金等机构代表着特定的工人利益群体。

3. 乌干达雇主联合会

乌干达雇主联合会（FUE）是乌干达唯一的全国雇主代表机构。FUE

自1958年成立以来不断壮大，可以为所有类型的本地雇主和包括中资企业在内的国际雇主提供服务。FUE在劳动和雇佣关系方面提供协助、建议和解决方案。该组织就如何遵守当地法律向雇主提供建议，帮助公司处理工会关系，现在设立的FUE法律事务所在继续提供调解和协商服务的同时，还能在劳资法院上代表所有雇主。

总部位于坎帕拉的FUE有三个分支机构，分别是位于姆巴拉拉的西部地区办事处、位于里拉的北部地区办事处和位于姆巴莱的东部地区办事处。FUE独立于政府和政党存在。FUE的其他服务包括：提供培训以提高员工工作效率，代表雇主在劳资法院诉讼中出庭，提供法律和雇佣关系服务，推广会员的活动和产品，为会员提供网络平台，提供劳动力市场信息，提供咨询。FUE会员呈多元化，包括当地公司、跨国公司和中资公司。两个中资企业FUE会员服务案例见附录四。

（三）肯尼亚的劳动关系概况

促进就业是肯尼亚政府的优先事项。肯尼亚有完善的就业政策、职业安全与健康政策、防治艾滋病毒/艾滋病政策以及产业培训政策、消除童工劳动政策等。2007年在国家层面还颁布了促进青年就业的政策，所有这些政策都对消除工作场所的歧视和强迫劳动、推动公平就业和体面劳动建立了制度保障。

1. 肯尼亚的劳动立法

1962年签署了《劳动关系宪章》，它是政府、雇主和工人通过代表机构达成的肯尼亚劳动和劳动关系管理协议。肯尼亚自发性的传统雇佣关系得以演变，政府也据此提供了一个法律框架，各方在此框架下自愿承诺推动劳资和谐。目前，肯尼亚的劳动关系环境受该国2010年8月颁布的宪法和2007年颁布的相关劳动法的规范，包括《就业法》《劳动关系法》《劳动机构法》和2007年的《工伤福利法》《工资和就业条件条例》《职业健康安全法》《工会法》。有关雇佣关系的独立权以及法律和制度框架均承认雇员的自由结社和集体谈判权。事实上，这些权利已被载入2010年肯尼亚宪法，构成了该国劳动关系制度的基础。2007年制定的新劳动法和2010年颁布的肯尼亚宪法第36条和第41条特别承认了工人和工会组织的各项权利，肯尼亚的工会组织为此采取积极行动，教育工人认识他们的宪法和法律权利。

2. 肯尼亚的工会组织

1937年肯尼亚殖民当局制定了《工会条例》，1940年对其进行了修订，这导致肯尼亚的工会注册量猛增。1952年，肯尼亚殖民当局推动工会立法，但对工会活动保持严格控制，从而产生一种对抗性氛围，并最终招致了反抗。目前肯尼亚的劳动法规定，如果工会招募人数达到简单多数（50%+1%），则工会组织享有要求雇主签订认可协议的合法权利。该法还保护工会组织罢工的权利，但要遵守法律和相关程序。截至2014年，肯尼亚有超过120个经过注册的工会组织，他们代表着私营和公共部门的各类产业工人。一些涵盖多个行业的综合性工会可以代表银行、食品、零售、金融等不同部门的工人。公务员是工会组织的活跃成员，他们通过各自的工会组织倡导权利。工会组织联合会（COTU）是肯尼亚的总工会组织。肯尼亚的工会组织有时会陷入身份争议，纠结于谁有权代表特定部门的工人，尤其是当争议双方都有权依照宪法规定代表工人时。

3. 肯尼亚的集体谈判

集体谈判权已经载入宪法，是肯尼亚就业和劳动关系的重要组成部分。在肯尼亚就业和劳动关系法院登记的全部集体谈判协议中，联合会的协商比例超过了60%。肯尼亚的雇主支持工会制度，但对工会保持高度谨慎态度，因为工会在争取工人的合法代表权或认为集体谈判协议结果达不到其预期的情况下会采取激进手段。

4. 肯尼亚雇主联合会（FKE）

肯尼亚雇主联合会于1959年遵照《工会法》第233条成立，是肯尼亚的国家级代表机构和雇主代言人，同时也是肯尼亚雇主就关键问题开展交流的平台。作为该国最具代表性的雇主组织，FKE在国内外代表雇主利益。它负责在政府、雇主和工人三方中代表雇主利益，自成立以来一直充当着就雇佣、劳动关系等开展交流的平台。

截至2014年，FKE会员数量超过4 500名，既包括直接会员，又包括涵盖所有公共和私营经济部门的协会成员。FKE独立于政府和政党存在。其总体目标是维持良好的劳动关系，促进健全的管理手段和公平的雇佣条件。作为肯尼亚雇主的代言人，FKE代表雇主协商劳动政策并就劳动立法发表意见。FKE的核心职能是维持劳动关系，同时也为成员提供业务发展援助。多年来，FKE完成了作为一个传统雇主组织的自身转变，从专注劳动关系发展到涵盖各种增值服务，以应对现有劳动力市场的新需求。尽管经济、政治和经营环境充满挑战，但FKE的会员人数仍在持续稳定增长。

FKE的总部位于内罗毕，它有三个分支机构，分别在滨海、大裂谷和西部地区。FKE的服务包括：政策宣传，法律服务，劳动关系、法律和管理事务培训，劳动关系咨询项目管理，商务网络，未来女性领袖发展计划，劳动/人力资源、劳动关系和业务解决方案，劳动问题研究，成员企业社会责任。

（四）坦桑尼亚的劳动关系概况

2004年，坦桑尼亚劳动法被废除，议会颁布了指导坦桑尼亚就业和劳动关系的新法律，这些法律包括《就业和劳动关系法》《劳动机构法》等。2007年，坦桑尼亚劳动和就业部为上述两项法律制定了准则，即《就业和劳动关系》（《良好做法守则》）。保护就业和劳动关系的其他法律包括2003年的《职业健康安全法》和2008年的《工人补偿法》。这些法律保护坦桑尼亚的就业和劳动关系，不限制雇主提供超出最低法定标准的工作环境，以实现良好的劳动关系。坦桑尼亚宪法规定了工作权和公平报酬权。坦桑尼亚还批准了一些促进工作场所良好劳动关系的国际劳工组织公约。坦桑尼亚的劳动和就业法律规定，雇员在通过6个月试用期后即被视为永久员工，且不得被无故解雇，否则雇主需要支付高额遣散费。

坦桑尼亚主要劳动问题包括如何促进经济和企业发展，如何创造更多的就业岗位。由于教育质量仍低，劳动力市场技能开发水平有限，农业发展水平不高，大量的农村青年到城市寻找工作。社会保障只覆盖正规经济部门的就业人员，但多数人在非正规经济部门工作。非正规经济在国家经济中占有重要比重，但劳动法律法规执行不力。很多在坦桑尼亚投资的中国个体经营者也属于非正规经济部门的一部分。

为了实现良好劳动关系，切实遵守劳动法规，《就业和劳动关系法》规定了一系列最低雇佣标准，如确保所有雇员签订雇佣合同，包括薪资（同工同酬）、非歧视性政策（基于性别、性取向、残疾状况、种族、孕产状况、社会福利等）、法定工作时间、休假、结社自由等。

1. 员工条例手册

这些准则旨在规范雇主和雇员的工作场所行为。此类文件通常包括下列内容：招聘程序/任用，绩效审查模式，纪律、道德和申诉程序，奖金及加薪模式，休假模式，雇佣合同的终止及其程序等。

2. 集体谈判协议

这是由某个获准代表雇员并拥有独家谈判权的注册工会组织,就下列任何劳动事宜与某个雇主或代表雇主的雇主协会自愿签订的书面协议:工资、薪水及其他报酬形式,雇佣条款和条件,补贴和雇员福利,有关雇员招聘、任用、培训、调任、晋升、停职、处分和终止的雇佣政策和做法,集体谈判关系(包括组织权、协商和质疑程序、申诉、处分以及终止雇用程序),任何其他商定事宜。

3. 坦桑尼亚雇主协会(ATE)

ATE 是最具代表性的全国雇主组织,在就业和劳动相关领域倡导雇主利益。它是有关就业和劳动事项的咨询顾问机构。ATE 的前身为坦桑尼亚雇主联盟(FTE),由一些公司、产业和雇主协会于 1960 年组成。ATE 是在坦桑尼亚国家和部门层面应对所有劳动关系和劳动问题的三方成员之一,另外两个成员是坦桑尼亚政府和工会组织。

ATE 会员来自私营商业企业、公司和一些半官方组织。会员被分为八个类别,即农业、商业、工业、矿业、银行金融业、石油行业、公用事业和服务业以及私人安保部门。ATE 曾通过挪威工商总会(NHO)和中国企业联合会(CEC)开展合作,就雇佣和劳动法事宜对坦桑尼亚的中资企业进行培训。已开展的系列培训涉及纪律处分程序、雇佣合同、终止程序、最低工资、雇佣非坦桑尼亚公民的法律监管等领域。在这些培训项目中,参与者就坦桑尼亚劳动法领域面临的挑战提出问题,大多数挑战均围绕合规性问题以及工作场所、调解和仲裁委员会(CMA)、劳资法院的雇佣和劳动争议解决机制。

ATE 在阿鲁沙和姆万扎现有两个分支机构,此外将在多多马、姆贝亚、姆特瓦拉和坦噶增设四个办事处。ATE 的其他具体服务包括就所有劳动关系问题提供法律咨询和代理服务,政策宣传与研究,未来女性领袖发展计划,信息和出版,举办研讨会和培训等。研讨会和培训的内容涵盖劳动法、集体谈判技巧、主持纪律处分程序、人力资源管理、监督和战略管理、职业健康和安全、领导与治理、退休规划和创业等。

三、构建东非投资企业和谐劳动关系的主要问题与对策建议

当地劳动力是助力企业成功的宝贵资源,吸引公司员工参与企业战略和日常运营是实现投资进展的关键。

（一）员工招聘

中国企业在投资非洲过程中遇到的劳动关系问题，表现在员工招聘、雇佣合同、培训与晋升、员工的权利维护、集体谈判合同、纠纷申诉机制、工会组织确认和利益相关者关系等许多方面，以积极态度面对并有效处理这些问题，是构建和谐劳动关系的关键。

问题：招聘当地员工。在许多非洲国家，遵守适用的移民法及相关规定是非常重要的。规定要求当地企业（包括外资企业）必须优先雇佣本国劳动力，否则雇主将被吊销执照并被罚款，其所雇佣的国外劳务人员有时会被驱逐出境。为保护国内就业，有些规定还要求，凡雇佣外国劳务人员的企业，当地员工比例必须大大高于外国员工的比例，否则不但要被罚款，还将被取消享受某些优惠政策的资格。此外，必须了解外国人可以申请的最长居留期限。法律对公平招聘程序提出了强制性要求。在通过报纸等媒体做招聘宣传和面试时，任何形式的种族、肤色、性别、健康状况、孕产状况和宗教歧视都可能招致问题。

对策建议：为体现公平招聘程序，建议雇主遵照下列三项要求。①按照当地相关规定招聘当地员工，并保证本土员工比例不低于规定要求；②招聘过程中避免任何形式的歧视，尤其是基于宗教和种族隔离的歧视，如在招聘宣传中避免使用涉及种族、宗教歧视的敏感词语和内容，面试中要避免提问涉及种族、宗教问题；③利用精通劳动法的当地劳务中介招聘所需员工，因为劳务中介对推荐人选的背景都较为熟悉，富有处理劳动争议经验，招聘程序符合当地移民法的工作许可规定。

为深入了解候选人的背景与资历，可要求其提供详细的证明材料，包括身份证复印件作为员工档案备份；前雇主/学校推荐信能有效证明应聘者之前的工作表现和品行，有助于雇主了解应聘者背景；品行证明需证明应聘者在当地生活期间表现良好，没有犯罪记录等。一般对受过良好教育的应聘者要求提供个人简历，对普通技术工人可不要求提供。

雇佣当地的人力资源专员，可以通过第三方和员工接触，雇主不直接和当地员工打交道，这通常被认为是一个好主意。当地人力资源专员比较了解当地员工的习性，语言上也更容易沟通，能有效避免出现严重不和谐劳动关系。

（二）雇佣合同

雇佣合同主要有三种类型：①未指定期限合同；②指定期限/固定期限合同，这类合同有开始日期和终止日期；③特定任务合同，这类合同将在完成特定任务后终止。雇主签发雇佣合同不但是遵守国际雇佣标准的表现，还能保证雇主的安全，避免法院以藐视相关法律为由，不顾雇主意愿强制要求雇主签发永久合同，因为法律规定，雇佣合同缺失将被视为有意给雇员签发永久合同。

为了执行雇佣合同，合同必须由双方（雇主和雇员）共同签署，并载入有关下列具体事项的书面声明：雇员的姓名、年龄、性别、地址，招聘地点，职位描述，生效日期，合同期限，工作地点和工作时间，薪酬/工资支付和计算方式，以及任何福利或实物支付的详细信息。职位描述非常重要，因为一旦职位描述缺失，雇主将无法以雇员业绩不佳或不服从雇主指示为由对其实施纪律处分，因为雇员的指定任务没有书面文件支持。其他潜在问题包括忽视当地最低工资要求，未按约定及时足额支付报酬，未按相关规定保障雇员休假权益，雇佣合同的终止与当地法律规定不符。一些中资公司提供的福利待遇与来自发达国家的企业相比不具优势。虽然大多数中国公司会提供交通补贴、津贴和激励奖金等，但是在如养老金、医疗援助和住房补贴的福利措施等方面，中国公司做得还不够。有些中国公司的雇佣合同很少涉及当地员工的年假、病假、产假、特准的事假，以及休假工人是否带薪等问题。

对策建议：建议雇主和雇员签订雇佣合同，从而保障雇主和雇员双方的权利，避免可能引发的劳资不和谐问题。不论签订合同与否，雇员权益均受当地劳动法保护，无论是临时用工还是长期用工，建议中国雇主与当地雇员都签订书面合同以保障双方权益，避免劳动纠纷。雇佣合同可由雇主起草，也可使用当地劳动主管部门设计的标准合同，合同须符合当地劳动法规，规定雇员的工资、工作时间、假期、雇员职责、合同终止日期等，以保护双方权益，预防劳动纠纷。

（三）培训与晋升

1. 工作技能培训的对策建议

问题：在许多情况下，一线员工因受教育程度低、缺乏工作经验，学习掌握工作技能速度慢，雇主认为员工应该掌握的基本技能但员工却无法掌握，从而影响了工作任务的完成。

对策建议：在招聘后提供相关技能培训（入职培训），给予耐心辅导，指派专人负责，让每个员工在需要工作技能指导时都能得到帮助。此外，建议雇主提供内部培训，以培养并提高员工能力。

2. 劳动法律法规及企业规制培训的对策建议

问题：有时企业员工（包括当地员工和中方员工）对当地劳动相关的法律法规了解不够，甚至缺乏必要的基本认识，从而违反了相关规定；除了劳动相关法律法规外，员工（尤其是当地员工）往往对企业有关规章制度缺乏了解，这也会引起一些劳动纠纷和争议。

对策建议：雇主虽然没有法定义务对本土员工进行关于当地劳动相关法律法规的培训，但为了维护劳动关系和谐，尽量避免劳动争议，建议邀请熟悉当地劳动相关法律法规的专家对员工进行培训。当地雇主组织通常有相关专业人才队伍，可提供相关咨询服务，建议雇主通过雇主组织邀请专家对员工进行这方面的培训。对企业规章制度的制定和培训，建议请当地法律专家一起参与，既保证规章制度的合法性，又有利于被当地员工认可和接受。在适当情况下，应考虑加入当地雇主组织，成为正式会员。

3. 沟通能力培训的对策建议

问题：相关调研结果表明，语言不通是当地中资企业内部沟通的主要障碍之一。它影响了中方员工对当地法律法规的了解和对当地宗教、文化、习俗的理解，导致中方员工与外方员工在日常打交道过程中、在为人处世理念与实践方面的一些误解或冲突。同时，语言障碍也影响了当地员工对公司规章制度的理解以及对管理层或直接主管所提要求的领会，从而导致执行过程中的误解、偏差等问题。

对策建议：对中方员工进行培训，充分了解当地的相关法律、宗教、文化、习俗等，做到知己知彼，入乡随俗，同时学习当地语言，掌握基本语言技能，能进行日常的生活、工作沟通；邀请能讲当地语言的中方代表对当地员工进行语言、公司规章制度等方面的培训，提高双方的沟通理解能力。

（四）工人的权利维护

问题：在非洲大多数国家，工人权利主要包括加入工会组织的权利、集体谈判权、同工同酬权和反对歧视的权利等。在歧视与不公平的问题上，中国公司往往被指责雇佣当地劳工从事最基层的工作，给最低的工资，而给中国工人的职位和工资都较高。在工作时间上，在非中资企业内部制度往往参照中国国内通行制度制定，当这种制度遭遇到非洲不同的国情与文化时，的确会引起劳资关系不和谐。例如，非洲工人通常有一个小时的午休时间和周五中午做礼拜的时间等，这些与国内的情况就存在着差异。

对策建议：建议中国雇主了解当地的劳动法和文化，并尊重工人的组织、集体谈判、同工同酬、反对歧视等权利，要给本土员工尤其是长期在企业服务的本土员工同等的待遇和培训、升迁机会，让他们有机会成长为主管，进入企业管理层。在工作时间安排上，要考虑本土员工的文化习俗和宗教信仰活动需求，给予相应的时间和空间自由。

（五）集体合同谈判

问题：集体合同谈判是西方国家用于调节劳动关系的重要机制，是广大劳工为争取自身合法权益、改善劳动条件所发起的一场自下而上的社会革命的产物，是调节劳动关系最有效的工具之一。集体合同谈判的双方通常为单个雇主（或者单个或多个雇主组织）和单个或者多个代表劳工的工会组织，双方就劳动条件、劳动报酬、劳动保护等事宜进行平等协商。要注意当地所适用的法律规定，这可能包括劳动行政管理部门的监督、有关签署和执行集体谈判协议的正式规则等。集体合同一旦订立即具有法律效力，任何一方违反或不执行集体合同的行为都是违法行为，另一方有权依法采取包括诉讼在内的措施以维护自身权利。因此，经过劳资双方平等协商谈判，本着诚信签订集体合同，有助于约束双方的行为，减少因违约造成的劳资纠纷。发生劳资纠纷时，由于双方的责任和权利有明确规定，纠纷的处理也会相对容易。然而，由于中国引入集体协商制度较晚，从立法到实践还处于起步阶段，集体合同的谈判主体不够明确，也缺乏独立的主体地位，大多数企业及基层工会组织对于集体合同的内容、谈判方式、分歧处理等并没有明确的认识，不太重视集体合同谈判在协调劳动关系中的重要作用。

对策建议：在非中资企业要充分认识集体合同谈判在协调劳动关系中的重要作用，可以通过加入当地具有代表性的雇主组织，由雇主组织代表企业，在相关政府部门的监督下，与工会代表进行谈判，就劳动条件、劳动报酬、劳动保护等平等协商并签订集体合同,合同有效期内双方不得就合同规定内容提出异议。这样可以有效减少劳资争议的发生,保障员工队伍的稳定。

(六) 终止雇佣关系

问题:如果有合理理由,雇主可遵循公平程序终止与员工的雇佣关系。可终止雇佣关系的合理理由包括行为不当、能力欠缺、无法融入企业或是无法满足经营要求等。雇主以笼统理由终止雇佣关系属违法行为。雇主对员工的行为或工作效果不满意时,雇主未按照有关程序要求而随意终止雇佣关系,可导致员工最终就未遵循程序的终止行为而对企业进行投诉;即便员工违反法律法规和企业规章制度规定,雇主在法院受理案件期间以笼统理由终止雇佣关系属违法行为,雇主也有可能因此遭到起诉,并因未能遵守程序而被判罚赔偿金。

对策建议:首先,切忌随意解雇员工,发生问题要按相关法律和规章制度要求的程序进行处理。其次,相关管理人员要熟悉劳动法对解聘员工的详细规定,例如有些国家劳动法对雇主终止与员工的雇佣关系规定了复杂的程序,而且规定对一些特殊人员不得终止雇佣关系,如不能对怀孕的妇女解除劳动合同。公司由于生产或市场原因需要裁员时也要格外小心,因为法律规定了裁员的优先级,原则是保护弱者,弱者最后遭裁减。再次,要做好员工管理工作,建立员工档案,记录员工工作、出勤、薪酬等,以便发生劳资纠纷时有据可循。如雇主发现员工盗窃、恶意损坏公司财物与声誉、损害公司利益等不端行为,应及时与员工沟通。公司应制定相关处理程序,包括从口头警告到立即解雇(取决于不当行为的性质以及是否累犯)。每个步骤均应完整记录,以备未来发生劳资纠纷时使用。如有再犯,应通过正规解雇程序解雇员工。要注意的是,警方的介入必须合乎适当顺序(就此征求当地雇主组织的意见)。最后,公司发展到一定规模后,可雇佣当地人力资源专员管理当地员工,避免直接与当地员工发生纠纷,也可由当地人力资源专业人士处理终止雇佣关系事宜。此外,建议雇主制定惩戒政策,这将为公司的纪律处分和申诉程序提供指导。

(七) 劳动纠纷申诉

问题:大多数非洲国家独立之初便成为国际劳工组织的成员国,对国际劳工标准和工人权益有较高的认识。在非洲不同国家，工人的工作环境、薪酬标准等各不相同，但在劳资纠纷上的问题普遍集中在：紧张的劳工关系、对待工会组织的敌意态度、各种违反工人权利的做法、恶劣的工作条件、各种各样的歧视与不公平。

对策建议：为建立和谐劳动关系，除了按照劳动相关法律法规健全企业制度外，企业还应完善员工申诉处理制度和对话机制，定期与非洲员工展开对话，为员工依照正式程序维护其合法权益提供渠道，签订集体谈判协议，了解他们的心声及要求，疏解员工情绪，改善工作氛围，鼓励正当的申诉行为，对一些合理的要求要尽量予以满足；对一时难以满足的要求要作出适当解释和说明；对部分无理要求或蓄意制造争端的做法要根据当地法律进行妥善处理，并建立申诉处理机制。

（八）利益相关方关系

1. 与工会的关系

问题：有关调查表明，中资企业在非洲开展经营活动中，最头痛的问题就是不知道如何与工会打交道。这些国家的劳动法规定，企业雇佣当地员工达到一定规模，员工有权成立工会。法律保护工会组织工人合法停工的权利。工会可以代表工人同雇主就薪酬/工资、员工福利、劳动条件等进行平等谈判。目前，在非洲当地的中资企业里，成立工会的并不多，有的企业负责人对成立工会不赞成并采取阻止政策。当地一些有影响的工会组织经常找企业负责人，要求成立相应的工会组织，有的还以要组织工人停工，使企业停产相威胁。中国公司的普遍问题是不善于与工会沟通，对所在国的工会和停工很不适应。工会组织和停工受法律保护，企业不得干涉工会活动，还要为他们提供办公场所，特别是当工人停工时不能采取解雇、扣发工资等惩罚性措施，否则将会受到非常严厉的法律制裁。雇主同工会组织有效沟通事关企业整体目标的实现，按照国际惯例和当地法律框架订立好劳资双方认可的规则，保持劳资双方良好的互动关系十分必要。

对策建议：首先，要转变对工会的认识，雇主应承认工人组织的权利，工人有权依法成立自己的工会，工会代表工人进行集体谈判，享有合法的罢工权。其次，要主动加强与工会的沟通，了解工人的需求，涉及工人切身利益的政策措施（如薪酬福利、工作时间、休假、裁员等）要事先与工会积极沟通，争取工会的理解和支持，尽量避免引起劳动纠纷甚至停工等，造成企业被动应对的局面。再次，企业要充分了解有关工会的国际劳工标准和当地相关法律，熟悉工会的运作流程。最后，企业还要加强同工会进行谈判的能力，培养专业水平高、语言能力强的骨干人才，从容应对来自工会方面的问题与挑战。在理想情况下，雇主应与工会人员开展合作，以实现共同目标。

2. 与雇主组织的合作

问题：当地具有代表性的雇主组织通常是国家协调劳动关系三方机制的一方，与政府劳动部门和代表性工会共同讨论协调劳动关系的问题，制定协调劳动关系的相关政策措施，代表雇主方参加年度国际劳工大会，参与国际劳工标准的制定和实施。然而，在非中资企业较少加入当地雇主组织，失去了一个能有效协助解决劳动关系问题的重要资源。中资企业未加入当地雇主组织的原因主要有：对当地雇主组织不了解，不知道雇主组织能做什么，尤其是如何代表企业；一些企业虽然知道当地雇主组织，但由于缺乏沟通，因而缺乏信任，希望看到雇主组织帮助企业解决劳动关系问题的成功案例后才愿意加入；有些中资企业延续在国内经营的理念，认为只要与当地政府建立良好的关系，任何问题就都可以解决，所以非常重视建立并保持与政府的关系，而忽视与包括雇主组织、工会等在内的社会伙伴的关系。事实上，在处理劳动关系问题上，政府、雇主组织、工会都是独立的一方，政府不能强制社会伙伴接受他们不能认可的决定或建议，雇主组织在解决劳动关系问题上发挥着不可或缺的重要作用。

对策建议：在非中资企业要积极了解并加入当地雇主组织，与其建立并保持良好的合作关系。一方面，雇主组织可以给企业提供劳动关系问题的咨询服务，为企业相关人员提供劳动相关法律法规的培训；另一方面，企业在生产经营过程中，如果遇到劳动关系相关的问题，如涉及工资、福利待遇、加班、休假、解除合同等方面的劳动争议，甚至是停工，均可向雇主组织寻求帮助。雇主组织凭借其专家队伍、丰富经验、良好的声誉和广泛的社会关系为企业提供有价值的服务。

3. 与商会和当地使领馆的沟通与合作

问题：目前中国已经在很多非洲国家建立了中华商会，成为在非中国企业合作的平台，为增进中资企业和非洲工商界的沟通，尤其是与工会组织的沟通，借助集体的力量促进在非投资企业的健康发展做出了积极贡献。当发生劳资纠纷时，商会可以积极联系当地劳工部门，协商解决矛盾。商会还经常与中国驻当地使领馆联合加强与当地民众的沟通工作，如通过中资企业与当地工人的茶话会等活动了解工人情况，促进企业与工人之间的沟通，并协助大使馆做好应急事件的处理工作。

对策建议：在非开展经营活动的中资企业与当地商会和使领馆建立并保持联系，积极参与商会和使领馆举行的相关活动，深入了解当地的经济、文化、社会发展状况，有助于企业解决劳动关系方面的问题。在发生劳动纠纷事件时，及时与商会和使领馆沟通，咨询相关意见建议，争取以最低的成本解决劳动纠纷问题，减小因劳动纠纷处理不当造成的不良社会影响。

4. 与媒体打交道

问题：包括以互联网为基础的现代媒体，对当今社会各方面的影响越来越大。东非各国的媒体比较自由开放，任何冲突、劳动纠纷、停工或公众感兴趣的其他问题都会被媒体报道。在非经营的中资企业如果忽视与当地媒体的关系，在发生劳动纠纷、停工等事件或其他公关危机时，别有用心的人可能会通过媒体借机炒作，夸大事实，甚至无中生有，对企业造成恶劣影响，影响企业正常的生产经营，甚至威胁到企业的生存。

对策建议：中资企业要与当地主流媒体建立并保持良好关系。一方面，要通过主流媒体积极宣传企业在为当地创造就业、保护员工合法权益、构建和谐劳动关系、积极履行企业社会责任等方面所作的努力和取得的成果；另一方面，在发生劳动纠纷时，相关企业应主动及时与主流媒体取得联系，讲事实、摆道理，争取媒体界朋友的理解和支持，并让媒体保持对事件的跟踪报道，最大程度地降低事件可能带来的不良影响。

附录一
国际劳工标准

（一）国际劳工标准概述

国际劳工标准是指国际劳工组织通过公约与建议书的形式制定的国际劳动立法的统称，既反映了劳工的需求，又反映了经济发展的现状，各国不同的劳动立法与投资立法都在不同程度上体现了国际劳工标准的发展。在经济全球化时代，国际劳工标准通过确保全球经济向着有利于全人类的方向发展，成为世界经济框架的重要组成部分，是全球化经济的游戏规则。

国际劳工标准也是各成员国起草和制定劳动法与社会政策的工具和立法指南，是劳动领域三方（即政府、雇主组织和工会）解决劳动冲突、构建和谐劳工关系和开展集体谈判的参照。越来越多的跨国企业开始关注产品生产过程和供应链的社会问题，开始主动采用行动守则来管制其生产场所及其供应链上的工作条件问题，其守则内容多援引国际劳工标准。

国际劳工标准是相关国家劳动立法的依据和主要内容。劳动领域的法律法规，保护公民从建立工会到保障最低工资等各项权益，并与国际劳工标准即国际劳工公约和建议书内容保持一致。随着经济全球化，全球范围内保障劳工权益的呼声日益强烈，了解更多国际劳工标准和相关国家的劳工立法内容，并将其引入企业劳工政策，成为企业投资的必修课。

（二）国际劳工组织八项核心公约

国际劳工公约对批准国具有约束力，国际劳工建议书对国际劳工公约进行了补充，为各成员国更好地实施国际劳工公约提供具体的指导意见，在制定国际劳工公约尚不成熟的领域,还起到纲领性和原则性的指引作用。

截至 2015 年 6 月,国际劳工组织通过了 189 项公约与 200 多项建议书,内容涵盖自由结社、集体谈判、强迫劳动、童工、同等机会与待遇、三方协商、劳动监察、就业政策、产假保护、社会保障等。

(三) 企业社会责任

企业社会责任(CSR)是指企业在创造利润及对股东负责的同时,还应承担起对环境、劳动者、消费者、社区等的责任。

到目前为止,国际上对 CSR 的具体内容还没有统一的定义。根据国家、地区的不同,对其理解和解释也不尽相同,但其内涵都与国际劳工标准核心公约等内容相关,核心是保护劳动者权益。

(四) 可持续发展国际准则

可持续发展国际准则有:①联合国全球契约十项原则;②经济合作与发展组织(OECD)《跨国企业指南》;③国际劳工组织《跨国企业和社会政策三方原则宣言》;④联合国人权高专办《工商业与人权:实施联合国"保护、尊重和补救"框架指导原则》。

附录二
国际劳工组织的八项核心公约

（一）第29号：强迫或强制劳动公约（1930年）

要求禁止所有形式的强迫或强制劳动。但允许某些例外，如服兵役、受到适当监督的服刑人员的劳动和紧急情况下的劳动，如战争、火灾、地震。

（二）第87号：结社自由和保护组织权利公约（1948年）

赋予所有工人和雇主无须经事先批准，建立和参加其自己选择的组织的权利，并制定一系列规定，确保这些组织在不受公共当局干涉的情况下自由行使其职能。

（三）第98号：组织权利和集体谈判权利公约（1949年）

为防止发生排斥工会的歧视，防止工人组织和雇主组织之间相互干涉提供保护，并对促进集体谈判作出了规定。

（四）第100号：同酬建议书（1951年）

呼吁对男女工人同等价值的工作给予同等报酬和同等津贴。

（五）第105号：废除强迫劳动公约（1957年）

禁止使用任何形式的强迫或强制劳动作为一种政治胁迫或政治教育手段，作为对发表政治或意识形态观点的惩罚，作为动员劳动力的手段，作为一种劳动纪律措施，作为参与罢工的惩罚或歧视的手段。

（六）第111号：（就业和职业）歧视建议书（1958年）

呼吁制定一项国家政策，消除在获得就业机会、培训和工作条件方面，任何基于种族、肤色、性别、宗教、政治见解、民族血统或社会出身等原因的歧视，促进机会和待遇平等。1988年国际劳工组织在国际劳工大会上通过的《基本劳工权利原则宣言》，将劳工标准明确规定为四个方面的核心权利：自由结社和集体谈判、消除一切形式的强迫劳动、有效废除童工和消除就业歧视。

（七）第138号：最低就业年龄建议书（1973年）

旨在消除童工劳动，规定准予就业的最低年龄不得低于完成义务教育的年龄。

（八）第182号：关于禁止和立即行动消除最有害的童工形式条约（1999年）

呼吁立即采取有效措施确保禁止和消除最恶劣形式的童工劳动，包括奴役制和类似做法，强迫征募儿童参与武装冲突，使用儿童卖淫和从事色情服务，任何非法活动，以及可能危害儿童健康、安全和道德的工作。

附录三
可持续发展国际准则

（一）联合国全球契约十项原则

要求各企业在各自影响范围内遵守、支持以及实施一套在人权、劳工标准、环境及反贪污方面的十项基本原则。这些基本原则来自于《世界人权宣言》、国际劳工组织的《关于工作中的基本原则和权利宣言》以及关于环境和发展的《里约原则》。在劳工标准方面，企业应该维护结社自由，承认劳资集体谈判的权利；彻底消除各种形式的强制性劳动；消除童工。

（二）《OECD 跨国企业指南》

该指南从环境管理系统、公众信息及利益相关者的意见和建议、生命周期评估、预防措施、应急反应、不断改善环境和绩效、环境教育与培训、为环境政策发展做贡献等八个部分为企业保护环境、承担社会责任、开展负责任的海外投资进行了指导。

（三）《国际劳工组织跨国企业和社会政策三方原则宣言》

2006 年新修订的版本概括了国际劳工公约和建议书所载原则，以及这些原则如何在企业的经营实践中得以运用。其主要特色是强调开展工作场所的社会对话，推动企业内部、行业、国家和地区等各层面开展社会对话，解决共同关心的劳动议题；同时鼓励跨国企业带动其供应链企业承担社会责任，开展符合国际劳工标准的企业经营活动，包括消除供应链中的童工和强迫劳动，改善劳动关系，增加工作场所中的多样性，满足劳务移民和跨境工人的需求，平等对待工作场所的艾滋病毒携带者，为残疾人提供工作岗位，通过供应链企业扩大就业机会等。

（四）《工商业与人权：实施联合国"保护、尊重和补救"框架指导原则》

2011年6月16日，联合国人权理事会通过了该指导原则，强调国家通过政策、监管和裁决提供保护，及防止包括工商企业方侵犯人权的义务；公司尊重人权的责任，工商企业应避免侵犯他人权利，并处理企业卷入其中的不利影响；需要使与企业侵害行为的受害者能够在更大程度上获得司法和非司法补救。该指导原则为各国政府和工商企业制定了标准，以推进可持续的全球化进程。

附录四
东非共同体劳动关系的案例做法

（一）中国海洋石油总公司——乌干达劳动力管理计划

中国海洋石油总公司（以下简称中海油）是中资会员公司之一，2013年加入乌干达雇主联合会FUE。中海油对FUE进行了首次访问，旨在了解并熟悉乌干达的劳动力管理动态。之后，该公司根据乌干达劳动条例的规定，请FUE帮助他们制定招聘低级别员工的程序。对于中海油这种规模的国际知名公司，FUE参与其大规模招聘过程，可以确保中海油的所有行为都能符合当地法律规定。

（二）香格里拉酒店案例——乌干达

乌干达香格里拉酒店是于1991年9月19日成立的有限责任公司。该公司从事酒店和旅游业务，在坎帕拉设有连锁酒店、餐馆和酒吧。酒店目前直接雇佣大约120名乌干达人，除董事外共有3名外籍人士，分别是中国人、菲律宾人和印度人。与乌干达的很多协会一样，香格里拉酒店也是FUE成员，并以此为荣，会员身份有助于应对工会官员的定期查访，因为后者的每次查访都会提出不同的要求，而FUE提供的工会公关服务使酒店恢复了平静。在FUE指导下，该公司签署了一份集体谈判协议，迄今为止和工会组织保持着正常关系，企业运营一切都恢复正常。该公司继续得益于FUE的来访，获取FUE的雇佣关系建议，提高酒店的各方面收益。FUE还向他们提供劳动法培训，包括《雇佣法》《工会法》和《公共场所职业安全健康法》相关培训。

(三) 集体谈判案例——肯尼亚

伟大亚多有限公司是一家中资制鞋公司，有90名雇员，厂址在内罗毕。在与构成其劳动力主体并有可能加入工会的员工交涉过程中，该公司曾面临诸多挑战，之后于2013年6月加入肯尼亚雇主联合会FKE，成为其直接成员。FKE在该公司加入后立即建议与肯尼亚皮鞋制革业工会签署一份互认协议，此后FKE推动协商集体谈判协议，以解决有关服务条款和条件的争议问题。根据协议，对于截至2014年6月30日在该公司服务并有可能加入工会的所有员工，其第一年和第二年的基本工资都增长5%。集体谈判协议总共涵盖31个项目，包括住房补贴、冗员和雇佣关系终止。通过集体谈判协议商定所有问题使该公司得以回避零碎性争议。

(四) 坦桑尼亚案例

坦桑尼亚雇主协会ATE一直在向联合建设国际有限公司等中资公司提供法律咨询服务，并代表一些中资公司与调解和仲裁委员会（CMA）交涉，例如在Star Media事件中，该公司的两名雇员就不公平终止事宜提交了争议。案件被提交给劳资法院，法院以不遵守终止程序为由判决Star Media向雇员支付相当于12个月薪资的赔偿金。中资公司要避免法院的重责，就必须遵守法律规定的雇佣和劳动程序，这要求更多中资公司加入ATE，以接受指导，避免劳资纠纷。

参考文献

1. 边燕杰. 市场转型与社会分层 [M]. 北京：生活·读书·新知三联书店，2002.
2. 卜凯. 中国的土地利用：统计资料分册 [M]. 南京：金陵大学出版社，1937.
3. 布雷夫曼. 劳动与垄断资本 [M]. 方生，朱基俊，吴忆萱，陈卫和，张其骈，译. 北京：商务印书馆，1974.
4. 蔡昉，白南生. 中国转轨时期劳动力流动 [M]. 北京：社会科学文献出版社，2006.
5. 常凯. 劳动关系学 [M]. 北京：中国劳动社会保障出版社，2005.
6. 常凯. 中国劳动关系报告 [M]. 北京：中国劳动社会保障出版社，2009.
7. 程延园. 劳动关系 [M]. 北京：中国人民大学出版社，2011.
8. 董克用. 中国经济改革30年——社会保障卷 [M]. 重庆：重庆大学出版社，2008.
9. 冯同庆，许晓军. 中国职工状况——内部结构与相互关系 [M]. 北京：中国社会出版社，1999.
10. 国家发改委收入分配司，北师大收入分配研究院. 中国居民收入分配年度报告 [M]. 北京：社会科学文献出版社，2017.
11. 国家统计局国民经济核算司. 中国国内生产总值核算历史资料1952—2004 [M]. 北京：中国统计出版社，2007.
12. 韩长赋. 中国农民工的发展与终结 [M]. 北京：中国人民大学出版社，2007.
13. 韩俊，何宇鹏. 新型城镇化与农民工市民化 [M]. 北京：中国工人出版社，2014.

14. 韩俊. 跨世纪的难题：中国农业劳动力转移 [M]. 太原：山西经济出版社，1994.

15. 蒋月. 中国农民工劳动权利保护研究 [M]. 北京：法律出版社，2006.

16. 李宝元. 中国劳动关系简史 [M]. 北京：企业管理出版社，2016.

17. 李培林. 农民工：中国进城农民工的经济社会分析 [M]. 北京：社会科学文献出版社，2003.

18. 李玉赋. 第八次中国职工状况调查 [M]. 北京：中国工人出版社，2018.

19. 刘燕斌，等. 中国劳动保障发展报告（2017）[M]. 北京：社会科学文献出版社，2017.

20. 刘燕斌. 国外集体谈判机制研究 [M]. 北京：中国劳动社会保障出版社，2012.

21. 刘易斯. 二元经济论 [M]. 施炜，等译. 北京：北京经济学院出版社，1989.

22. 马克思，恩格斯. 马克思恩格斯全集（第23卷）[M]. 中央编译局，译. 北京：人民出版社，1972.

23. 迈克尔·布若威. 制造同意 [M]. 李荣荣，译. 北京：商务印书馆，2008.

24. 毛泽东. 《毛泽东选集》第五卷 [M]. 北京：人民出版社，1977.

25. 宋晓梧. "十三五"时期我国社会保障制度重大问题研究 [M]. 北京：中国劳动社会保障出版社，2016.

26. 宋晓梧. 构建共享型社会：中国社会体制改革40年 [M]. 广州：广东经济出版社，2017.

27. 宋晓梧. 社会发展转型战略 [M]. 北京：学习出版社，2012.

28. 宋晓梧. 中国社会保障体制改革与发展报告 [M]. 北京：中国人民大学出版社，2001.

29. 谭永生，李爽，等. 新形势下我国就业问题研究 [M]. 北京：中国计划出版社，2015.

30. 王裕明，吴国庆，等. 劳动关系与争议处理：政策与实务 [M]. 北京大学出版社，2008.

31. 魏礼群. 当代中国社会大事典 1978—2015 [M]. 北京：商务印书馆, 2017.

32. 谢建杜. 中国农民工权利保障 [M]. 北京：社会科学文献出版社, 2009.

33. 徐小洪. 冲突与协调：当代中国私营企业的劳资关系研究 [M]. 北京：中国劳动社会保障出版社, 2004.

34. 杨聪敏. 农民工权利平等与社会融合 [M]. 杭州：浙江工商大学出版社, 2010.

35. 杨云善, 时明德. 中国农民工问题分析 [M]. 北京：中国经济科学出版社, 2005.

36. 张俊峰. 国外企业经济性罢工处理机制研究 [M]. 北京：中国劳动社会保障出版社, 2011.

37. 张培刚. 清苑的农家经济 [M]. 北京：商务印书馆, 1936.

38. 中国社会科学院, 中央档案馆. 1949—1952 中华人民共和国经济档案资料选编（工商体制卷）[M]. 北京：中国城市经济社会出版社, 1993.

39. 邹晓美, 高泉. 农民工权利研究 [M]. 北京：中国经济出版社, 2010.

40. 埃尔德, 等. 中国劳动世界的未来议题三：非标准（非正规）就业形式 [J]. 中国劳动, 2018 (12).

41. 安春英. 中国在非企业社会责任案例研究——以赞中经贸合作区为例 [J]. 亚非纵横, 2014 (2).

42. 白南生, 李靖. 农民工就业流动性研究 [J]. 管理世界, 2008 (7).

43. 班小辉. "一带一路" 沿线民主化转型国家中企业的劳工风险问题——以缅甸为例 [J]. 中国劳动关系学院学报, 2019 (1).

44. 卞文志. 积极促进新产业新动能为扩大就业提供动力 [J]. 劳动保障世界, 2017 (11).

45. 蔡昉. 城乡收入差距与制度变革的临界点 [J]. 中国社会科学, 2003 (5).

46. 蔡昉. 破解农村剩余劳动力之谜 [J]. 中国人口科学, 2007 (2).

47. 蔡昉. 中国就业格局变化与挑战 [J]. 全球化, 2013 (5).

48. 蔡昉. 中国就业制度改革的回顾与思考 [J]. 理论前沿, 2008

(11).

49. 曹海红. 浅析中国石化海外企业本土招聘员工管理 [J]. 当代石油石化, 2012 (20).

50. 常凯. 劳动关系的集体化转型与政府劳工政策的完善 [J]. 中国社会科学, 2013 (6).

51. 陈吉元, 胡必亮. 中国的三元经济结构与农业剩余劳动力转移 [J]. 经济研究, 1994 (4).

52. 陈瑛, 张国胜, 杨润高. "一带一路"倡议中沿线国家劳动政策与我国产业走出去 [J]. 广东社会科学, 2019 (1).

53. 陈映芳. 农民工制度安排与身份认同 [J]. 社会学研究, 2005 (3).

54. 陈宗仕, 张建君. 企业工会、地区制度环境与民营企业工资率 [J]. 社会学研究, 2019 (3).

55. 谌利民, 宋廷春, 王皓田. 以平等为核心推进要素市场改革 [J]. 中国经贸导刊, 2017 (5).

56. 谌利民, 王皓田, 郝思思. 以平等为核心构建新时期农民工和谐劳动关系 [J]. 宏观经济研究, 2019 (9).

57. 程延园. 当代西方劳动关系研究学派及其观点评述 [J]. 教学与研究, 2003 (3).

58. 程延园. 集体谈判制度在我国面临的问题及其解决 [J]. 中国人民大学学报, 2004 (2).

59. 程延园. 英美解雇制度比较分析——兼论解雇中的法律和经济问题 [J]. 中国人民大学学报, 2003 (2).

60. 戴晓初. 强化劳工风险管理、促进体面劳动、实现可持续发展 [J]. 中国就业, 2018 (10).

61. 戴园晨, 黎汉明. 工资侵蚀利润——中国经济体制改革中的潜在危险 [J]. 经济研究, 1988 (6).

62. 丁芳, 林小燕. "一带一路"倡议下我国劳务输出研究 [J]. 金陵科技学院学报（社会科学版）, 2016 (3).

63. 董保华, 李干. 构建和谐劳动关系的新定位 [J]. 南京师大学报（社会科学版）, 2016 (2).

64. 董克用, 张栋. 中国养老金体系改革变迁：成就与挑战 [J]. 清华金融评论,2017(3).

65. 董克用.基本公共服务均等化的思考[J].机构与行政,2016(7).

66. 董理.我国农村非农产业群体的社会保障制度探析[J].武汉理工大学学报,2001(5).

67. 董永祥,汪砺锋,熊军.湖北省参与"一带一路"建设企业劳动关系调查报告[J].工友,2019(9).

68. 杜瑶,王忠,黄建烨.最低工资降低非正规就业了吗?——基于流动人口数据的实证研究[J].南方人口,2019(3).

69. 冯虹,杨桂宏.户籍制度与农民工就业歧视辨析[J].人口与经济,2013(2).

70. 冯同庆.近年来工资集体协商取向的正误分析——是自上而下还是自下而上结合[J].马克思主义研究,2012(2).

71. 高冰,张杰.浅析我国企业在跨国经营中的劳资问题风险及解决之道[J].经济问题探索,2010(1).

72. 辜胜阻,武兢.扶持农民工以创业带动就业的对策研究[J].中国人口科学,2009(3).

73. 关博,邢伟.筑牢以人民为中心的多层次民生保障体系[J].宏观经济管理,2018(5).

74. 关博,朱小玉.新技术、新经济和新业态劳动者平等参加社会保险的主要制约与建议——基于320名"三新"劳动者的典型调研[J].中国人力资源开发,2018(12).

75. 关博.大力发展补充保险构建多层次养老保障体系[J].宏观经济管理,2017(3).

76. 关博.加快完善适应新就业形态的用工和社保制度[J].宏观经济管理,2019(4).

77. 郭继红.城市化进程中新生代农民工的教育问题研究[J].中国成人教育,2010(16).

78. 郭正模,李晓梅.工资收入差距与政府宏观调控[J].社会科学研究,2006(3).

79. 过宣帆,刘宏松.中国企业对非投资的政治经济学分析——以中国有色集团在赞比亚投资为例[J].安徽师范大学学报,2013(1).

80. 洪泸敏，章辉美. 新中国成立以来企业劳动关系的历史变迁 [J]. 江西社会科学，2009（8）.

81. 花勇."一带一路"建设中的海外劳工权益法律保护 [J]. 云南社会主义学院学报，2016（5）.

82. 黄金芳，孙杰. 合理制定我国最低工资标准——再析中国当前"民工荒"现象 [J]. 辽宁工学院学报，2007（1）.

83. 黄宗智. 重新认识中国劳动人民——劳动法规的历史演变与当前非正规经济 [J]. 开放时代，2013（5）.

84. 纪雯雯，赖德胜. 从创业到就业：新业态对劳动关系的重塑与挑战——以网络预约出租车为例 [J]. 中国劳动关系学报，2016（2）.

85. 纪雯雯，赖德胜. 网络平台就业对劳动关系的影响机制与实践分析 [J]. 中国劳动关系学报，2016（4）.

86. 姜俊禄. 走出去中国企业在全球化过程中的劳工法律风险统筹管理 [J]. 中国律师，2015（2）.

87. 蒋长流，韩春虹. 利益非一致性与农民工社会保障市民化的政策支持研究 [J]. 经济体制改革，2015（1）.

88. 金波."一带一路"战略下跨国并购的劳动法律风险 [J]. 理论观察，2017（4）.

89. 柯姗姗. 中国企业在非洲的劳资纠纷问题研究 [J]. 浙江师范大学学报（社会科学版），2011（4）.

90. 赖德胜，等. 我国劳动者工作时间特征与政策选择 [J]. 中国劳动，2015（2）.

91. 赖德胜，李长安. 经济新常态背景下的和谐劳动关系构建 [J]. 中国特色社会主义研究，2016（1）.

92. 赖德胜. 欧盟一体化进程中的劳动力市场分割 [J]. 世界经济，2001（4）.

93. 郎友兴. 从社会排斥到社会融合：外来民工本地化与构建中国城市和谐社区 [J]. 当代中国政治研究报告，2007（8）.

94. 劳动部. 新民主主义劳资关系的建立和目前存在的问题 [J]. 劳动公报，1951（12）.

95. 雷晓天. 国家、资本与劳工：中国集体协商制度发展的形塑力量——基于文献的思考与启示 [J]. 中国人力资源开发，2016（21）.

96. 李爱芹. 户籍制度改革与农民工市民化的路径 [J]. 山东农业大学学报（社会科学版），2014（4）.

97. 李宝元，董青，仇勇，等. 百年中国劳动关系演化的基本路径及走势 [J]. 经济理论与经济管理，2015（6）.

98. 李方祥. "五反"运动后国家对劳资关系调整的经济史分析 [J]. 当代中国史研究，2008（3）.

99. 李瑾. 中国工会改革创新纪事 [J]. 中国工人，2018（10）.

100. 李强，胡宝荣. 户籍制度改革与农民工市民化的路径 [J]. 社会学评论，2013（1）.

101. 李实，邓曲恒. 中国城镇失业率的重新估计 [J]. 经济学动态，2004（4）.

102. 李实，万海远. 对当前中国劳动力成本的基本判断 [J]. 中国经济学人，2017（1）.

103. 李实，朱梦冰，詹鹏. 中国社会保障制度的收入再分配效应 [J]. 社会保障评论，2017（4）.

104. 李实. 中国财产分配差距与再分配政策选择 [J]. 经济体制改革，2015（1）.

105. 李实. 中国收入分配格局的变化与改革 [J]. 北京工商大学学报（社会科学版），2015（4）.

106. 李实. 中国收入分配格局新变化 [J]. 中共浙江省委党校学报，2018（5）.

107. 李实. 中国中等收入群体的规模及其变化趋势 [J]. 社会治理，2017（6）.

108. 李树苗，任义科，靳小怡，等. 中国农民工的社会融合及其影响因素研究——基于社会支持网络的分析 [J]. 人口与经济，2008（2）.

109. 李文静，等. 中国特色协调劳动关系体制机制研究 [J]. 中国劳动，2018（1）.

110. 李兴斌. 传统精神中"重义轻利"价值观评析 [J]. 山东社会科学，1990（5）.

111. 李杏果. 非公有制企业劳资冲突与劳资关系的和谐秩序 [J]. 中国劳动关系学院学报，2006（3）.

112. 李雪梦. "走出去"人力资源管理战略的本土化用工研究——以

中国有色集团为例 [J]．中国人力资源开发，2015（15）．

113．李岩．我国现代劳动关系协调机制现状与发展 [J]．人民论坛，2014（11）．

114．李扬，殷剑峰．中国高储蓄率问题探究——1992—2003 年中国资金流量表的分析 [J]．经济研究，2007（6）．

115．林芮．"一带一路"背景下我国跨境劳动者权益保障的困境与对策 [J]．山东工会论坛，2018（9）．

116．刘成斌．生存理性及其更替—两代农民工进城心态的转变 [J]．福建论坛（人文社会科学版），2007（7）．

117．刘传江，徐建玲．第二代农民工市民化：现状分析与进程测度 [J]．人口研究，2008（5）．

118．刘传江．迁徙条件、生存状态与农民工市民化的现实进路 [J]．改革，2013（4）．

119．刘璐宁，孟续铎．构建和谐劳动关系背景下农民工超时工作问题探析 [J]．农村经济，2018（7）．

120．吕国泉，李佳娜，淡卫军，等．中国海外劳务移民的发展变迁与管理保护——以移民工人维权和争议处理为中心的分析 [J]．华侨华人历史研究，2014（3）．

121．吕星星，张学亮．习近平就业思想主要内容及时代价值略论 [J]．南昌师范学院学报，2018（1）．

122．罗霞，王春光．新生代农村流动人口的外出动因与行动选择 [J]．浙江社会科学，2003（1）．

123．毛丽冰．调解仲裁效能亟需提升——访国家人力资源和社会保障部调解仲裁管理司 [J]．经济，2013（5）．

124．孟泉，曹学兵．工会何以复兴？——西方工会复兴研究的主要议题、学术争论及启示 [J]．中国人力资源开发，2019（3）．

125．孟续铎．新业态发展中劳动关系面临的问题及对策 [J]．中国人力资源社会保障，2018（4）．

126．木怀琴．中国劳动关系的变革实验 [J]．文化纵横，2015（2）．

127．潘玥，陈璐莎．"一带一路"倡议下中国企业对外投资的劳工问题——基于肯尼亚和印度尼西亚经验的研究 [J]．东南亚纵横，2018（2）．

128．彭薇．跨国并购是否有助于提高企业动态生产效率："一带一路"

倡议背景下中国 A 股制造业上市公司的证据［J］．现代经济探讨，2018（1）．

129．乔健，李诚．中资企业投资"一带一路"国家劳动关系风险防范研究——以巴西为例［J］．中国人力资源开发，2018（7）．

130．乔健．略论中国特色和谐劳动关系［J］．中国劳动关系学院学报，2015（1）．

131．乔健．中国特色的三方协调机制：走向三方协商与社会对话的第一步［J］．广东社会科学，2010（2）．

132．乔健．中央为何强调构建和谐劳动关系［J］．瞭望，2015（15）．

133．任远，邬民乐．城市流动人口的社会融合：文献述评［J］．人口研究，2006（3）．

134．任远．"逐步沉淀"与"居留决定居留"——上海市外来人口居留模式分析［J］．中国人口科学，2006（3）．

135．沈琴琴，刘文军．中国境外企业劳动关系调处机制研究［J］．中国青年政治学院学报，2013（3）．

136．宋晶，王晓飞．收入分配制度视域下的和谐劳动关系构建［J］．管理学刊，2011（1）．

137．宋晓梧．新常态下完善社会保障体系的六大问题［J］．中国社会科学报，2016（8）．

138．宋晓梧．以更平衡的发展满足人民需求［J］．中国经贸导刊，2018（1）．

139．苏海南，胡宗万．我国劳动密集型小企业劳动关系问题研究［J］．华中师范大学学报（人文社会科学版），2012（2）．

140．隋福民，韩锋．保定 11 个村人均纯收入水平与结构的历史变化（1930—1998）：基于"无锡、保定农村调查"数据的分析［J］．中国经济史研究，2012（4）．

141．孙立军．中国海外投资企业的人权义务与反对人权意识形态化［J］．法学论坛，2015（11）．

142．汤毅平．民国前期的劳动立法［J］．求索，2004（5）．

143．田凯．关于农民工城市适应性的调查与思考［J］．人口学刊，1996（4）．

144．田艳芳，李欢．缓解劳资冲突的协商机制研究——以浙江温岭羊

毛衫行业为例 [J]. 中国劳动关系学院学报, 2017 (4).

145. 王蓓, 蒋琳瑶. "一带一路"背景下中国企业海外并购的劳动法律风险及防范 [J]. 山东财经大学学报, 2018 (11).

146. 王春超. 收入差异、流动性与地区就业集聚 [J]. 中国农村观察, 2005 (1).

147. 王春光. 农村流动人口的"半城市化"问题研究 [J]. 社会学研究, 2006 (5).

148. 王佃利, 刘保军, 楼苏萍. 新生代农民工的城市融入 [J]. 中国行政管理, 2011 (2).

149. 王桂新, 胡健. 城市农民工社会保障与市民化意愿 [J]. 人口学刊, 2015 (6).

150. 王晶晶. 基于我国劳务派遣现状的新思考 [J]. 辽宁行政学院学报, 2014 (9).

151. 王黎黎. "一带一路"下集体劳动关系调整风险及适应性防范 [J]. 中国人力资源开发, 2018 (12).

152. 王琼, 胡静. 农民工市民化与户籍制度改革：进程与思考 [J]. 生产力研究, 2013 (9).

153. 王涛, 翟英军, 程浩. 对城市农民工社会保障问题的理性思考 [J]. 农村经济, 2005 (3).

154. 王文珍, 李文静. 平台经济发展对我国劳动关系的影响 [J]. 中国劳动, 2017 (1).

155. 王祥军, 黄萱. 我国对外劳务派遣工权益的法律保护 [J]. 三明学院学报, 2018 (6).

156. 王玉普. 在全国工会基层组织建设工作会议上的讲话 [J]. 中国工会年鉴, 2010 (8).

157. 闻效仪. 改革开放四十年之集体协商与集体合同研究：历史演进、制度执行与类型化趋势 [J]. 中国人力资源开发, 2018 (10).

158. 吴芳芳. 中国对外投资合作中的企业社会责任问题研究 [J]. 产业与科技论坛, 2013 (4).

159. 吴建平. 地方工会"借力"运作的过程、条件及局限 [J]. 社会学研究, 2017 (3).

160. 夏庆杰, 宋丽娜, John Knight, Simon Appleton. 20世纪90年代中

国国有企业改革对城镇劳动力市场的影响［J］. 世界经济，2009（4）.

161. 向明亮. 被动的"协调"——1927—1937年国民政府管控矿工运动的政策论析［J］. 河南理工大学学报（社会科学版），2016（4）.

162. 肖竹. "一带一路"背景下"出海"企业的对外劳动关系治理［J］. 中国人力资源开发，2018（4）.

163. 谢德成. 转型时期的劳动关系：趋势与思维嬗变［J］. 四川大学学报（哲学社会科学版），2016（6）.

164. 熊亮. "数"说提高技术工人待遇［J］. 中国人力资源社会保障，2018（5）.

165. 徐璐，林瑶. 国外多雇主集体谈判的理论、实践及对中国的启示［J］. 劳动经济研究，2016（4）.

166. 徐庆. 四元经济发展模型与城乡收入差距扩大［J］. 经济科学，1997（2）.

167. 许叶萍，石秀印. 劳动者的工资：公平与效率的历史走向［J］. 中国党政干部论坛，2013（5）.

168. 许怔. 城市农民工社会保障制度设计分析［J］. 中南民族大学学报（人文社会科学版），2004（4）.

169. 闫伟. 新生代农民工教育需求分析［J］. 继续教育研究，2008（10）.

170. 杨成湘. 改革开放以来中国工会推进集体协商制度建设的回顾与前瞻［J］. 湖南行政学院学报，2018（3）.

171. 杨春宝，李梅子. 中国企业跨国经营中的企业社会责任［J］. 特区经济，2010（8）.

172. 叶林祥，李实，罗楚亮. 行业垄断、所有制与企业工资收入差距——基于第一次全国经济普查企业数据的实证研究［J］. 管理世界，2011（4）.

173. 叶旭东. 我国煤炭行业去产能面临的挑战及其对策建议［J］. 煤炭经济研究，2016（6）.

174. 殷格非，管竹笋. 海外运营中的企业社会责任［J］. WTO经济导刊，2013（4）.

175. 殷建平，张琦. 中国企业跨国经营用工环境适应性研究［J］. 商业时代，2010（12）.

176. 于法鸣，郑东亮. 下岗职工的劳动关系处理非小事［J］. 中国经贸导刊，2000（10）.

177. 于莉. 新生代农民工教育培训管窥［J］. 河北大学成人教育学院学报，2008（1）.

178. 俞可平. 中华人民共和国六十年政治发展的逻辑［J］. 马克思主义与现实，2010（1）.

179. 郁振山. "中国企业"走出去"的安全之路——福耀玻璃美国代顿工厂被投诉事件始末"［J］. 现代职业安全，2017（7）.

180. 袁朝辉. 职工劳动经济权益实现情况的趋势性分析［J］. 中国工运，2018（1）.

181. 岳希明，蔡萌. 垄断行业高收入不合理程度研究［J］. 中国工业经济，2015（5）.

182. 岳希明，李实，史泰丽. 垄断行业高收入问题探讨［J］. 中国社会科学，2010（3）.

183. 曾湘泉. 中国就业市场的新变化：机遇，挑战及对策［J］. 中国经济报告，2020（3）.

184. 张炳雷. 国有企业海外投资的困境分析：一个社会责任的视角［J］. 经济体制改革，2011（4）.

185. 张车伟，张士斌. 中国初次收入分配格局的变动与问题——以劳动报酬占 GDP 份额为视角［J］. 中国人口科学，2010（5）.

186. 张春华. "授之以渔"铺就互利共赢之路——中钢集团非洲社会责任实践［J］. WTO 经济导刊，2009（3）.

187. 张利萍，邱敏学. 中国特色社会主义劳动关系理论述要［J］. 中国特色社会主义研究，2013（5）.

188. 张鸣起. 以习近平新时代中国特色社会主义思想为指导构建新时代和谐劳动关系［J］. 社会治理，2018（3）.

189. 张原，刘丽. "一带一路"沿线国家劳动力市场比较及启示［J］. 西部论坛，2017（11）.

190. 章雅荻. "一带一路"倡议与中国海外劳工保护［J］. 国际展望，2016（5）.

191. 赵钧. 中国对外承包商会：履行社会责任，提升企业竞争"软实力"［J］. WTO 经济导刊，2011（3）.

192. 赵炜. 劳动关系结构变化和工会策略的选择 [J]. 社会治理, 2015 (2).

193. 赵炜. 西方发达市场经济国家集体谈判机制的变化趋势 [J]. 中国党政干部论坛, 2013 (5).

194. 赵延东, 王奋宇. 城乡流动人口的经济地位获得及决定因素 [J]. 中国人口科学, 2002 (4).

195. 郑秉文, 李妍花. 我国网络创业就业特征及其对社会保险可及性的挑战 [J]. 辽宁大学学报（哲学社会科学版）, 2018 (7).

196. 钟宏武, 杨小科. 社会责任：海外中资企业必须应对的问题 [J]. WTO经济导刊, 2007 (8).

197. 钟懿辉, 赵鑫全. 我国企业走出去需加强劳资关系管理 [J]. 中国劳动关系学院学报, 2009 (6).

198. 周长. 我国集体合同推广模式的困境与出路 [J]. 理论与当代, 2019 (3).

199. 周畅, 李琪. 非标准工作与体面劳动：数据化带来的劳动问题与政府对策 [J]. 中国人力资源开发, 2017 (8).

200. 周明宝. 城市滞留型青年农民工的文化适应与身份认同 [J]. 社会, 2004 (5).

201. 周天勇. 托达罗模型的缺陷及其相反的政策含义——中国剩余劳动力转移和就业容量扩张的思路 [J]. 经济研究, 2001 (3).

202. 周扬, 谢宇. 二元分割体制下城镇劳动力市场中的工作流动及其收入效应 [J]. 社会, 2019 (4).

203. 朱红. 新常态下的劳动关系与工会工作 [J]. 中国劳动关系学报, 2016 (4).

204. 朱考金. 城市农民工心理研究——对南京市610名农民工的调查与分析 [J]. 青年研究, 2003 (6).

205. 朱力. 论农民工阶层的城市适应 [J]. 江海学刊, 2002 (6).

206. 朱勇国, 张楠. 劳动标准与和谐劳动关系 [J]. 中国人力资源开发, 2012 (11).

207. 董克用. 构建我国三支柱养老金体系 [N]. 中国劳动保障报, 2016-06-17.

208. 龚惠文. 完善维权服务制度机制——全国总工会改革试点方案系

列解读之五［N］. 经济日报，2015-12-11.

209. 姜颖. 坚持以协商协调为主构建和谐劳动关系［N］. 工人日报，2018-01-02.

210. 赖德胜. 新经济：就业结构转型升级的新动能［N］. 中国劳动保障报，2018-01-27.

211. 李玉斌. 新时代工会工作的理论指导和行动指南［N］. 人民日报，2019-02-11.

212. 刘涛. 勇于推进改革创新热诚服务职工群众［N］. 工人日报，2015-11-25.

213. 乔健. 目前我国劳动关系现状浅析［N］. 工人日报，2018-07-17.

214. 宋晓梧. 把保障和改善民生作为出发点和落脚点［N］. 经济日报，2016-05-03.

215. 宋晓梧. 把增加就业作为宏观调控主目标［N］. 人民日报，2015-04-08.

216. 宋晓梧. 农民工市民化应是"十三五"时期工作重点［N］. 人民政协报，2016-01-07.

217. 以提质增效为重点，推动集体协商创新发展——全国总工会权益保障部负责同志就深入推进集体协商工作答记者问［N］. 工人日报，2018-12-06.

218. 张鸣起. 推动和谐劳动关系法治化［N］. 中国法制报，2016-03-29.

219. 郑莉. 工会十七大特稿：职工"娘家人"奋斗新时代［N］. 工人日报，2018-10-21.

220. 朱宏任. 中国企联40年回顾与展望［N］. 中国企业报，2019-04-09.

221. 陈光. 冲突到稳定——上海劳资关系研究（1925—1931）［C］. 华东师范大学博士论文，2007.

222. 窦勇. 开放进程中要素市场扭曲与宏观经济失衡［C］. 中共中央党校博士论文，2010.

223. 廖继兴. 当代中国劳资关系的伦理透视［C］. 华侨大学博士论文，2009.

224. 刘颖. 中国国家资本主义问题研究［C］. 东北师范大学博士论文, 2004.

225. 汤晓芳. 收入分配问题视角下我国和谐劳动关系的构建［C］. 华东师范大学博士论文, 2012.

226. 滴滴政策研究院. 新经济、新就业——2017年滴滴出行平台就业研究报告［R/OL］.（2017-10-24）［2017-10-24］. http://www.199it.com/archives/646093.html.

227. 国际劳动组织. 世界非标准就业：了解挑战、塑造未来［R/OL］.（2017-10-30）［2021-10-30］. https://www.ilo.org/beijing/what-we-do/publications/WCMS_587877/lang--zh/index.htm.

228. 国家统计局. 新中国50年系列分析报告之十八：就业规模不断扩大, 结构逐步优化［R/OL］.（1999-09-28）［1999-09-28］. http://www.stats.gov.cn/ztjc/ztfx/xzg50nxlfxbg/200206/t20020605_35976.html.

229. 国家信息中心. 中国共享经济发展年度报告［R/OL］.（2018-02-22）［2022-02-22］. http://www.sic.gov.cn/archiver/SIC/UpFile/Files/Default/20220222100312334558.pdf.

230. Ackers P., 2015, "Trade Unions as Professional Associations". In: Johnstone S and Ackers P (eds) *Finding a Voice at Work? New Perspectives on Employment Relations*. Oxford: Oxford University Press.

231. Adisu K., T. Sharkey & S. C. Okoroafo, 2010, "The impact of Chinese investment in Africa", *International Journal of Businessand Management*, 5 (9).

232. Akorsu, A. D., Cooke, F. L. 2011, "Labour standards application among Chinese and Indian firms in Ghana: typical or atypical?". *The International Journal of Human Resource Management*, 22 (13).

233. Alberti, G. Bessa, I., Hardy, K. 2018, "In, Against and Beyond Precarity: Work in Insecure Times", *Work Employment and Society*. 32 (3).

234. Alberti, G. Bessa, I., Hardy, K. 2018, "In, Against and Beyond Precarity: Work in Insecure Times". *Work Employment and Society*. 32 (3).

235. Alberti, G. Bessa, I., Hardy, K. 2018, "In, Against and Be-

yond Precarity: Work in Insecure Times". *Work Employment and Society*. 32 (3).

236. Baah, A. Y., & Jauch, H. 2009, "Chinese investments in Africa: A labour perspective". *African Labour Research Network.*

237. Becchetti, Leonardo., Stefania Di Giacomo, Damiano Pinnacchio. 2008, "Corporate social responsibility and corporate performance: evidence from a panel of US listed companies", *Applied Economics*, 40 (5).

238. Bernard Gernigon et al., 1988, "ILO Principles Concerning the Right to Strike", 137, *Int'l Lab. Rev.*

239. Brammer Stephen, Andrew Millington, Bruce Rayton. 2007, "The contribution of corporate social responsibility to organizational commitment", *International Journal of Human Resource Management*, 18 (10).

240. Brooks A., 2010, "Spinning and weaving discontent: labour relations and the production of meaning at Zambia-China Mulungushi Textiles", *Journal of Southern African Studies*, 36 (1).

241. Brooks, A. 2010, "Spinning and weaving discontent: labour relations and the production of meaning at Zambia – China Mulungushi Textiles". *Journal of Southern African Studies*, 36 (1).

242. Buchele, Robert and Jens, Christiansen. 1995, "Worker Rights Promote Productivity Growth", *Challenge* 38 (5).

243. Charles Umney, Genevieve Coderre-LaPalme. 2017, "Blocked and New Frontiers for Trade Unions: Contesting 'the Meaning of Work' in the Creative and Caring Sectors", *British Journal of Industrial Relations* 55 (4).

244. Chen C. and R. Orr, 2009, "Chinese Contractors in Africa: Home Government Support, Coordination Mechanisms, and Market Entry Strategies", *Journal of Construction Engineering and Management*, 135 (11).

245. Christian Lyhne Ibsen and Maite Tapia, 2017, "Trade union revitalisation: Where are we now? Where to next? *Journal of Industrial Relations*, 59 (2).

246. Christopher Dye, Ties Boerma, 2013, The World Health Report 2013: Research for Universal Health Coverage. *WHO: World Health Report.*

247. Davies K., 2009, "While global FDI falls, China's outward FDI

doubles", *Transnational Corporations Review*, 1 (4).

248. Demougin Philippe, Leon Gooberman, Marco Hauptmeier, and Edmund Heery, 2019, "Employer organisations transformed". *Human Resource Management*, 29.

249. Ferreira M. E., 2008, "China in Angola: Just a Passion for Oil", in C. Alden, D. Large and R. *Soares de Oliviera (eds) China Returns to Africa: A Rising Power and a Continent Embrace*, 2008, London.

250. Flanders, A. D., 1974, "The tradition of voluntarism". *British Journal of Industrial Relations*, 12 (3).

251. Florian Baumann and Tobias Brandle, 2017, "We Want Them All Covered! Collective Bargaining and Firm Heterogeneity: Theory and Evidence from Germany", *British Journal of Industrial Relations*, 55 (3).

252. Gabriella Alberti, 2018, "In, Against and Beyond Precarity: Work in Insecure Times", *Work Employment and Society*, Vol. 32 (3).

253. Giese, K., & Thiel, A. 2012. "The vulnerable other-distorted equity in Chinese-Ghanaian employment relations". *Ethnicand Racial Studies*.

254. Gooberman, L., Hauptmeier, M., & Heery, E. 2017. "A typology of contemporary employers' organizations in the UK". *Economic and Industrial Democracy*, 41 (1).

255. Gooberman, L., Hauptmeier, M., & Heery, E. 2019. "The decline of employers' associations in the UK, 1976-2014". *Journal of Industrial Relations*, 61 (1).

256. Gu J., 2009, "China's private enterprises in Africa and the implications for African development", *European Journal of Development Research*, 21 (4).

257. Haglund D., 2009, "In It for the Long Term? Governance and Learning among Chinese Investors in Zambia's Copper Sector", *The China Quarterly*, 199 (1).

258. Hairong, Y., Sautman, B. 2013, "The Beginning of a World Empire"? Contesting the Discourse of Chinese Copper Mining in Zambia. *Modern China*, 39 (2).

259. Haugen H. Q., J. Carling, 2005, "On the edge of the Chinese di-

aspora: The surge of baihuo business in an African city", *Ethnic and Racial Studies*, 28 (4).

260. Henderson J. R., P. Appelbaum, S. Y. Ho, 2013, "Globalization with Chinese characteristics: Externalization, dynamics and transformations", *Development and Change*, 44 (6).

261. Hu Xiaoyong. 2006, "Corporate Codes of Conduct and Labour-related Corporate Social Responsibility: Analyzing the Self–regulatory Mechanisms of Multinational Enterprises and their Impacts to Developing Countries." from http://www.jil.go.jp/profile/documents/Hu.pdf.

262. Hurst J. Fessehaie, 2012, The Dynamics of the Zambia Copper Value Chain (PhD thesis, University of Cape Town).

263. Ibsen, C., Navrbjerg, S. 2019, "Adapting to survive: The case of Danish employers' organizations". *Human Resource Management Journal*, 29 (1), 36-50.

264. ILO, 2013, "Conclusions concerning the recurrent discussion on social dialogue, Provisional Record", Geneva, *International Labour Office*.

265. ILO, 2013, "The Informal Economy and Decent Work: A Policy Resource Guide supporting transitions to formality", Geneva, *International Labour Office*.

266. ILO, 2015, "Employment relationships in telecommunications services and in the call centre industry", Geneva, *International Labour Office*.

267. ILO, 2015, "Small and medium-sized enterprises and decent and productive employment creation", Geneva, *International Labour Office*.

268. ILO, 2018, "The impact of social dialogue and collective bargaining on working conditions in SMEs", Geneva, *International Labour Office*.

269. ILO, 2018, "Women and men in the informal economy: a statistical picture", Geneva, *International Labour Office*.

270. ILO, Digest of decisions and principles of the Freedom of Association Committee, ILO, Fifth edition 2006, *Paras*.

271. ILO, Part I. Freedom of association and protection of the right to organize, Chapter V. The right to strike, 1994, Freedom of association and collective bargaining: The right to strike, *ILO*.

272. ILO. 2015, "Employment Relationships in Telecommunications Services and in the Call Centre Industry", Geneva, ILO. https://www.ilo.org/wcmsp5/groups/public/---ed_dialogue/---sector/documents/publication/wcms_409415.pdf.

273. ILO. 2018, "Women and Men in the Informal Economy: A Statistical Picture" Geneva, ILO. https://www.ilo.org/global/publications/books/WCMS_626831/lang--en/index.htm.

274. Jauch H., 2011, "Chinese investments in Africa: Twenty-first century colonialism", *New Labor Forum*, 20 (2).

275. Jefferson Gary H., T. G. Rawski, Yifang Zhang, 2008, "Productivity Growth and Covergence across China's Industrial Economy". *Journal of Chinese Economic and Bussiness Studies*, 6 (2).

276. Jonathan Woetzel, Gordon Orr, Alan Lau, YougangChen, Elsia Chang, 2014, China's Digital Transformation: Internet's Impact on Productivity and Growth. Mckinsey Global Institute, https://itunes.apple.com/gb/book/chinas-digital-transformation-internets-impact-on-productivity/id909718325?mt=11.

277. Kalleberg, A. L., 2009, "Precarious work, insecure workers: Employment relations in transition", *American Sociological Review*, 74 (1).

278. Kaplinsky R., M. Morris, 2009, "Chinese FDI in Sub-Saharan Africa: engaging with large dragons", *European Journal of Development Research*, 21 (4).

279. Kragelund P., 2009, "Part of the Disease Or Part of the Cure & quest; Chinese Investments in the Zambian Mining and Construction Sectors", *European Journal of Development Research*, 21 (4).

280. Lee C H, Brown W, Wen X. 2014, "What Sort of Collective Bargaining Is Emerging in China?", *British Journal of Industrial Relations*, 54 (1).

281. Lee, C. K., 2009, "Raw encounters: Chinese managers, African workers and the politics of casualization in Africa's Chinese enclaves". *The China Quarterly*, 199 (1).

282. Lemoine F., 2013, "From foreign trade to international investment: a new step in China's integration with the world economy", *Economic Change and*

Restructuring, 46 (1).

283. Lsarisa Popovich, Sergey Shishkin. 2009, "Health Care System in Transition: Russia". *WHO: European Observatory on Health Systems and Policies*. 2009.

284. Maria Kranendonk and Paul de Beer, 2016, "What Explains the Union Membership Gap between Migrants and Natives", *British Journal of Industrial Relations*, 54 (4).

285. Marin Verhoeven, Victoria Gunnarsson, Stephane Carcillo. 2007, "Education and Health in G7 Countries: Achieving Better Outcomes with Less Spending". *IMF: IMF Working Report*.

286. Martin, C. J., & Swank, D. 2008, "The political origins of coordinated capitalism: Business organizations, party systems, and state structure in the age of innocence". *American Political Science Review*, 102 (2).

287. Mohan G., 2013, "Beyond the Enclave: Towards a Critical Political Economy of China and Africa", *Development and Change*, 44 (6).

288. Pal. N., 2013, "Chinese Investors, Labour Discipline and Developmental Cosmopolitanism". *Development and Change*, 44 (6).

289. Plowman, D. 1978. "Employer Associations: Challenges and Responses". *Journal of Industrial Relations*, 20 (3).

290. Sean Boyle, 2011, "Health Care System in Transition: United Kingdom". *WHO: European Observatory on Health Systems and Policies*, 2011.

291. Sheldon, P., Della Torre, E., & Nacamulli, R. 2019, "When territory matters: Employer associations and changing collective goods strategies". *Human Resource Management Journal*, 29 (1).

292. Sheldon, P., Nacamulli, R., & Paoletti, F.. 2014, "Employer association responses to the effects of bargaining decentralization in Australia and Italy: seeking explanations from organizational theory". *British Journal of Industrial Relations*, 54 (1).

293. Silvia SJ and Schroeder W. 2007, "Why are German employers' associations declining? Arguments and evidence". *Comparative Political Studies* 40 (1).

294. T. Ademola, A. S. Bankole & A. Q. Adewuyi, 2009, "China-

Africa trade relations: insights from AERC scoping studies", *European Journal of Development Research*, 21 (4).

295. Tang, X. 2010, "Bulldozer or locomotive? The Impact of Chinese Enterprises on the Local Employment in Angola and the DRC". *Journal of Asian and African Studies*, 45 (3).

296. Thomas Adrien, 2017, "Conglomerate Unions and Transformations of Union Democracy", *British Journal of Industrial Relations*, 55 (3).

297. Thomas Rice, Pauline Rosenau. 2013, "Health Care System in Transition: United States of America". *WHO: European Observatory on Health Systems and Policies*, 2013.

298. Turban, Daniel B. and Daniel W. Greening. 1997, "Corporate Social Performance and Organizational Attractiveness to Prospective Employees", *Academy of Management Journal*, 40 (3).

299. Valentine, Sean and Gary Fleischman. 2008, "Ethics Programs, Perceived Corporate Social Responsibility and Job Satisfaction", *Journal of Business Ethics* 77 (2).

300. Vines A., M. Weimer and L. Wong, 2009, "Thirst for African Oil: Asian National Oil Companies in Nigeria and Angola", *London: Royal Institute of International Affairs*.

301. Waheed, Ambreen (for Securities and Exchange Commission of Pakistan and United Nations Development Program). 2005, "Evaluation of the state of Corporate Social Responsibility in Pakistan and Strategy for Implementation". Available from http://www.secp.gov.pk/Reports/CSR_Study_FinalReport_November.pdf.

302. Warmerdam W. & M. P. van Dijk, 2013, "Chinese State-owned Enterprise Investments in Uganda: Findings from a Recent Survey of Chinese Firms in Kampala", *Journal of Chinese Political Science*, 18 (3).

303. White, Allen L. 2006, "Business Brief: Intangibles and CSR", Available from http://www.bsr.org/reports/BSR_AW_Intangibles-CSR.pdf.

304. Yan Hairong and Barry Sautman, 2013, "The Beginning of a World Empire? Contesting the Discourse of Chinese Copper Mining in Zambia", *Modern China*, 39 (2).

305. Yang Y., S. Xu, 2012, "Analysis of Industrial Trends in China's Overseas Direct Investment", *China: An International Journal*, 10 (2).

306. Yuan Z. Feng J., 2005, "Rethinking Pension Reform in China", *China & World Economy*, (2).

307. Zafar A., 2007, "The growing relationship between China and Sub-Saharan Africa: Macroeconomic, trade, investment, and aid links", *World Bank Research Observer*, 22 (1).

308. Zappalà, Gianni and Caitlin Cronin. 2003, "The Contours Of Corporate Community Involvement In Australia's Top Companies", *Journal of Corporate Citizenship*, 12.

309. Zappalà, Gianni. 2004, "Corporate Citizenship and Human Resource Management: A New Tool or a Missed Opportunity", *Asia Pacific Journal of Human Resources*, 42 (2).

310. Zhu Xiaodong, 2012, "Understanding China's Growth: Past, Present and Future". *Journal of Economic Perspectives*, 26 (4).

后记

呈现在读者面前的《中国特色和谐劳动关系：演进路径与机制构建》一书，是我承担的国家社科基金重大项目"中国特色和谐劳动关系的演进路径与机制构建研究"的最终成果。从1990年"八五"计划开始，我曾连续承担了有关就业、工资、社保等三个国家社科基金的重大项目。本项目是我承担的第四个国家社科基金重大项目，也是这四个社科基金重大项目中难度最大的一个。探索社会主义市场经济规律，如何把社会主义的基本原则与市场经济的普遍规律有机结合起来，是人类文明发展史上的一次伟大而艰难的探索。过去40多年来我们取得了辉煌的成就，同时仍面临很大的挑战，而构建中国特色和谐劳动关系就是其中之一。

劳动关系是现代社会最重要的社会经济关系，事关广大职工和企业的切身利益，影响经济社会的健康发展与和谐稳定。我国劳动关系不仅表现出一般市场经济国家的共同特征，而且呈现出社会主义市场经济的特殊性。当前中国特色社会主义进入新时代，我国社会主要矛盾已经转化为人民日益增长的美好生活需要和不平衡不充分的发展之间的矛盾。新时期如何构建中国特色和谐劳动关系理论和治理体系，平衡劳动报酬与资本收益的关系，是党和政府在社会主义市场经济条件下面临的重大理论和现实课题。

改革开放以来，我国劳动关系已经从计划体制下的上下级行政关系，变为社会主义市场经济体制下的劳动契约关系。劳动者、企业与政府的三方关系框架基本构建，企业有用人自主权，职工有择业自主权，劳动力在市场上可以自由流动。企业和职工成为劳动关系的主体，法律制度成为调整劳动关系的主要依据，契约用工成为实现劳动关系的主要形式。劳动关系的深刻转变，从微观层面看是企业改革的必然要求，从宏观层面看是企业改革的必要条件。如果没有劳动关系的转轨，国有企业不可能有用人自主权，民营企业也不可能充分发展。可以说，中国特色劳动关系的构建，激发了千万企业和亿万职工双方的经营生产积极性，为改革开放40多年来的经济增长奇迹提供了巨大推动力。

在充分肯定我国劳动关系市场化进程取得成绩的同时，也应看到当前中国特色劳动关系仍然面临诸多急需解决的问题。其中最重要的是如何平衡劳动报酬与资本收益之间的关系。有关数据表明，无论是与同等发展水平的国家相比还是与我国20世纪80年代相比，我国劳动报酬的占比目前都相对较低，产生这一问题的原因十分复杂，既有大量农业富余劳动力转移对普通劳动者工资增长的制约作用，又有市场化劳动关系调整机制不完善，以及一些地方政府在GDP竞争中过分向资本倾斜的原因。正因为产生问题的原因错综复杂，所以如何进一步构建和谐劳动关系，理论研究方面还存在广泛争议，实践中仍有巨大的改进空间。

遵照党的十八大以来党中央提出的构建中国特色劳动关系的一系列文件精神，课题组认真梳理了新中国特别是改革开放以来我国劳动关系的沿革，探讨了党、政府、企业、职工以及社会组织在构建和谐劳动关系的不同功能，重点放在劳动关系的新特征、新问题、新矛盾方面。基于这一考虑，课题对农民工的劳动关系、新经济领域的劳动关系、中国企业到海外投资面临的劳动关系，这三个当前比较突出的问题做了专题研究。

劳动关系问题非常敏感复杂。劳动力作为生产要素之一，可以纳入经济学范畴分析，但劳动力与土地、资本等要素相比，其特殊性在于劳动力不可能与其所有者即劳动者相分离，而劳动者是社会人，因此研究劳动关系必然会涉及社会与政治领域。例如劳资集体协商机制的建立，就涉及工会组织和雇主组织双方的独立市场主体地位等问题。有鉴于此，课题组对一些敏感问题撰写了内部报告，且不纳入公开出版内容。

2016年社科基金劳动关系课题立项之后，近6年来课题组先后组织了11次大型专题研讨会和更多的小型讨论会。参会人员除课题组成员外，还多次邀请劳动关系领域的主管领导和权威专家，包括人力资源和社会保障部劳动关系司聂生奎司长和黄霞巡视员、中国人民大学常凯教授、中国劳动和社会保障科学研究院刘燕斌研究员、清华大学董克用教授、浙江大学李实教授、中央党校赖德胜教授等知名学者。他们对课题的研究方向、内在逻辑、重点内容，以及具体文字表述提出了十分中肯的建议，有的意见比较尖锐，给课题组成员和我本人很多启迪。课题按期完成，如果说还能为从事劳动关系的行政管理工作者和理论研究人员提供一些有益参考的话，要感谢这些专家学者的精心指导，也要感谢疫情期间北京师范大学中国收入分配研究院同事们的大力协助。

特别要感谢的是所有课题组成员的辛苦付出，他们认真讨论课题框架结构，广泛收集国内外相关资料，根据专家的意见反复修改课题报告，最终顺利完成国家社科基金重大项目所交办的研究任务。参与本书写作的作者按照章节顺序分别为：前言与绪论万海远，第一章刘浩、熊亮，第二章赵炜、李汪洋，第三章谌利民、王皓田，第四章邢伟、翁仁木、关博，第五章余晓敏，第六章于武、刘寒松、郝玉峰、牛志强、赵婷，后记宋晓梧。宋晓梧作为项目的首席专家、万海远作为项目的执行组长负责全书的修改、定稿。再有，非常感谢中国人力资源和社会保障出版集团黄卫来副总编辑，他为本书的修改和出版提供了条件并给予具体指导。

面对构建中国特色劳动关系这一重大课题，尽管经过多次修改，本书不全面、不成熟之处在所难免，恳请读者提出宝贵意见，集思广益，为深入研究新时代我国和谐劳动关系问题共同努力。

宋晓梧

2022 年 7 月 10 日